皮书研究系列（六）

B

新时代的皮书：未来与趋势

THE NEW ERA OF
PISHU :
FUTURE AND TREND

主　编／谢曙光

副主编／蔡继辉　　吴　丹

社会科学文献出版社
SOCIAL SCIENCES ACADEMIC PRESS (CHINA)

目 录
Contents

皮书研创与行业发展

研创规范与评价

附　　录

前　言

党的十八大以来，以习近平同志为核心的党中央，提出治国理政的新理念、新思路、新战略，在经济、政治、文化、社会和生态文明五大方面做出全面的战略部署，并明确提出繁荣发展中国特色哲学社会科学，实现文化强国的战略目标。党的十九大报告在科学把握党的十八大以来世情、国情、党情深刻变化的基础上，明确宣告：我国进入中国特色社会主义新时代。

"当代中国正经历着我国历史上最为广泛而深刻的社会变革，也正在进行着人类历史上最为宏大而独特的实践创新。这种前无古人的伟大实践，必将给理论创造、学术繁荣提供强大动力和广阔空间。"2016 年 5 月 17 日，习近平总书记在哲学社会科学工作座谈会上的重要讲话不仅为构建中国特色哲学社会科学指明了方向和路径，也为推动中国特色新型智库的创新发展注入了强劲的思想动力。

新时代必将孕育新思想。中国特色社会主义进入新时代、中国特色社会主义的伟大实践为中国智库及智库成果的大繁荣、大发展提供了思想的沃土。进一步推进智库成果的繁荣发展，推动更多智库成果走向世界，是实现中国话语体系建设的前提。经过二十多年的专业化发展，作为独具特色的智库成果，皮书的发展也迎来了新时代。

在发展中不断总结，伴随时代不断促进"皮书"品牌自身的成长，是"皮书研究系列"出版的初衷。正如我在第一版前言中所说，在将皮书作为一种出版型态和品牌打造的过程中，"忧患意识始终与我相伴相随，由此不断激励我和我的团队以及日益壮大的合作伙伴，不断探索和完善皮书研创和出版体制、机制、技术规范和评价办法。"对"皮书"本身的研究已经成为研究中国人文社会科学的巨大宝藏。

转眼间，第六部"皮书研究系列"图书即将付梓。本书的主题是"新时代的皮书：未来与趋势"。书中的论文集中体现了2018年皮书年会以来，皮书主编、报告作者、皮书出版者、皮书人工智能技术服务商等多位"皮友"对于皮书未来发展的思考和智慧的结晶。

本书共21篇文章，包括新时代的皮书、皮书研创与智库建设、皮书研创与行业发展、研创规范与评价四个栏目和附录部分。"新时代的皮书"中收录的是第十九次皮书年会上的专家发言、思考及会议综述，内容涵盖了皮书出版者、皮书主编对于皮书未来转型升级、创新及话语体系建设新趋势的探讨。"皮书研创与智库建设"中收录的是皮书主编对于皮书作为智库成果如何在智库建设中发挥更大作用的思考，其中，既有对于皮书内容建设的反思，又有对皮书记录、参与地方经济发展的梳理，以及对皮书话语权的建设，皮书助力高校智库建设的总结。"皮书研创与行业发展"中收录的是行业类皮书高级研修班讲师的高质量论文，以及行业类皮书主编和出版机构数字分社的专业人员对于皮书助推行业高质量发展的出色案例，其中，张其仔研究员对于中国产业发展中值得研究的问题，体现了"产业蓝皮书"的选题思路；"旅游绿皮书"主编宋瑞研究员分享了18年来的皮书研创历程，展示了"旅游绿皮书"是如何成为旅游行业风向标的；"邮轮绿皮书""医院蓝皮书"则是近五年来新创的行业类皮书品牌，在短时间内在其所在行业发挥了巨大作用。"研创规范与评价"中收录了皮书主编对于皮书研创内容质量把关的思考，"中国省域竞争力蓝皮书"主编李闽榕对皮书的研创内容提出了"新、远、融、实、效"的要求；值得一提的是，本书还收录了一篇皮书研创技术服务公司代表田亮的文章"人工智能助力皮书研创——社会科学多语言科研辅助解决方案"，同时，本栏目中还包括几篇来自皮书研究院整理完成的关于皮书评价的报告和重要皮书会议的综述。附录部分是皮书最新的大事记和上一届"优秀皮书奖"的获奖名单。

作为本书主编，我还要感谢蔡继辉、吴丹、丁阿丽、白云这几位来自皮书研究院的同事为本书的出版、编辑所付出的努力！

愿"皮书研究系列"丛书真正起到抛砖引玉的作用，让更多的优质皮书、更多的优秀智库成果服务于我们所处的这个波澜壮阔的新时代。

2019 年 7 月于北京马甸

新时代的皮书

新时代　新皮书

——中国皮书研创出版的转型升级[*]

谢曙光^{**}

摘　要：皮书成为时代宠儿，成为社会科学学者特别是智库领域研究者的利器。以皮书研创出版为平台，所形成的学术共同体的智库影响力、社会影响力日益壮大，我们得以用一种制度化的共同理念将其连接，并产生很大的价值。新时代皮书研创出版面临结构失衡、专业化程度偏低、可持续的研创机制尚待提升、研创出版学术共同体运作机制尚待完善等问题。新时代皮书转型升级应做到以消除"不确定性"为研创宗旨，以"调结构、补短板"为抓手，积极推动皮书研创出版发展，全面推进皮书数字化、国际化发展战略。创新、专业、坚持，是皮书作为中国智库品牌和出版形态得以确立、成长、发展并影响世界的精神要义。

---

* 本文根据笔者在第十九次（2018）全国皮书年会上的讲话录音整理而成。

** 谢曙光，中国社会学会秘书长、社会科学文献出版社社长。

关键词： 皮书研创　学术共同体　专业化　主题化

一　导语：皮书发展迎来新时代

党的十八大以来，以习近平同志为核心的党中央，提出治国理政的新理念、新思路、新战略，在经济、政治、文化、社会和生态文明五大方面做出全面的战略部署，并明确提出繁荣发展中国特色哲学社会科学，实现文化强国的战略目标。党的十九大报告在全面分析党的十八大以来世情、国情、党情的深刻变化的基础上，明确宣告：我国进入中国特色社会主义新时代。新时代中国特色社会主义"三步走"的战略宏图为：2020年全面建成小康社会，2035年基本实现现代化，2050年建成中国特色社会主义现代化强国。

"当代中国正经历着我国历史上最为广泛而深刻的社会变革，也正在进行着人类历史上最为宏大而独特的实践创新。这种前无古人的伟大实践，必将给理论创造、学术繁荣提供强大动力和广阔空间。"2016年5月17日，习近平总书记在哲学社会科学工作座谈会上的重要讲话不仅为构建中国特色哲学社会科学指明了方向和路径，也为推动中国特色新型智库的创新发展注入了强劲的思想动力。

在全球化面临转折的时代背景下，不确定性成为当今世界的重要特征。而消除不确定性应该是智库、皮书研创者的责任所在，也是皮书得以进一步被接受，其功能得到进一步放大的基础条件。正是因为充满了不确定性，才为皮书研创者留下了大量施展的空间。同时，互联网、大数据正深刻地改变着世界、改变着人类的生活，在这样的时代背景下，皮书成为时代宠儿，成为社会科学特别是智库研究者的利器。

二　新皮书：现状、挑战与未来

1. 皮书研创出版的现状

从最早出现的"经济蓝皮书"算起，皮书至今已连续研创出版29年，"皮书"这一概念的出现并作为一种出版形态专业化运营已走过了22年的历程。

皮书的出版总品种已接近800种，2018年出版品种达450种。截至2018年底，按书号统计累计皮书出版总量达2951种，约含17万篇研究报告；皮书数据库总字数达38亿字，全年点击量突破200万次。使用皮书数据库的专业机构用户共计1360家，注册个人用户超过9万人。

皮书研创机构近千家，作者总数达4.2万人。2018年皮书年会出席人数超过500人，皮书研创出版学术共同体的智库影响力、社会影响力已经形成并日益壮大。

2. 新时代皮书研创出版面临的问题和挑战

（1）结构不均衡

目前，皮书品种的结构不均衡或者说失衡主要体现在：从行业来看，某些行业领域的聚集度非常高。比如，汽车类蓝皮书品种达到16个，可能还会继续增长，研究对象也十分具体、精细化，但某些行业领域的皮书却仍然空缺。再以"一带一路"倡议题材为例，国际问题与全球治理类皮书会就此议题出现大量的出版需求，所以以此为研究对象的皮书品种也在短时间内增多。中国已成为世界第二大经济体，日益走进世界的中央，逐步担当起人类命运共同体的责任。中国了解世界、了解其他国家的需求日益迫切，而通过研创皮书来推动新国别的研究是最佳途径。可见，国别研究类的皮书品种也可以进一步开拓。

（2）专业化、主题化程度偏低

部分皮书报告内容质量参差不齐，其智库功能的发挥仍然有局限性，欠缺皮书所应承担的使命和定位。只有坚持从专业化、主题化着手，持续研究本领域最具特色的热点问题，皮书的影响力才会全方位的放大。因此，从品牌的影响力来看，部分皮书研创的专业化、主题化程度仍然偏低。

（3）原始独有数据、一手调查数据使用比例不高

经过皮书20多年来的专业化运行，用数据说话已经成为皮书研创者所达成的共识。从现有400多种皮书来看，很多皮书都积累了很好的原始数据，有的还开发了具有原创价值的数据库。但仍然有些皮书使用原始数据和一手数据的比例较低。皮书研创者开发原创的指标体系对研究对象进行分析，有的皮书在此方面还有待进一步提高。

（4）可持续的研创机制尚待提升

对于未能持续坚持研创的皮书，研创单位应采取措施，给予激励，做好前端工作。新的皮书在准入时，一般必须考察三个要素。第一，从时空来讲，论证的核心是有固定的研究领域，研究对象明确，且不与已有皮书品种重复。第二，有独特的数据来源，能够保障研究报告的原创性。第三，研创团队应具备可持续性。在皮书准入后的管理中，对于持续坚持研创的皮书，在激励

机制中应实施鼓励政策。

（5）研创出版学术共同体运作机制尚待完善

2014 年，广州大学广州发展研究院的涂成林教授率先在广州市建立蓝皮书研究会，在广州蓝皮书研究会的基础上，2017年又组建了广东省区域发展蓝皮书研究会。就全国范围来讲，社会科学文献出版社对于皮书研创出版学术共同体运作机制的完善有着义不容辞的责任。

2018 年，皮书研究院已正式组建理事会制度。理事会主要由皮书学术委员会、皮书理事成员组成。每年的优秀皮书奖是在皮书学术委员会的指导下组织评选出来的。皮书研究院理事会面向全国所有皮书研创机构公开遴选，有一整套规范。由社会科学文献出版社（以下简称"出版社"）担任理事长单位，每年为理事会注入数十万资金。通过理事会，皮书研究院会聘请皮书研创者和皮书编辑为皮书研究院的高级研究员，形成一套高级研究员制度。下一步，社会科学文献出版社将继续投入经费，就皮书研究的课题实施招标。

为了真正把学术共同体的机制创建起来，社会科学文献出版社做了很多平台建设的工作，包括一年一度的皮书年会、一年两期的皮书研创高级研修班。从这两年来看，皮书研创高级研修班的成效显著。专业化授课对提升皮书的研创水平有很大帮助。2018 年 4 月，河南省社会科学院与社会科学文献出版社皮书研究院共同举办了第三期皮书研创高级研修班。本次培训以"智库参与全球治理与'一带一路'建设暨国别区域和全球治理类皮书的研创"为主题，邀请国别区域领域的资深皮书作者及专家分享国别区域类皮书的研创过程及经验。培训班不仅吸引了国别区域和全球治理类皮书的研创者们参与，还吸引了其他类型皮书的研创者参与，同时，也有很多准备研创皮书的皮友们积极参会。未来，我们也期待，越来越多的皮友们共同来参与这些平台的建设。

（6）研创出版规范的推广和实施有待加强

《皮书手册》是为皮书研创制定统一出版规范与标准的工具书。自 2016 年首次出版以来，《皮书手册》获得了皮书作者、读者的广泛关注与支持。很多读者、手册的使用者给出版社提出了很好的建议。在广大读者的激励下，出版社已经修订了第三版。通过对皮书研创规范、出版规范的精益求精，进一步助力智库成果的专业化。

作为《皮书手册》研制课题组的责任单位，出版社将加快推进皮书写作模式的创新。作为一种连续性出版物，单种皮书的主题、版式相对固定，研创者重复相同的工作造成效率低下。因此，出版社正在开发皮书编撰软件，将可以由机器解决的问题交给它，而研创者将精力投入到研究工作中，在规范流程、保护皮书个性研创的前提下，全面提高皮书编撰效率。

3. 关于新时代皮书转型升级的几点建议

（1）以消除"不确定性"为研创宗旨，以是否提供专业的有效信息为衡量皮书原创内容质量的基本标准。

皮书的研创价值在于有效筛选互联网大数据时代的海量信息。如果不经过专家的整理，人们在当今的信息世界是会被大量无效信息轰炸的。把消除不确定性作为每本皮书的研创宗旨，这是做皮书与做技术研究的学术论文的最大区别。皮书是在有深厚学术功底的前提下所形成的智库产品，应提供专业、有效的信息，并且有一套研创内容的质量标准。因此，在使用方法上，皮书是使用归纳法而非演绎法。皮书报告是以提供有效信息作为标准，没有有效信息的报告会被剔除，这也是"优秀皮书奖"和"优秀皮书报告奖"的评定标准。

（2）以专业化、主题化作为皮书研创出版的基本定位，以数据分析作为皮书研创写作的基本要义。

专业化是皮书的立足之本，主题化使得皮书能够引起广泛的注意力，能够得到广泛的传播，能够发挥皮书的真正功能。因此，以专业化、主题化作为皮书研创出版的基本定位，"专"比"全"重要。在研创单篇报告时，就该领域发生的事情进行分析、评价并且涵盖基本观点、要素。如果是以主题为核心，以专业化为导向，多数皮书的时效性就不够强。其实，皮书研创未必需要很强的时效性，有些数据获取的时间较晚，在评价时可以考虑皮书能否坚持出版，而不是考虑评价数据的时效性不强。

（3）以"调结构、补短板"为抓手积极推动皮书研创出版

新时代的皮书研创的重点方向应是专业性、行业性、专题性的。范围相对较窄的皮书也不应采取"一刀切"的办法，设置规则，让其在质量方面展开竞争。

减少因类型冲突而造成同一主题重复出版的苦恼，皮书研创者要向这个方向努力。补短板的重点在专题性和专业性领域，主要体现在行业类皮书和国际问题类皮书上。比如，鼓励高校教师转型做国别区域研究，因为有很多国家仍然从未被研究过，而对于中国来说，了解合作对象是时代的需要，国家的需要，也是高校学科建设的需要。此外，还应鼓励积极实施第三方评价的行业

类皮书和国际问题类皮书。尤其关注已出台的政策、规划，以及习近平总书记提出的要在 2020 年全面建成小康社会。研创者可就皮书中涉及全面建成小康社会的若干个指标开展第三方评估，此类皮书应制定新的评价标准，给予其更多的鼓励。

（4）全面推进皮书数字化、国际化发展战略

皮书的数字化是大势所趋。首先，技术人员应促成皮书数据库的开通使用。其次，让研究者参考皮书数据库中的内容，为研究提供服务。最后，采取措施，将皮书电子书和单篇报告进行数字化和国际化的操作。社会科学文献出版社与一些研究机构已形成密切的战略合作关系，可以通过平台展示电子书。以"邮轮绿皮书"为例，英文版和中文版几乎同步发布。英文版皮书在每年 3 月份召开的世界邮轮大会上发布，第一时间在国际社会亮相，才能够真正掌握国际话语权。所以，课题组应倡导具备国际化战略的研创机构，密切利用好皮书研创平台。各皮书课题组可以通过参加社会科学文献出版社组织的各类会议以及在国外召开发布会的形式提升皮书的国际影响力。

2013 年 11 月，在日内瓦联合国环境大厦，《全球环境竞争力绿皮书：全球环境竞争力报告（2013）》成果介绍会在此举行。"这是第一部由发展中国家主导推出的环境绩效评价报告，它打破了过去几十年西方国家在这一领域的话语垄断。"联合国环境规划署专家的评价，令报告主创之一、福建师范大学教授黄茂兴深感振奋。上述事实表明，充分利用并加快皮书的数字化和国际化发展，已是大势所趋。

（5）积极推进皮书出版学术共同体建设

上文已提及如何推进皮书出版学术共同体建设，此处不再赘

述。社会科学文献出版社会采取积极的措施。研创单位成立了很多学术会，甚至举办发布会，可以考虑邀请皮友参加。此外，皮友也可以通过参加皮书研究院举办的高级研修班的方式在平台聚集，共同推进皮书出版学术共同体的建设。

（6）推行《皮书研创出版规范》和皮书研创出版发布流程管理

社会科学文献出版社应进一步厘清平台的责任，打造强大的媒体传播能力。只要课题组有需求，出版社可以提供全方位的媒体支持和传播服务。因此，发挥好平台作用只需两件事。第一，严格遵守出版规范。经过长期考虑，出版社内部设计了准入机制、预审机制，严控质量不佳或不规范的皮书报告进入平台。要进一步强化规范的执行，比如注明数据来源、注释和参考文献。第二，个别皮书还要严格执行回溯和预测评估。形势预测类皮书要注意补齐、校准上一年度的数据，将预测结果做一次回溯性的分析，总报告要在规范流程中实行刚性化管理。

（7）打通皮书研创与智库建设、学科建设、人才培养的节点，形成四位一体的平台。

皮书研创者要不断地发展品牌，在新时代，皮书的转型升级一定要从成果导向进入到人才导向、学科建设导向、智库建设导向。只有聚焦团队建设，皮书研创团队才能持续不断地推出最优秀的成果。

三　结语

新时代、新使命、新皮书，创新、专业、坚持，是皮书作为中国智库品牌和出版形态得以确立、成长、发展并影响世界的精神要义，皮书这一宝瓶必须不断填充新内容才有可能得以长存，才能达到生命的所在。我们期待全体新时代的皮书人不忘初心，不辱使命，携手并行，不断研创出版新的皮书，不断开创皮书新的、美好的时代！

第十九次全国皮书年会顺利召开
探讨新时代皮书的未来与趋势

——第十九次全国皮书年会（2018）会议综述

蔡继辉　丁阿丽[*]

2018 年 8 月 3 日，第十九次全国皮书年会（2018）在山东省烟台市召开，会议由中国社会科学院主办，社会科学文献出版社、山东社会科学院和鲁东大学联合承办，本次年会的主题是"新时代的皮书：未来与趋势"。中国社会科学院副院长、党组副书记王京清，山东省副省长孙继业，中国社会科学院副院长、党组成员蔡昉，中国出版协会常务副理事长邬书林，山东省政协副主席、山东社会科学院党委书记唐洲雁，中国社会科学院科研局局长马援，社会科学文献出版社社长谢寿光，鲁东大学党委书记徐东升等领导出席开幕式。开幕式由山东社会科学院院长张述存主持。

中国社会科学院副院长王京清在讲话中指出，中国特色社会

---

* 蔡继辉，社会科学文献出版社副总编辑、皮书研究院院长；丁阿丽，社会科学文献出版社皮书研究院院长助理兼成果评价中心主任。

主义进入新时代为改革开放开启了新的历史征程，对哲学社会科学提出了新要求，赋予了新使命。作为中国社会科学院的重要学术品牌，皮书系列始终保持与时代同进步。作为应用对策类智库成果，皮书应为党和国家决策服务，研创内容应以新时代中国特色社会主义理论和建设实践为核心，围绕国家重大战略举措开展具有全局性、战略性、前瞻性的研究。对新时代下皮书的研创工作，王京清副院长提出了四点要求：第一，新时代的皮书应紧跟时代发展潮流，为解决中国特色社会主义的重要理论和现实问题服务；第二，新时代的皮书应服务于智库建设，体现智库的价值与水平；第三，新时代的皮书应以科研为中心，围绕出顶尖成果做文章，打造"精品工程"；第四，新时代的皮书应着力为哲学社会科学人才的培养和青年科研人才的成长提供更为宽广的平台。

山东省副省长孙继业对皮书年会的召开表示热烈祝贺，并简要介绍了山东的经济社会文化发展情况。他指出，近年来，山东省委省政府以习近平新时代中国特色社会主义思想为指导，深入贯彻落实党的十九大精神以及习近平总书记视察山东重要讲话精神，紧紧围绕"两个走在前列""一个全面开创"的新要求，加快实施新旧动能转换重大工程，新时代山东现代化建设迈出了坚实步伐。皮书是中国特色哲学社会科学的优秀成果和知名品牌，20多年来中国社会科学院发拂晓之先声，坚持为党和人民树学立论，建言献策，不断提升皮书专业化水平，为建设中国特色新型智库，繁荣发展中国特色哲学社会科学做出了重要贡献。希望通过举办本次年会，加强与中国社会科学院、各地方社会科学院、高校的交流，学习和借鉴先进经验，提升为省委省政府服务的能力和水平，更好地发挥思想库、智囊团的作用。

国家新闻出版署出版管理司副司长许正明提出，作为中国社会科学院的学术品牌和智库成果的重要发布平台，皮书在学术出版助力中国发展上做出了重要贡献。皮书出版要更好地服务党和国家工作大局，更好地将研究领域与时代赋予的使命和责任紧紧相连，更好地传播中国理念，体现中国价值和中国主张。因此，第一，要提高政治站位，严格把好皮书出版的政治关、内容关和导向关；第二，要加强学术规范建设，全面提高皮书出版质量；第三，要提高专业程度，努力增加皮书研创平台的吸引力；第四，要坚持创新融合，深入挖掘皮书内容价值，进一步提升皮书的传播力、影响力和竞争力。

全国哲学社会科学规划办基金处处长陈俊乾在讲话中指出，目前哲学社会科学研究的成果形式主要体现为文章和著作，社会科学文献出版社开创的皮书系列把文章和著作两种形式的时效性强和容量大的优点结合起来，及时反映和记录了我国经济社会各方面的发展情况。皮书系列是中国哲学社会科学界的著名学术品牌，也是重要平台，连续被列入"十二五""十三五"国家重点图书出版规划项目。未来，皮书应当更深入地与时代融合、与社会融合、与媒体融合、与学术研究融合，努力打造新时代皮书的新高度。具体表现在三个方面：第一，新时代的皮书应更好地肩负社会责任，这是对哲学社会科学研究的要求，也是对哲学社会科学刊发载体的要求；第二，新时代的皮书应成为出版机构与学术发展深度融合的典范；第三，新时代的皮书应积极构建全媒体传播格局，在传播内容上随着实践和学术的发展而调整，在传播形式上实现纸质载体和新媒体的深度融合，在传播范围上创新学术话语，讲好中国故事。

社会科学文献出版社社长谢寿光在开幕式致辞中指出，2018年，既是我国改革开放 40 周年，又是新时代中国特色社会主义建设的元年。在中国社会科学院、国家新闻出版署、全国哲学社会科学规划办公室等主管部门的领导、支持和帮助下，在皮书研创者和出版者的共同努力下，皮书连续 20 多年保持着持续快速发展，成绩斐然。展望未来，新时代的皮书应为中国新型智库建设搭好平台，通过对皮书进行全方位规范化管理，树立中国的学术出版标准，不断提升皮书的内容质量和社会影响力，搭建起中国智库产品和智库建设的服务交流平台和国际传播平台；新时代的皮书应该拥抱大数据浪潮，全面提升大数据运用水平，发布各类皮书指数，并使之成为中国指数，让中国智库的声音响彻世界舞台，为人类的发展做出中国的贡献；新时代的皮书应发时代之先声，写大势之所趋。

山东省政协副主席、山东社会科学院党委书记唐洲雁在致辞中指出，山东社会科学院作为山东省委省政府的思想库、智囊团，一直致力于打造国内一流新型智库。作为智库成果发布的重要平台，"山东蓝皮书"系列一直是山东社会科学院新型智库建设支持的重点。2015 年，山东社会科学院实施创新工程后，"山东蓝皮书"被列入创新工程重大支撑项目，已经成为山东社会科学院分析经济社会发展形势、预测年度发展趋势的权威性研究成果，在推动山东省经济社会发展中发挥着越来越重要的作用，为新时代现代化强省建设提供了重要的决策参考。

鲁东大学党委书记徐东升代表全体师生对皮书年会的召开表示热烈祝贺，并介绍了鲁东大学的历史沿革、学科发展和人才培养情况。鲁东大学历来高度重视人文社会科学研究，大力加强科研平台和智库建设。党的十八大以来，以习近平同志为核心的党中央高度重视新型智库建设，皮书系列已成为中国哲学社会科学界的知名学术品牌和中国新型智库建设的重要抓手，在服务党和国家决策、增强我国哲学社会科学国际影响力方面做出了重要贡献。作为皮书研创传播的重要平台，本次皮书年会以"新时代的皮书：未来与趋势"为主题展开深入的交流研讨，一定能够有力推动我国皮书事业的健康蓬勃发展，对加快新时代新型智库建设产生积极而深远的影响。

一　公布 2019 年进入中国社会科学院创新 工程学术出版项目的皮书名单，颁发 第九届"优秀皮书奖"

开幕式上，中国社会科学院科研局局长马援宣布了入选 2019 年中国社会科学院创新工程的皮书名单。经第五届皮书学术委员会评审和匿名投票，并经中国社会科学院院务会议批准，共有《产业蓝皮书：中国产业竞争力报告（2019）》《城市蓝皮书：中国城市发展报告 No. 12》等 40 种皮书获得"中国社会科学院创新工程学术出版资助项目"资助。《安徽蓝皮书：安徽社会发展报告（2019）》《北京蓝皮书：北京经济发展报告（2018～2019）》等 64 种皮书 2019 年被授权使用"中国社会科学院创新工程学术出版项目"标识。

创新工程的实施建立了皮书质量保障的长效机制，对不断增强皮书的品牌价值和影响力起到了积极的促进作用。皮书研创单位越来越重视皮书的内容质量和原创性，2019 年 70 个研创单位的 64 种优秀院外皮书将纳入中国社会科学院创新工程的管理体系中。

此外，第五届皮书学术委员会主任委员、中国社会科学院副院长蔡昉宣布了第九届"优秀皮书奖"和"优秀皮书报告奖"获奖名单。经第五届皮书学术委员会终评，共有《北京旅游绿皮书：北京旅游发展报告（2017）》《法治蓝皮书：中国法治发展报告（No. 15·2017）》《广州蓝皮书：广州经济发展报告（2017）》等 49 种皮书获得"优秀皮书奖"。《2016～2017年贵州法治发展现状及对策》《关注阶层心态，提高民众获得感》《广州就业保障发展报告》等 42 篇皮书报告获得"优秀皮书报告奖"。

皮书评价和评奖工作的开展是对皮书内容质量的充分检验，也是提升皮书智库成果价值的重要举措。为鼓励更多的作者开展皮书研创，出版社进一步扩大了获奖皮书和报告的比例，这对皮书品牌的规范化管理、推动皮书研创和皮书课题组发挥智库功能起到积极的推动作用。

二　学术报告、主题发言精彩纷呈

中国社会科学院副院长蔡昉以"如何启动中国经济增长新动力"为题做学术报告。蔡昉副院长图解了中国 GDP 总量占世界百分比的变化情况，指出中国经济在 1949 年前达到最低水平，改革开放以后逐年增长。中国能取得这样的经济增长，离不开人口红利和改革红利。人口红利是中国经济 40 年高速增长的必要条件。人口红利带来的经济增长，在于我们重新配置了劳动力资源，让劳动力更加充分的就业，带来更高的收入。2012 年以后，中国经济增长速度放慢，中国经济进入新常态，即进入新的经济发展阶段和新的人口转变阶段。改革红利是未来经济增长的动力所在，表现在：第一，寻找劳动力供给的潜力，归根到底要提高劳动生产率；第二，户籍制度改革是突破口；第三，着眼于提高教育的数量、质量和公平程度。蔡昉副院长还对改革红利的四种潜在增长率情景进行了分析，其中最好的情景是潜在增长率的下降过程中有一个转折，形成一个大写 L 型的曲线。到 2050 年，中国的增长率仍然可以达到 4% 以上。

中国出版协会常务副理事长邬书林从世界格局的视角提出如何"进一步提高皮书质量，赢得学术话语权"。邬书林常务副理事长指出，20 多年来皮书研究和出版取得了巨大进步，数量不断增长，质量明显提升，影响力不断扩大。当下，中国正面临提升学术话语权的良好机遇。经济社会快速发展和巨大的经济规模是专业出版发展的坚实基础；科教兴国的基本国策是专业出版发展的良好环境；相对健全的出版体系是专业出版发展的重要支撑；研发投入的稳步增长是专业出版发展的不竭内容来源；宏大的研发队伍是专业出版发展的生力军；世界第二的论文数量是专业出版发展的现实基础。因此，跟上信息技术进步的步伐，提升皮书研究和出版水平，需要将人工智能与皮书的出版相结合。此外，获得学术话语权需要完整庞大的思想体系和理论架构，大量新颖且具有全球视野的观点需要具有普遍法则和通用性以满足世界上各种人的需求。还应善于设定议程，有强大的发布、交流和传播平台，为学界所接受、理解和使用。有了话语权的优势，让一国话语成为世界共同话语，赢得国际社会的尊重与认同，较小的投入将获取最大利益。

中国人民大学副校长贺耀敏以"提升皮书出版质量，引领学术体系建设"为主题做了发言。贺耀敏副校长指出，以研究报告为代表的成果大量出现和大批出版，成为国家哲学社会科学发展的重要标志。研究报告大量的出现，在一定意义上代表了我国社会的进步和学术的繁荣，也是其重要的标尺。研究报告在中国的发展速度相当快，已经成为我国学术研究和政策研究的重要成果和出版系列。目前，研究报告的大量出现和快速出版存在四大问题：内容质量参差不齐、缺少学术规范和学术标准、学术原创性不足、违反写作规范和写作要求。因此，需要学术界和出版界共同推动研究报告的"质量工程"，加强学术规范建设，从研究报告的组合方式、整合方式，从研究报告的整体设计、顶层设计，从鼓励出版机构之间的联合方式上促进研究报告的"质量工程"。同时，积极开展研究报告的"质量工程"需要学术界的高度认同，积极促进基于研究报告的学术体系建设，规范研究报告的组织编写，通过研究报告建立学术中国的窗口。

中国社会科学院俄罗斯东欧中亚研究所党委书记李进峰从《上海合作组织发展报告》的出版目的与意义、结构布局与调整、编撰经验与困难、扩大影响力等方面分享了"上海合作组织黄皮书"10年来的研创经验。李进峰书记指出，经过10年的研创，"上海合作组织黄皮书"实现了三大转变，即从结构相对简单到结构日趋精细合理的转变；从注重形式和数量到当前更加注重内容和质量的转变；从重视事实与现状梳理到当前更加注重学理分析与政策建议的转变。第一，主编高度重视，统筹谋篇布局。在主编、副主编人员组成，课题组人员组成，年度主要议题研讨会等所有重要环节上，主编必须亲自把关，尤其是前期的统筹和布局谋篇方面，主编要与课题组成员多次研讨商议，就一些主要学术观点达成一致。第二，紧跟地区与国际形势，注重皮书的理论性、政策性和时效性相结合。第三，注重作者队伍中年轻人的培养，以及作者队伍的广泛性、代表性和相对稳定性。第四，俄罗斯东欧中亚研究所内外作者相结合。皮书充分吸纳了上海合作组织秘书处的主要领导，以及其他兄弟研究单位的知名学者作为作者。第五，注重重要节点的管理。每年上合组织元首峰会前，课题组做好选题策划、约稿、出版及发布的时间，以提高皮书的影响力和实效性。

甘肃省社会科学院院长王福生介绍了甘肃省社会科学院以"甘肃蓝皮书"为代表的系列品牌建设和重大项目建设情况。在蓝皮书品牌建设方面，王福生院长用"先圈地、后提高、再出发"概括了"甘肃蓝皮书"的具体做法。第一，"先圈地"。甘肃省社会科学院独自研创的皮书已有《甘肃经济发展分析与预测》《甘肃社会发展分析与预测》《甘肃文化发展分析与预测》《甘肃县域和农村发展报告》《甘肃舆情分析与预测》5本皮书，并先后与其他有关部门合作出版"住建蓝皮书""民族蓝皮书""商务蓝皮书""酒泉蓝皮书""平凉蓝皮书"及甘肃省委委托的"甘肃文化成果蓝皮书"，到2019年将出版11本蓝皮书，与其他单位相比，甘肃省社会科学院独自研创的皮书影响力更大。第二，"后提高"。其一，每年皮书选题的选择与甘肃省委省政府关心的改革发展问题衔接，课题组会列出调研课题目录，对于选题进行充分论证和专题化研究。其二，建立激励机制。其三，发挥分院和合作单位的作用，向合作的党校、行政学院招标，合作编撰皮书。第三，"再出发"。就是继续圈地，继续提高。

机械工业经济管理研究院院长徐东华以"关于支持我国制造业发展的思考"为题，用大量数据和图表分析了全球制造业的发展现状、主要发达国家制造业发展措施、全球制造业存在的问题及未来趋势，并以此为基础，分析了我国制造业发展状况、存在的问题及政策建议。徐东华院长指出，我国制造业稳中向好。2018 年 1～6 月，制造业实现增加值126078 亿元，同比增长6.6%；制造业实现利润总额 28800.5 亿元，同比增长 14.3%。新动能、新产业、新业态加快成长，制造业投资增速持续回升，产能利用率提高。但还存在产业资本"脱实向虚"、企业生产经营成本居高不下、处置"僵尸企业"困难、基础研究支撑不够、高端产业供给不足等问题。一是需要优化发展环境，增强发展后劲；二是加快结构优化调整，提升供给质量和水平；三是补齐科技成果转化短板，提升核心竞争力；四是统筹兼顾"引进来"与"走出去"。

黑龙江省社会科学院副院长王爱丽分享了黑龙江省社会科学院如何将皮书打造成具有重要影响力的智库品牌。第一，体制机制改革先行，全面提供皮书研创制度保障。黑龙江省社会科学院实施"创新工程"，将皮书成果纳入精品报偿；推动智库平台创新，牵头成立了东北亚智库联盟、组建东北三省一区智库网络合作平台、打造黑龙江省综合性高端智库和重点专业智库，将智库资源整合。第二，打造高端智库品牌，全面提升皮书国内外影响力。黑龙江省社会科学院打造高层论坛品牌，使其成为皮书报告遴选的重要来源；打造皮书系列品牌，使其成为高端智库成果的重要支撑；打造数据库品牌，使其成为皮书成果集成的重要平台。第三，坚持攀高靠大联强，全面提升皮书研创质量。黑龙江省社会科学院着力与国家智库深度合作，拓宽了皮书研创学术视野；追求皮书品牌价值最大化，强化了服务决策智力支撑。未来，黑龙江省社会科学院将与中国社会科学院合作加强宏观经济预测模型的分析，扩充省情调研样本，提升蓝皮书的影响力。

中国管理科学学会副会长张晓东紧扣年会主题，从"新时代、新科技、新传媒、新皮书"四个方面提出了对未来皮书发展的畅想。张晓东副会长指出，我们已经进入了一个技术驱动的时代、创新融合的时代、走向复兴的时代。新科技最突出的就是新 IT，包括人工智能、大数据等技术的应用。新传媒不仅促进了出版产业链核心环节由出版社转向技术公司、新型互联网企业、硬件商、网络运营商，也促进了出版新媒介的产生。未来，新皮书的发展需要寻找新内容，使用新方法，展示新形态，使用新工具。

会上，社会科学文献出版社副总编辑、皮书研究院院长蔡继辉发布了 2018 年皮书出版、评价、评奖报告，分析了皮书的出版品种、2017 年版评价排名前 100 位皮书、2013～2017 年分类排名前 10 位的皮书、第九届优秀皮书奖获奖情况、历届优秀皮书奖获奖排名前 10 位的皮书和研创单位等。蔡继辉副总编辑指出，在皮书出版方面，皮书品种数不断增加，但跨年延后出版问题较为严重。在皮书评价方面，评价排名靠前的皮书主要有以下几方面的特点：一是篇章架构设置比较科学、合理；二是主题设置紧扣当年的热点；三是以实证研究为主；四是遵守皮书的学术规范性。在皮书评奖方面，评奖的标准、流程、评奖人都是公开和公正的，保证了评奖的科学性、客观性和权威性；获奖皮书的集中度比较高，但获奖单位的分布越来越广；有突出的选题，或者有质量较高的报告，皮书获奖的概率更大；规范性不合格的皮书或者报告，实行一票否决；加大对优秀皮书报告的奖励力度。针对以上问题，蔡继辉副总编辑提出了七点建议：一是减少跨年出版的品种；二是根据数据发布时间做好出版时间规划，特别是行业类皮书；三是主题的选择要结合年度性、长远性与战略性；四是注重保持皮书的高质量；五是遵守学术规范性；六是需要提升单篇报告质量；七是需要突破与创新科研体制机制。

河北省社会科学院院长康振海介绍了河北中心智库建设取得的进展及皮书在智库建设中起到的积极作用。康院长指出，皮书是现实情况的充分反映，是经济社会发展和行业发展的真实记录和晴雨表，是学术界关注的重大问题的突出表现。河北省社会科学院在社会科学文献出版社出版的皮书有《河北经济社会发展报告》《河北法治发展报告》《京津冀协同发展报告》等，其中，《河北经济社会发展报告（2018）》被授权使用 2018 年"中国社会科学院创新工程学术出版项目"标识。皮书研创出版和新型智库建设的目标、路径高度一致，因此，皮书研创水平和影响力成为智库建设的重要评价指标。一是发挥皮书的资政作用。课题组将皮书送给河北省两会人大代表、政协委员，河北省所有市县、党政主要负责同志以及省职能部门把皮书作为参考材料。二是扩大皮书的社会影响力。以皮书做依托召开全省的经济形势分析会；在有关的培训和重要的活动中，将皮书作为学习参考用书；皮书出版以后，通过书评、研讨、座谈等形式，宣传介绍"河北蓝皮书"，进一步扩大皮书的社会影响力。三是注重发挥皮书的史料性价值。

中智科学技术评价研究中心理事长李闽榕指出，新时代对中国特色新型智库提出的新要求，最终要体现在智库的研究成果上，特别是体现在皮书的研创上。一是研创人员应不断加强对全局性、战略性、前瞻性问题的研究，编撰、出版皮书应创新研究理念。二是要综合应用现代科学的多种方法，对研究对象、研究模式、成果推送方式、成果类型等进一步深入挖掘，再进行系统科学的研究。三是要应用大数据提高皮书的科学性，运用大数据工具进行科学分析，获得原创性发现、做出原创性贡献。四是要具有国际视野，向世界发出中国"声音"，引领国际话语权，提升皮书成果的国际化水平。皮书研创要达到以上四个方面的要求，需要在"新、远、融、实、效"五个字上下功夫，多出符合高质量发展要求的皮书产品。即，皮书研创要坚持不断创新，以新制胜，不断推出新的皮书成果；要坚持定位高远，要具有国际视野，掌握"中国话语权"；要突破不同学科研究方式的限制，善于将社会科学和自然科学的研究成果融合起来形成新的皮书研究成果；要符合实际、数据翔实、客观展现；要言之有物，皮书成果要切实有效。

广州大学广州发展研究院院长涂成林指出，皮书是一种标识性很强的智库成果，必须依靠智库平台的支撑。而智库平台的建设，对于保证皮书质量、打造皮书品牌具有重要作用。二者相辅相成、相得益彰。广州大学通过选题把关前置介入、筛选初审专业考量、三堂会审集体把关、配合查重确保原创、媒体传播立体战略、评奖机制质量取胜等一系列手段保障皮书研创的高品质。"广州蓝皮书"系列的实践探索，在于以下四个方面：构建高校与政府部门联袂主编的深度合作机制，搭建起高校服务地方的制度化桥梁；建立与校内、校外的广州研究专家、学者的广泛联系，建立稳定、可持续的皮书研创队伍；建立不同智库成果和平台的合作机制，推进智库成果的多效运用；组建全国首个市级、省级的蓝皮书研究会，构建起支持皮书研创的可持续发展机制。

新译科技董事长田亮介绍了人工智能行业的概况，包括媒体、社科出版等现状及智能翻译在社科出版行业中的应用，展示了译前译后平台、多语传播平台的功能。他指出，就当前主流的媒体来说，其出版都融入了新内容，其数量增加的趋势也越来越明显，且逐渐面向国际。当今媒体不再局限于一些传统模式，而是逐渐朝传播多元化的方向发展。人工智能的广泛应用将助力皮书的研创和影响力的扩大。

施普林格出版集团人文及社会科学执行编辑李琰介绍了施普林格出版集团的发展历史、学术出版优势和创新探索及与中国学者和出版社的合作定位。"中国梦与中国发展道路研究丛书"是施普林格出版集团和社会科学文献出版社近年来正在合作的最大的出版项目，皮书系列里面的一部分著作选自这个系列。到现在为止此丛书已经出版了 32 种，已经签约的项目和在生产过程中的项目预计到 2020 年有 72 种。"中国梦与中国发展道路研究丛书"以经管和人文社科相关领域的著作为主，兼有政治学与国际关系、法律、环境与能源、行为科学与心理学等方面的著作。施普林格出版集团的目标是以"促进发现"为核心价值，通过各种方式、创新手段和平台为整个科学研究团体服务，包括产品设置、出版以及出版之后内容的发行和传播。学术出版社的目标是服务学者和服务科研，作为一个全球领军的企业，李琰执行编辑希望施普林格出版集团在学术出版方面的创新和努力能够受到大家的关注，吸引大家参与的热情。

三　分论坛主题聚焦，皮书年会圆满闭幕

本次年会共设置了7个分论坛，各分论坛围绕各自的主题进行深入研讨，为新时代皮书的研创和智库平台的建设提供了思路和方向。

"皮书研创与智库建设"分论坛围绕"智库建设与地区发展：西部·中部·东部"和"皮书研创：方法·数据·传播"进行研讨，陕西省社会科学院经济研究所所长裴成荣、中国社会科学院社会学研究所社会心理学研究室主任王俊秀等7位专家做了主题发言，中共安徽省委党校原副校长蔡宪、甘肃省农业科学院党委书记魏胜文等7位专家参与了论坛研讨。

"皮书研创与高校智库建设"分论坛围绕高校智库建设进行研讨，福建师范大学经济学院院长黄茂兴、华侨大学旅游学院原院长郑向敏等7位专家做了主题发言。

"皮书研创与互联网时代的文化传播"分论坛围绕"新时代下的文化传播产业发展""文化传播类皮书研创的数据与方法"进行研讨，中国传媒大学广播电视研究中心研究员李继东、人民网研究院副院长唐胜宏等6位专家做了主题发言，中国社会科学院民族研究所研究员陈建樾、中国社会科学院新闻与传播研究所所长唐绪军等4位专家参与了论坛研讨。

"皮书研创助力行业健康发展"分论坛围绕"皮书研创之数

据采集与评价指标体系的构建""皮书研创之前瞻性研究与对策建议"进行研讨，艾力彼医院管理公司副总裁王兴琳、中国社会科学院数量经济与技术经济研究所综合研究室主任李群等7位专家做了主题发言，贵州省房地产研究院院长武廷方、中国林业科学研究院经济林研究开发中心副主任杜红岩等6位专家参与了论坛研讨。

"皮书研创与国别区域和全球治理研究"分论坛围绕"国别区域研究与学科/智库建设""全球治理研究与学科/智库建设"进行研讨，中国社会科学院日本研究所副所长张季风、同济大学政治与国际关系学院副院长郑春荣等8位专家做了主题发言，北京语言大学中东学院院长罗林、中国社会科学院《俄罗斯东欧中亚研究》执行主编李中海等6位专家参与了论坛研讨。

"皮书研创与地方智库建设"分论坛围绕"如何让智库建设有库有智"进行研讨，河南省社会科学院原院长张占仓、广州市团校副校长涂敏霞等6位专家做了主题发言。

"新时代、新思维、新角色：出版社转型与图书馆数字资源建设"分论坛围绕"新时代出版社和图书馆的思维、角色转变以及图书馆数字内容建设"进行研讨，中国社会科学院数量经济与技术经济研究所《数量经济技术经济研究》编辑部主任彭战、中国人民大学图书馆副研究馆员胡宁等4位专家做了主题发言。

闭幕式由社会科学文献出版社总编辑杨群主持。山东社会科学院副院长张少红做了闭幕发言。她指出，第一，本次年会明确了新时代皮书发展的方向与趋势。第二，莅临会议各位领导的讲话，进一步明确了做好皮书研创工作的思路。第三，第十九次全国皮书年会在山东举办，是对山东社会科学院的信任，更是激励。本次皮书年会主题鲜明、成果丰富、成效显著。这是各位与会领导、专家学者集体智慧的结晶，为我们进一步提升皮书研究与创新水平提供了新的养料。希望各位皮友按照本次皮书年会的精神，深刻把握新时代皮书的未来与发展趋势，做好新时代皮书的研创与传播，充分发挥皮书在新时代的作用与价值。

鲁东大学副校长亢世勇在发言中指出，本次年会上各位专家和代表围绕智库研创出版平台的专业化、智库成果的学术规范性、智库的学术话语权等主题进行了广泛和深入的讨论。通过讨论，大家对新时代皮书的使命、未来和趋势有了更深刻的认识。可以说，本次年会顺利实现了预定目标，必将进一步提高全国皮书研创水平、推动研创单位智库建设的进程。通过承办这次年会，我们有幸结识了各位皮书研究和编纂的专家以及出版界的学者，聆听了各位对新时代智库研究与建设、皮书研创与传播等领域独到的和颇具远见的见解，这也必将对鲁东大学的社会科学研究和智库建设产生深刻影响，为学校的科研发展增添给养。

黑龙江省社会科学院党委书记周峰代表第二十次全国皮书年会承办方做了发言。他指出，通过参加第十九次全国皮书年会，听取专家的发言，深刻地感受到中国皮书事业发展的成就及对中国改革开放发展起到的作用，也一起探讨和展望了新时代皮书的未来和趋势，可以说本次年会主题鲜明、成果高端、影响巨大。第二十次皮书年会将在哈尔滨举行，黑龙江省社会科学院将全心、全意、全力做好会议服务工作。皮书年会的成功离不开所有皮书研创者的参与和支持，因此，他向皮书界的专家和学者发出诚挚的邀请，希望与各位皮友"相约2019，相约黑龙江"。

社会科学文献出版社社长谢寿光以"新时代 新皮书——中国皮书研创出版的转型升级"为题做了总结发言。谢社长指出，党的十九大报告在全面准确分析总结党的十八大以来世情、国情、党情的深刻变化的基础上，明确宣告，我国进入中国特色社会主义新时代。全球化转折、中国崛起、特朗普主义，不确定性成为当今世界的重要特征。互联网、大数据正深刻地改变着世界和人类的生活，皮书成为时代宠儿，成为社会科学特别是智库研究者的利器。

从社会科学文献出版社出版的第 1 本"经济蓝皮书"算起，皮书至今已连续研创出版 28 年，"皮书"这一概念的出现并作为一种出版形态专业化运营也走过了 21 年的历程。皮书的出版总品种已接近 800 种，2018 年预计出版品种可达 450 种，按书号统计累计出版总量达 2951 种，约含 17 万篇研究报告；皮书数据库总字数达 38 亿字，2017 年全年点击量突破 200 万次。使用皮书数据库的专业机构用户共计 1360 家，其中，国内 1235 家，海外 125 家；注册个人用户超过 9 万人；皮书研创机构近千家，作者总数达 4.2 万人，皮书年会出席人数超过 500 人，皮书研创出版学术共同体的智库影响力、社会影响力已经形成并日益扩大。

新时代皮书研创出版面临着一些问题和挑战。第一，结构失衡。从总体上看，皮书的种类接近 800 种，每年坚持研创出版的种类也接近 500 种，但结构比例失衡，主题重复和缺失现象同时存在。第二，专业化、主题化程度偏低。仍不同程度地存在论文合集、官方工作总结报告汇编、地方志和年鉴式编法等现象。第三，原始独有数据、一手调查数据使用比例过低。第四，可持续的研创机制包括团队有效激励和资金保障机制尚待提升。第五，皮书研创学术共同体的运作机制特别是共享和合作机制尚待完善。第六，皮书研创出版规范的推广和实施有待进一步加强。

对于新时代皮书的转型升级，谢社长提出七点建议。第一，紧紧把握皮书的本质特征，明确新时代皮书研创出版的历史使命，以消除"不确定性"作为本皮书涉及的研究领域或主题的研创宗旨，以是否提供专业有效的信息作为衡量皮书研创内容质量的基本标准。第二，以专业化、主题化作为皮书研创出版的基本定位，以数据分析作为皮书研创写作的基本要义。把研创视野聚焦于社会关照、行业热点、公共政策评价和第三方评估等方面，前景预测类的皮书要全面推行对上一时段预测结果的回溯和分析。第三，以"调结构、补短板"为抓手，积极推动皮书研创出版发展。第四，全面推进皮书数字化、国际化发展战略，加大全球约稿及多介质、多语种出版的国际推广力度，为中国学术进入国际主流话语体系做出皮书研创出版者独特的贡献。第五，以建立皮书研究院理事会和鼓励支持各地、各行业/领域成立皮书研究会或研创联盟为着力点，积极推进皮书学术共同体建设。第六，严格推行《皮书研创出版规范》和皮书研创出版发布流程管理。第七，以皮书数字化、国际化为两大抓手，全方位拓展和丰富皮书出版发布的外延和内涵，并通过加强和深化对皮书自身的研究，推动皮书指数体系的研发；同时，打通皮书研创与智库建设、学科建设、人才培养的节点，形成四位一体的平台。

皮书精神，薪火相传。2018 年，皮书年会首次举行会旗交接仪式，山东社会科学院和鲁东大学共同把会旗交接给黑龙江省社会科学院。会旗承载着皮书精神，传递着皮书人的期盼，年年传递，永葆初心。

本次年会围绕"新时代的皮书：未来与趋势"进行研讨，既有深度的学术报告，又有精彩的主题报告，还有活泼的主题沙龙，全面总结皮书研创经验，探讨皮书未来的发展趋势，取得了丰硕的成果。《光明日报》、新华网、人民网、中国网、中国经济网、搜狐、山东省教育厅官网、齐鲁网等中央和地方媒体对本次会议进行了报道。

中国人民大学副校长贺耀敏、河北省社会科学院院长康振海、中国社会科学院俄罗斯东欧中亚研究所党委书记李进峰、中智科学技术评价研究中心理事长李闽榕、中国社会科学院俄罗斯东欧中亚研究所原所长李永全、中国社会科学院人口与劳动经济研究所党委书记钱伟、中国社会科学院新闻与传播研究所所长唐绪军、甘肃省社会科学院院长王福生、甘肃省农业科学院党委书记魏胜文、贵州省社会科学院院长吴大华、机械工业经济管理研究院院长徐东华、人民网总编辑余清楚等来自全国近300个皮书研创单位的500多人出席了本届皮书年会。

新时代皮书创新的思考[*]

张晓东[**]

摘 要： 皮书研创需要以时效性为基本准则，因此新时代形势下的皮书研创需要结合当前时代特征及背景进行创新发展。基于这一立足点，本文首先论述了当前由技术驱动生成的"天·地·人·物"无限互联的新时代，随后探讨了在这样的新时代框架背景下关于皮书研创内容、方法、形态、工具等方面的创新思考。

关键词： 皮书研创 无限互联 新传媒

一 新时代

社会通过技术优势和不断创新，促使中国的经济、社会不断

* 本文根据中国管理科学学会副会长兼秘书长张晓东在第十九次全国皮书年会（2018）上的讲话录音整理而成。

** 张晓东，中国管理科学学会副会长兼秘书长，南京敏捷企业管理研究所所长，研究员、高级工程师。研究方向：管理科学、创新管理、战略管理。

向前发展。无处不在的人工智能、透明化身临其境的体验和数字化平台新兴技术的产生，以绿色、智能、平台化为特征的产业大变革，促使产业呈现分解、集聚、跨界的新趋势，新产业、新业态层出不穷，不断推动产业跨界融合创新。一个全球化的新阶段、互联的新世界、产业的新模式、社会的新生态、智能的新图景、全球的新时代已悄然来到我们面前。早在 21 世纪初，世界是全球化的时代，而现如今全球化进入了一个新阶段。

首先，皮书研创者对地方问题和国际问题都进行了研究，全球视野的重要性不言而喻，所以不管研究什么问题，研究点落在哪里，中国都是置身在全球背景下的。其次，这是一个互联的世界，皮书研创者需要有更充沛的精力和无限的动力来做皮书。当下中国进入一个新时代，在这个时代下有一个很重要的趋势——新兴技术兴起。可以想象，未来将是一个技术驱动的时代。

当然，现如今还是一个创新融合的时代。一个很深刻的变化就是消费互联网向产业互联网跃迁，人类的生活起居和日常出行都离不开互联网，而创新融合的下一阶段就是产业联网。在接下来的 10 年、20 年乃至 30 年之中是一个非常重要的产业联网时代，在这个时代，生产和消费会融合为一体，生产生活的边界也开始被打破。在这个时代，融合是非常重要的一个趋势。还有一个就是跨界，"融"和"跨"将是未来创新融合的主要方式。"融"体现为：两化融合、军民融合、经济和社会融合、区域大融合；"跨"体现为：跨国、跨业、跨时代、跨体制。更加多元的社会驱动着更多的变化，而这些都意味着党的十九大民族复兴时代的到来。

二　新科技

首先，新科技最突出的就是新 IT。新 IT 是全面互联的智能社会，包含以下八个方面，分别是：全面网络化（天、地、人、物）；全球互联智造；空间宇航和深海技术；新交通工具（高速，智能）；量子科技；生命科学＋技术计算；基因编辑、人体密码、回收能量、智能机器人、无人驾驶等；物的人化转变为人的物化。而 IT 的发展历程可以划分成三个阶段，第一阶段是信息技术，第二阶段是网络科技，现在是第三阶段，即智能科技。这三个阶段是迭代式的、互相递进的发展。数字经济是核心和基础，现在的交通网，包括生命科学、量子科学等无不与智能社会的到来有一定关系，这些都是息息相关的，代表着一个全面互联的智能社会的到来。

其次，人工智能纵深发展分为计算智能、感知智能、认知智能三个阶段。第一，计算智能表现为能存会算，机器开始像人类一样会计算、会传递信息。比如神经网络、遗传算法，这些计算智能可以帮助人类储存和快速处理海量数据，是认知和感知的基础。第二，感知智能表现为感知外界，机器可以看懂和听懂事物，做出相应判断，采取一些行动。例如摄像头的面孔捕捉系统、可以自动识别语音的音响，这些感知智能可以高效地帮助人类完成"看"和"听"的相关工作。第三，认知智能表现为自主行动，机器人可以像人一样思考，主动采取行动。比如无人驾驶汽车、可以自主行动的机器人，这些认知智能产物可以全面辅助或替代人类的工作。

最后，从三重视域看人工智能。第一，人工智能对社会的影响。人工智能的迅速发展意味着I3社会即将来临，AI（Artificial Intelligence，人工智能）会成为新的生活方式进而改变人类社会，甚至AI会改变人类长期以来保持不变的宇宙观，最终成为一种信仰。第二，人工智能的产生在技术层面的意义。AI经历了60余年的发展早已是一门跨领域的技术，随着AI技术不断应用到生产制造环节，人工智能正在催生新的产业革命。第三，从经济的角度来看待人工智能。AI是创造新物种的生产力，这种生产力的出现提供了新的生产方式，变革了生产关系，可以说AI形成了一种新的经济形态。

不能单一从科学和技术的角度来看待人工智能，如果只是从科学工具角度来衡量，人工智能以及量子科技的发展会给科学主义带来巨大挑战。前几年人类还在研究人机共舞，未来可能三种人要共存，即自然人、机器人、生命科学和计算技术结合的人造人。人类中心主义现在也面临着巨大的挑战，应从人文的角度去看待。共同生产、共享财产所带来的共产社会的样貌慢慢开始呈现。

人类从出生的那一刻起，其信息就不断地被采集，这种信息的收集是具有两面性的，有利也有弊。区块链具有分布系统、不可篡改、去信任性、集体维护、完全透明等优点，也有安全性局限、尚无统一标准、衍生市场混乱等缺点。区块链有50%的约定机制，如果规模不大，它的价值就不大，但是当其规模大时，至少目前的技术、性能、容量和效率还存在很大的问题。目前，区块链没有统一的标准，延伸的思考特别困难，所以这些新兴科技事物的发展、技术不断的迭代会一直延续，直到I3社会的到来。I3 社会是指，云端网、万维网和物联网。未来，生命科学和技术计算结合时，人与人之间仅靠眼神便可完成交流，不仅仅可以暗送秋波，而且可以传递若干信息，在不久的将来这一天一定会到来。

未来的 20 年，是生产联网，也是物联网和人工智能技术发展的繁荣时期，机器人的发展是物的人化。再往后发展，生命科学与技术结合，可能是人的物化，人在很多情况下是被定义出来的，即软件定义一切。上述事物给人类带来了一些机遇，但同时也带来了巨大的挑战，传媒更是在变化。未来这种信息的互相传递、分享、变化，从采集、管理、传播的角度来看，都是在数字化状态下进行的，未来可能还有更多的形态和泛数字化。

三　新传媒

新媒体也是全媒体时代到来的标志之一，比较传统出版产业链和数字出版产业链，可以发现很多不同的地方。

在传统出版产业链中，出版社处于优势地位。林场提供纸张原材料给造纸厂，造纸厂将纸张原材料制作成纸张提供给印刷厂，印刷厂又将印刷好的印刷品提供给出版社，原料、造纸、印刷等行业最终都是为出版社提供服务。而作者将自己的文章内容提交给出版社，由出版社编辑、出版、发行，最后出版社将刊物提供给书店销售。出版社在拥有所积累下来的众多作者等内容创作方资源的同时，还拥有着新华书店、行政渠道等独有的优势出版渠道，进而影响着产业链的各环节。

而在数字出版产业链下，技术公司、新型互联网企业、硬件商、网络运营商则成为核心环节。出版社或作者将文章内容提供给硬件商、技术公司、互联网公司、网络运营商，而这些运营商通过网络渠道将作品发布到终端上供读者阅读。在这种产业模式下，网络运营商具有天然的渠道优势，占据了智能手机的阅读入口；硬件商通过亚马逊 kindle、汉王阅读器这些产品，软硬结合，锁定用户；以方正、同方为代表的技术公司从技术层面出发探索数字出版方向；而新型互联网企业诸如 B + A + T + M（即百度、阿里、腾讯、小米）、当当、在线教育公司也在数字出版产业链下扮演着重要的角色。

　　未来，技术专家可能在数字出版产业链中担当核心的角色，但如果单靠技术专家主导，没有人文精神相匹配，也会导致不好的后果，甚至是灾难。在这种情况下，新的出版媒介应运而生。比如：手机、App、阅读器、数字图书馆。

四　新皮书

1. 内容要新

（1）新选题

　　科技驱动世界瞬息万变，云计算、大数据、人工智能、移动网络等技术的迅猛发展，日益将全球互联为一体。科技改变了人类社会和生活，使人类正迎来一个"天·地·人·物"无限互联的新时代。在这样一个转型变革的时代大场景中，经济社会的发展也必然会面临诸多的新问题、新挑战，同时也将获得千载难逢的新机遇。面对这样的形势，皮书的内容、选题一定要突出"新"字，因为打破过去传统社会科学研究学科的体系和学科的限制是很有必要的。所以，皮书研创者在选题上可以更加广泛，选取大家在社会中、生产中、发展中需要的资讯。

（2）新资讯

技术驱动这个时代，驱动人类持续地变革与创新。变革与创新的速度和效率比以往任何时候都更快、更高，甚至是呈几何级数的增长。人们每天接收到的资讯更是不计其数，信息来源多元化，包括经济、政治、科技、军事、文化、艺术、娱乐、法律、评论、观点等各种范畴，如何遴选、如何优化成为非常重要的信息甄选规范，如何将其结构化、条理化也是非常重要的课题。

（3）新视角

社会系统包含了个体子集，而个体又由于自身具有自主意识，自然就带有非常主观的情感性、偶然性、随意性、模糊性等，这就增加了整个社会系统自身的复杂性。在社会系统中即便是相同的情境和场景，但由于个体自身对它的理解、诠释、反应不一致，自然会给出不一样的反馈，从而造成了整个社会的实践活动带有多变性、综合性等特征，由此也就带来了非常多的社会问题，超越了当前传统科学研究的范畴，必须对其进行一些延伸和探索。同样一个主题，选取的视角不同可能就会导致皮书质量大相径庭。因此，皮书研创者要以非常新颖的视角来看待皮书。

（4）新观点

观点的重要性不必多言，作为智库价值它是非常重要的一个支撑。皮书本身的观点集合就是思想具象化的表现，思想产品的汇聚既能够在整个社会公共决策系统中起到辅助和支持作用，又能够促进对社会经济发展具有积极推动作用的公共知识的积累。皮书本身汇聚了非常多的不同研究领域的专家观点，它是一个重要的智库平台。当前在这样一个世界多极化、经济全球化、文化多样化、社会信息瞬息万变的情境下，中国新型智库的建设将会面临着一系列的新情况、新问题、新挑战、新任务。所以，皮书在肩负起智库职能与责任时，应当契合当前的时代发展特征，应变相应的研究领域和方向，优化智库成果和产品，实现理论研究与实践研究之间的紧密契合，不断提升研究的前沿性、实效性、专业性和可持续性，发布能够满足党政决策和社会发展需要的智库产品。

2. 方法要新

新技术不断驱动变革，整个社会系统的复杂性不断增强，各个学术领域的边界不断被打破，整体的科学技术研究呈现跨界融合的态势。数学方法、计算机信息技术、人工智能、新材料技术等自身的不断突破，以及学科之间所呈现的交叉融合，对传统的科学研究方法产生了非常大的冲击。现有的学科呈现新的面貌，科研工作者对自然和世界的认识也有一些新的转变，这就要求在研究方法上进行一些变革，由此更好地应对当前自然和世界的研究和探索。传统的研究方法所具有的局限性日益明显，复杂社会现象所要求的分析和预测的研究方法及范式迫切需要更新。此外，大数据、人工智能和知识管理也很重要。因此，一定不能完全基于原来那种传统的方法，要采用更加创新和多元的方法。

3. 形态要新

现在有公众号、皮书 App 等新的展示形态，研究报告也可以通过电子皮书来展示。因此，皮书也可以制作成电子皮书。当然电子皮书可以赋予更多的功能，例如计算功能，可以从中抽取一些关键要素，对于研究会更加深入。其实现在有很多方法和手段可以实现电子皮书，如把所有皮书在云端集成起来，然后将电子皮书作为一个终端。此外，电子皮书可以想象的空间还有很多。

4. 工具要新

信息技术正经历飞速发展的进程，从第一代以 PC 为核心，到第二代以互联网为特征，再到第三代以智能技术为要素，技术驱动人类持续变革与创新。运用百度大数据，可以解读"春运哪条返乡路线最热门？"通过数理统计，可以分析"红楼梦前 80回和后 40 回是否为同一作者？"利用 2000 多年间 150000 多位名人的出生和死亡数据，可以回溯欧美文化艺术中心的变迁……借助大数据技术更好地为科学研究服务，更好地解释社会现象，更好地把握社会发展的规律，是当前的一个重要发展趋势。将大数据技术紧密融入社会科学研究的各个领域，通过数据信息之间的共享和集成，为整个研究创新提供应有的技术支撑。

我国国际传播话语体系
建设的新生态与新趋势*

李继东**

摘　要： 本文主要讨论有关国际传播话语体系建设的五个方面的问题。第一，分析国际传播格局的现状与变化。第二，聚焦媒介的变化及其影响。2011年起，中国传媒大学国家传播创新研究中心开始发布"全球传媒蓝皮书"，特别关注历年的主题变化。第三，探讨新闻舆论变化。习近平总书记高度重视新闻宣传和舆论工作，而舆论是公众或者以个人为主导的大众传播的一种意见的影响，扮演着越来越重要的角色。第四，讨论步入新阶段的全球化进程。第五，分析我国国际传播实践与研究在上述新的时代语境下的应有的理念和话语体系建设问题。

关键词： 国际传播　话语体系　新生态　新趋势

---

* 本文根据中国传媒大学国家传播创新研究中心副主任李继东在第十九次全国皮书年会（2018）上的讲话录音整理而成。本文系国家社科基金项目"我国国际传播话语体系建设的理论创新研究"（14BXW020）阶段性成果之一。

** 李继东，中国传媒大学国家传播创新研究中心副主任，研究员、博士生导师。研究方向：国际传播、传播理论与历史、新媒体研究、国际舆论等。

一　国际传播格局

近来，由美方挑起的中美贸易摩擦加剧，演化成了贸易战，这不仅仅是经济问题，还涉及政治、社会和文化等问题。而贯穿这场博弈始终的，除了经济等硬实力之外，更多的是国际传播与国际舆论的问题。

回溯中美贸易战的历史，这次博弈实际上是国际政治现实主义的重新抬头。20 世纪以来国际政治思潮先后经历了从现实主义、自由主义到新现实主义、新自由主义的演变历程，最后这两种主义不断趋同，越来越重视观念与利益的同等重要性，这是全球国际政治的一个基本演化逻辑。美国政府在克林顿、奥巴马执政时均很重视观念的重要性，然而自特朗普上台之后又开始重新强调美国利益、美国第一，这是强调硬实力的现实主义国际政治思潮的再次崛起。

同时，从国际社会无政府状态的文化变迁上来看，国际体系文化先后经历了霍布斯文化、洛克文化和康德文化。而强调国家之间的竞争与敌手关系的洛克文化一直是现代国际体系文化的主流，当前国际社会不大可能退回到崇尚暴力争夺和敌我关系的国家间角色结构的霍布斯文化，也不会很快发展成为想象中的康德文化，即国与国之间是崇尚友谊的朋友关系。实际上奥巴马政府、克林顿政府秉承的新自由主义思想实际上就是洛克文化的一种体现，不过那是相比较而言，其更强调理念、观念的重要性及其影响，但并不是不看重现实利益。

总的看来，特朗普政府的政策其实要重返到里根时代。众所周知，在里根时代，里根与英国的撒切尔夫人联手促使新自由主义席卷全球的主流思潮，在一定程度上造成了苏联的解体，使得自由市场理念几乎成为世界各国经济发展的主导性观念。而特朗普政府将此理念发挥得更加淋漓尽致。

国际社会无政府文化影响着国际传播格局，国际传播实际上历来都是一个政治问题，其实践及研究与国际政治、国际经济密切相关，而当自由主义思潮在全球拓展的过程中，国际传播又起着很重要的作用。美国实际上从广播时代开始就特别重视国际传播，换言之就是重视传播媒介的影响力。从广播总统到电视总统，一直到互联网总统，奥巴马从竞选开始就利用了谷歌、脸书等平台来传播。而现如今特朗普被称为推特总统，在推特上成为引领国际政治话题的一个"超级网红"，甚至被称为"推特总司令"。据统计，从2009年3月特朗普正式注册推特账户，至2018年7月4日美国独立纪念日当日（约3400天），特朗普共发送出38000条推特短信息，平均每天11条。而在2018年7月4日当日特朗普活跃粉丝和追随者数量达到5300万，这相当于《纽约时报》发行量的50倍、CNN黄金时间热播新闻栏目《安德森·库珀360度》收视率的40倍。特朗普随时发布一条条推文，成功引导国际舆论，形成了富有时代感的话语引领模式。

可见，美国历届政府善于利用各个阶段的新兴媒介操纵国际舆论，维护着世界舆论霸主的地位，而掌控国际舆论是国际传播格局形成的关键所在。在当今媒介化社会生活中，可以说，谁掌握了新兴媒介的话语权，谁就拥有了国际舆论的主动权。

二 媒介发展趋势

关于当今是一个什么样的时代可能会有几十种说法，所谓"横看成岭侧成峰"，若从媒介发展的角度来看，这是一个万物为媒的时代。互联网重在人与人之间的连接，而随着5G、AI等新兴技术的发展，则更多是物与物之间的连接、人与物之间的交互，形成了人、物和信息相互联结的新生态。这恰好与中国古代"天人合一"的理论相近，即人与自然和谐共生。进一步讲，全媒体不仅仅包括人所创造的媒介，还有万物，在新技术赋能下物可以说话、交流，万物即媒介。

基于此，人类生活媒介化，媒介已深度嵌入社会生活之中，当前人们已离不开手机，更离不开微信等社交媒体，倘若突然失去了微信那么人会觉得生活处于真空状态。而媒介生活化就是人们可以更加便捷地使用原来只有专业机构和人士才能触碰的媒介，每个人都可以用身边的手机去报道，成为一个评论者、一个传播者。未来更可怕的是，人工智能的发展，将传播演变为一种人与媒介高度融合的状态。智能机器人自动写作，机器更多地变成了人体的一部分，人的机器化与机器的人化交融。实际上媒介是人和世界的连接器，其内容就是信息。从过去单一诉诸单一介质的报刊、广播到多介质共存的电视、互联网，从视觉、听觉到视听合一，再到电脑、手机，人的触觉也加入其中，即视觉、听觉、触觉、味觉、嗅觉等全感官系统都被媒介化已是大势所趋。所谓智能媒体，就是人的全感官与万物的媒介化所构筑的全方位、立体化信息联结网络或平台。

还有一个发展大势就是媒介融合，这不仅体现在介质之间、接收终端之间和行业之间，还体现在人与信息之间的融合。其实，在这个大潮中，值得注意的是越融合则越细分，更多、更细密和更深层次的用户兴趣得以彰显。在国际传播中，每一个国家、民族与每一种文化的特质在日趋融通的平台得以放大、彰显，丰富多样的文明交流、交互更加及时便捷，这就要求在具体传播过程中要因时因地因人因事而异，来调整自己进而传播。

三　舆论新态势

随着媒介的发展舆论生态也发生了很大的变化，出现了一种新态势，即危机常态化下舆情频现。当前不要再幻想没有舆情，一幅图、一句话、一件事情，哪怕是 10 年前的一件小事，都有可能被挖出来成为一个舆情。整个舆论生态由福柯所言的由传统社会的全景式监狱变成了现在的共景式监狱，过去高高在上的权力阶层可以俯视、控制底层的信息流动，而今这一金字塔扁平化了，任何人任何事任何地方都可能成为舆论焦点，被披露、被围观和被凝视，形成了危机常态化、众口平等议事的舆论新格局。

四　新全球化

1. 以强化弱：从西化到多文化共存

纵观世界全球化历程，一个鲜明的轨迹就是以西方之强化发展中与欠发达地区之弱，可以说现代化即西方化或欧美化。自改革开放以来，我国推进的四个现代化，亦是更多向英美等西方发达国家学习先进理念、制度、知识与文化，特别是传播学等舶来学科几乎全部从西方移植而来。经过 40 年的发展，一个多元化共存的时代到来了，特别是从 21 世纪第 2 个 10 年开始，随着新兴媒介技术的迭代更新以及信息传播业的发展，各国间交流互动更加紧密，人类社会更加多元共存，文化的交融和碰撞则越来越密切。

2. 理解尊重认同：从单向宣传到双向传播

基于西化式全球化，一直以来有关全球化的传播也近乎一边倒，由西方发达国家压倒性地流向东方发展中国家，这种态势从 21 世纪特别是自 2008 年美国金融危机以及新自由主义因其不良影响而式微，中国等发展中国家崛起以来，加之互联网迅猛发展与数字社会的勃兴，过去的单向宣传范式向双向传播转移，国家间更加注重沟通对话，强调尊重、理解和认同，也就是费孝通先生所言的，不同文化之间的关系应是"各美其美，美人之美，美美与共，天下大同"。无独有偶，亨廷顿在其《文明的冲突与世界秩序的重建》一书中也有类似的担忧与论断，他认为文明冲突是未来世界和平的最大威胁，建立在文明基础上的世界秩序才是避免世界战争的最可靠的保证。因此，在不同的文明之间，越界（Crossing Boundaries）非常重要，尊重和承认相互的界限同样非常重要。

3. 生态平衡：文化基因的传承与共存

21 世纪，全球面临最大的问题是文明之间的共存问题，而跨越文明之间或突破文明冲突的良策就是理解和尊重彼此之间的文化差异，这也体现了我国的天下大同、求同存异等处理国际关系的理念。实际上，文化共存在新全球化进程中则表现为文化基因的传承和记忆。

当前有不少学者谈到中华文化基因的传承问题，而其关键是在新全球化进程中实现世界多样文化的生态平衡，而不是谁化谁，谁强谁的文化就优等。

五 新时代的国际传播话语体系建设趋势

综上，步入中国特色社会主义新时代的国际传播需要创新理念、话语体系，而当前我国已处于国际舆论场的聚光灯之下，我国国际传播话语建设实际上已成为新全球化进程的重要环节。

1. 从"把地球管起来"到"人类命运共同体"

回首中华人民共和国的国际传播实践历程，毛泽东同志早在1955年就指出，新华社要"把地球管起来，让全世界都能听到我们的声音"。此前的共和国首次国庆节（1950年），天安门城楼的标语"中华人民共和国万岁，世界人民大团结万岁"向全球宣告了我国的世界情怀与全球理念。

实际上，全球化进程始终有一种来自传播学界的反思声音，即以马克思主义为指导的批判学派特别是传播政治经济学派，一直致力于打破西方自由主义和资本主义所标榜的资本逻辑，呼吁建构一个公平正义、多样共享的信息传播新秩序，而中国特色社会主义国际传播实践和理论蕴含了这一世界期待。

党的十八大以来，习近平总书记审时度势，高瞻远瞩，提出了人类命运共同体的理念，从传播的角度来看这已超越了国际政治、国际传播的现实主义、新现实主义、新自由主义以及新世界主义。人类命运共同体这一理念超越了狭隘的民族观、文化观和国际观，站在维护全人类福祉的角度，来看待人与人、国与国、人与环境之间的关系，由此来构造一种全新的传播观念。

2. 从各自为政到共商共建共享

自 2013 年习近平总书记提出了"一带一路"倡议以来，受到国际舆论广泛关注与高度赞誉，其共商共建共享的核心理念与原则恰恰体现了现代互联网基础上的信息传播的本质，改变了传统媒体时期信息传播主体各自为政，甚至相互敌对的关系。进一步讲，全媒体时代的国际传播不是谁主导谁、谁化谁的问题，而是面对人类面临的共性问题与挑战，各国本着相互尊重、互惠互利、平等合作的原则，共同建构惠及人类的新型传播格局。

3. 从内外有别到内外融通

一直以来，我国对外传播秉承的是内外有别的原则，后来又演化成外外有别，基于此形成了内外两套传播体系，其形成有其合理的历史缘由，同时也发挥了应有的价值与作用。然而随着全媒体时代的到来，世界格局与中国国际地位逐渐发生变化，这一原则及其体系存在着诸多问题，亟须创新与突破。早在 2013 年习近平总书记在全国宣传思想工作会议上就指出，要"着力打造融通中外的新概念新范畴新表述，讲好中国故事，传播好中国声音"。由此，我国的国际传播实践与理论应在融通内外的基础上，强调因时因地因人因事而异。课题组从 2011 年起组织编制的《全球传媒发展报告》的初始定位就是国别研究，内容涉及发达国家、金砖国家、非洲国家。2014 年开始发布的《中国国际传播发展报告》则进一步聚焦我国的国际传播实践与理论探讨，这些年来一直梳理、探讨基于中国实情与全球视野的融通中外的国际传播理论体系。

4. 建构融通中外的话语体系

随着新时代的到来，中国亟须建构融通中外的话语体系，这不仅仅要把中国的国际传播实践经验提炼出来并介绍出去，更重要的是，要倡导"一带一路"相关国家一同建设一个开放、包容、平等、公平的共享平台，一起建构一种超越西方现实主义、自由主义的国际传播话语体系。

第一，构建复杂传播系统。当前的国际传播主体是多元的，不仅需要政府、媒体、企业、社会组织和个人共筑一个复杂的、多元的、多层次的和立体的传播系统，而且要深挖其背后的多种影响因素，比如文化、政治、经济以及价值观等。

第二，建设基于中国实践的学术话语体系。一直以来，我国的传播理论及其研究方法等均是直接从西方移植而来，基于中国实践的学术话语体系建设严重滞后，几乎所有的概念、理论都是源于美国、欧洲等西方发达国家，迄今没有形成自己的理论体系。而当前源于西方的理论越来越无法很好地解释中国的传播实践，也不能很好地解释中国的国际传播实践，这就亟须学界要扎根中国大地，主动设置议题、解释自己和诠释世界，这也是习近平总书记所指出的"坚持和发展中国特色社会主义，必须高度重视哲学社会科学，结合中国特色社会主义伟大实践，加快构建中国特色哲学社会科学"的要义所在。

第三，创新话语方式。首先，充分发挥微观话语的作用，当前信息传播范式已由传统的专业组织主导的大众传播转向以个人为基础的万物传播，个体的情感、体验等更加突出、备受关注。这就需要将宏大主题、叙事转化为具体话题、个性话语。其次，需要精准传播，要因时因地因事而异，因为每个国家、每个地方、每个社区和各种群体都有不同的文化，甚至同一种文化也会因时间、事件等的不同而有所不同。这就需要研究人员做好跨文化沟通工作，不仅限于国与国之间的政治或经济利益，而且是文明（文化）之间的沟通协商，这也是国际传播话语体系建设极为重要的方法转变。

参考文献

亚历山大·温特：《国际政治的社会理论》，秦亚青译，上海人民出版社，2014。

吴旭：《中选后继续"发威"：特朗普如何用推特改变美国？》，观察者网。https：//www.guancha.cn/WuXu/2018_ 11_ 13_ 479394.shtml，最后访问日期：2018年11月13日。

费孝通：《缺席的对话——人的研究在中国——个人的经历》，《读书》1990年第10期。

塞缪尔·亨廷顿：《文明的冲突与世界秩序的重建》，周琪等译，新华出版社，1998。

习近平：《习近平主持召开哲学社会科学工作座谈会并发表重要讲话》，央广网。http：//china.cnr.cn/news/20160518/t20160518_ 522165866.shtml，最后访问日期：2016年5月18日。

皮书研创与智库建设

依托基础研究，积累智库成果*

王俊秀**

摘　要： 本文介绍了"社会心态蓝皮书"的写作、出版经历、取得的成绩和社会影响。"社会心态蓝皮书"是在过去30多年社会心态研究的发展基础上出现的，是以中国社会科学院社会学研究所社会心理学研究中心的多年研究积累上产生的。这本蓝皮书的成功是以较为完善的社会心态指标体系，初步建立的社会心态理论框架，大量的社会心态调查数据为基础的。社会心态研究既是学术研究也是应用性的智库研究。本文对社会心态的指标体系、研究方法、调查数据、智库成果等都有介绍。

关键词： 社会心态蓝皮书　社会心态　智库成果

---

* 本文根据中国社会科学院社会学研究所社会心理学研究室主任王俊秀在第十九次全国皮书年会（2018）上的讲话录音整理而成。

** 王俊秀，中国社会科学院社会学研究所社会心理学研究室主任、研究员。研究方向：社会心理学。

一　社会心态蓝皮书

2011 年 5 月，中国社会科学院社会学研究所社会心理学研究中心出版了第 1 本"社会心态蓝皮书"。此后，"社会心态蓝皮书"一共出版了 6 本，2018 年出版第 7 本。并且，"社会心态蓝皮书"在第九届"优秀皮书奖"的评选中获得了"优秀皮书奖"的三等奖，其总报告"关注阶层心态，提高民众获得感"获得了"优秀皮书报告奖"一等奖。上述奖励是对这本蓝皮书的肯定。2017 年，"社会心态蓝皮书"以关注阶层和获得感方面为研究主题，而 2018 年的"社会心态蓝皮书"则是社会学研究所社会心理学研究中心针对幸福感、安全感、获得感等社会心态不同方面的持续研究，同时也包含其他板块，如针对党的十九大报告提出的加强社会心理服务体系建设的号召，对社会心理服务体系建设实践单位经验进行研究，完成了专门的研究报告。

二　中国社会心态研究 30 年

社会学研究所的"社会心态蓝皮书"是在多年学术研究积累的基础上起步的。早在 1996 年，社会学研究所社会心理学研究室获得国家社会科学基金第一个关于社会心态的课题资助。之后社会心态研究一直是社会心理学研究室持续研究的课题，研究人员发表了大量的学术成果，完成了大量的上级机关交办和政府部门委托的课题。从 1996 年算起，社会心理学研究室的社会心态研究已经开展 20 多年了。中国的社会心理学来自西方，因此社会心理学界所关注的那些问题较为学术化，与中国社会现实距离较远。因此，社会心理学研究中心的"社会心态蓝皮书"是希望在学术研究的基础上，向大众普及社会心理学知识，用社会心态的研究表达对社会现实的关注和关切。"社会心态蓝皮书"希望通过社会心态研究，使得许多的现实问题可以让大众、政府和媒体来了解和关注。早在改革开放初期就有人提出社会心态研究这一问题，1986 年左右，学术界才开始关注这个问题，出现一些社会心态相关的研究，之后经过 20 年左右的积累和缓慢发展，直到最近 10 年相关的研究才快速发展。"社会心态蓝皮书"正是出现在这个时期，蓝皮书对社会心态研究的发展起到很大的推动作用。在 1996 年第一个国家社科基金的社会心态项目获批的 20 年后，2016 年底社会心理学研究室申请的国家社科基金重大项目"社会心理建设：社会治理的心理路径"批准立项，这是社会心理学研究室提出的新的研究，也是对前期研究的总结和推进。由于研究人员初期对社会心态的体会不深，起初的社会心态研究比较简单，做的都是一些态度调查，后来逐渐在这些态度调查的基础上提出了社会心态的指标体系，并重新梳理社会心态的基本概念和研究，重新寻找理解社会问题的心理学和社会学理论，以此建构社会心态的理论。目前，社会心理学研究室的社会心态研究同时开展三个方面的工作，一是社会心态的机制研究，搞清社会心态各指标和变量间的关系。二是构建社会心态指数。三是通过社会心态的指标预测社会发展和社会心态的走向。

三　社会心态的结构和指标体系

将社会心态分成五个一级指标，分别是社会需要、社会认知、社会情绪、社会价值观、社会行动。社会需要包含个体需要，正如党的十九大提出要关注人民不断增长的美好生活的需要，个体需要一直是心理学研究的重点，但社会心态研究关注的是社会需要。而在社会认知方面，可分为态度与评价、群体与关系认知、社会思维三个部分，态度与评价包含了很多指标，有幸福感、安全感、公平感等，群体与关系认知包含了社会信任、社会认同等。社会情绪可细分为基本情绪、次级情绪以及情绪氛围。社会价值观则包含个体价值观。社会行动可分为理性行动和非理性行动。无论是社会认知、社会需要，还是社会情绪、社会价值观和社会行动，都需要以大的样本调查为基础，再结合传统的心理学的实验手段。与一般的实验室实验不同，实验室的实验场景和现实比较脱节，缺乏生态效度，而社会心理学研究室尝试采用真实情境下控制变量的大样本调查的方法达到实验研究的目的，近年来也开始进行基于大数据的社会心态研究。

四　社会心态问卷调查和数据库

从 2006 年到 2018 年，中国社会科学院社会学研究所完成了大量的调查问卷。正如前文所述，社会心态的研究是通过指标得出指数的，再有就是采用问卷试验和大数据方法相结合的方式，同时还有心理测量、心理健康等内容的加入。为此，社会心态研究有一套完整的理论体系，如下文所示。

1. 社会心态研究

目前的社会心态研究包括根据社会心态的指标体系进行社会心态指数的编制。社会心态指标体系的一级指标包含社会需要、社会认知、社会情绪、社会价值观和社会行动五个方面，每个方面分解为若干二级指标，再对二级指标的变量进行操作和测量，形成社会心态调查问卷，并通过移动客户端调查平台问卷宝进行全国样本的抽样调查。对变量的操作采用不同形式，或采用自变量表，或采用心理测评量表，所有的测量题目都已做过了信度、效度考验。指数的合成将借鉴社会学的指数编制技术和心理学的结构分析方法，把一级指标形成单项指数，用适当方法合成总指数，用多指标的方法来作为社会心态特点和变化的描述。通过不同操作变量的组合，建构多种专题指标和指数，如社会凝聚力指数、城市认同指数、安全感指数等。分别对于社会心态指标体系中的全部变量、综合变量和某些变量间的关系进行研究，以及利用这些变量来编制系统的社会心态指数或某些专题的社会心态指数，来对不同地域、不同群体、不同时间、不同背景下社会心态的状况和变化进行测量。在实验研究、指数研究和网络大数据挖掘的基础上采用计算机建模等方法预测社会心态的演化和变化趋势。根据社会心态的规律探讨改善社会心态的路径，并通过实验法、问卷调查法和质性研究等验证社会心理建设路径的效果，提出社会心理建设的实践建议。

2. 社会心态调查

目前，社会心理学研究室的研究是基于 2016～2017 年所做的社会心态调查，以前的调查有的是通过入户询问方式进行的随机抽样调查，也有的是进入社区后，不同类型社区之间进行比较的调查。而这次调查是通过移动客户端的调查平台进行，由中国社会科学院社会学研究所社会心理学研究中心与智媒云图合作开发的问卷调研 App"问卷宝"，向在线样本库的全国用户推送问卷，依靠用户分享问卷的方式来进行滚雪球式发放，各省市配额回收，覆盖主要地级以上城市。现如今样本库已有全国注册用户约 110 万人，覆盖全国 346 个地级城市，以手机号码为 ID，可追踪调查，采集 GPS 信息，可确定地理位置，利用 NASA 卫星灯光数据可进行人口密度分区抽样。

除此之外，问卷包含测谎题，可就注册信息、往次调查进行答题一致性检验，后台有信用评级，对回收问卷进行质量筛查。调查最初阶段共收回全部作答问卷 19543 份，经筛选后最终得到有效成人问卷 16573 份，问卷有效率为 84.8%。其中男性 7938人，占 47.9%，女性 8635 人，占 52.1%。年龄范围是 18~80岁，平均年龄为 26.89±8.307 岁。

自 2018 年起社会心态调查已经进入中国社会科学院重大社会调查项目，采用随机抽样的入户调查形式，每年连续调查，现正在进行中。

3. 获得感调查

此外，社会心理学研究室还有其他专项调查。2017 年启动了获得感调查项目，中央提出获得感概念后没有对获得感做出明确的定义。民众要提高获得感，首先要知道他们理解的获得感是什么，基于这样的目的社会心理学研究室进行了获得感调查，编制了测量获得感的获得感量表，也做了获得感现状的调查。这次调查是由中国社会科学院社会心理学研究中心与智媒云图联合进行的，向全国各省区市（除港澳台地区）推送，按照第六次人口普查数据进行省区市匹配，再追加 19 个大城市的数据样本，以此作为抽样，经筛选后有效样本为 4101 份，其中男性 2166 人，女性 1935 人，年龄范围是 18～78 岁，平均年龄为 31.27 ± 8.29 岁。

4. 正在进行的研究

2019 年，社会心理学研究室已经完成了美好生活需要、心理健康与社会心态等项目，社会心态调查（2018）项目正在进行中。首先是美好生活需要调查，现在提到美好生活需要就像获得感一样，民众也有对美好生活的想象，但对于美好生活的想象和需要又是两回事，所以这份调查同时在进行两个方向的研究。其次是心理健康和社会心态之间的关系，主要以大样本的调查为主，调查社会心态之间变量机制研究的作用，同时利用网络文本的大数据分析，做一些针对大样本调查的补充。

需要说明的是，社会心态研究初始阶段并不是完全的学术取向，而是应用取向和智库取向。因为它不是传统心理学，也不是传统社会学，而是重新建构一套新系统。因此，社会心态研究一直在做智库性工作，满足党和国家的政策需求，满足中国社会科学院智库研究的要求，10 多年来社会心理学研究室产出了大量的智库成果。

5. 社会心态研究与智库建设

（1）智库任务

社会科学文献出版社出版的《智库评论》创刊号上就曾发表了社会心态研究的智库功能的文章"社会心态研究和监测的

智库意义和实践"。近些年社会心理学研究室完成了大量政策咨询性研究报告和《要报》形式的专报，如 2006 年完成了中宣部下派的任务，也完成了中央相关部门委托的"十三五"规划前的研究课题。

（2）多方合作

目前社会心态研究团队的人数并不多，研究人员加起来仅有10 多位，因此社会心理学研究室采取多种形式的合作来扩大社会心态研究的队伍，比如与中山大学传播与设计学院建立了中国网民社会心态研究实验室，与哈尔滨工程大学、香港中文大学社会学系分别成立了合作小组；在智媒云图建立了社会心态研究基地，设立了社会心态监测网以及城镇化数据库；与杭州师范大学、云南师范大学、深圳大学、鲁东大学、哈尔滨工程大学、包头师范学院、内蒙古师范大学等联合成立了社会心态观测点。

（3）社会心态实践

党的十八大报告提出加强社会心理服务体系建设，培育自尊自信、理性平和、积极向上的社会心态。"十二五"规划重申了十八大报告的精华部分，即"弘扬科学精神，加强人文关怀，注重心理疏导，培育奋发进取、理性平和、开放包容的社会心态"。党的十九大提出了建设社会心理服务体系，社会心理学研究室又开始在江西赣州市、河南西平县等地区进行调研，尝试建立一些研究基地。

五　智库报告的出版和发布

近些年，社会学研究所把成果不断地以智库报告的形式发布，比如蓝皮书这一发布平台，但仅有的这种发布形式是不够的，社会学研究所还要针对社会心态的研究特点出版和发布多种形式的智库报告。

参考文献

王俊秀、杨宜音等：《社会心态理论前沿》，社会科学文献出版社，2018。

王俊秀：《精神文明与社会心态：以北京市西城区为例》，社会科学文献出版社，2017。

王俊秀：《社会心态理论：一种宏观社会心理学》，社会科学文献出版社，2014。

杨宜音、王俊秀等：《当代中国社会心态研究》，社会科学文献出版社，2013。

王俊秀：《中国社会心态研究报告（2018）》，社会科学文献出版社，2018。

王俊秀：《中国社会心态研究报告（2017）》，社会科学文献出版社，2017。

王俊秀：《中国社会心态研究报告（2016）》，社会科学文献出版社，2016。

王俊秀、杨宜音：《中国社会心态研究报告（2015）》，社会科学文献出版社，2015。

王俊秀、杨宜音：《中国社会心态研究报告（2014）》，社会科学文献出版社，2014。

王俊秀、杨宜音：《中国社会心态研究报告（2012～2013）》，社会科学文献出版社，2013。

王俊秀、杨宜音：《中国社会心态研究报告（2011）》，社会科学文献出版社，2011。

王俊秀：《现状、变化和相互关系：安全感、获得感与幸福感及其提升路径》，《江苏社会科学》2019年第1期。

王俊秀：《从心理健康到幸福社会：社会心理服务体系建设的路径》，《光明日报》2019年1月18日。

王俊秀：《社会心理学如何响应社会心理服务体系建设》，《心理技术与应用》2018年第6期。

王俊秀：《不同主观社会阶层的社会心态》，《江苏社会科学》2018年第1期。

王俊秀：《社会心态研究30年：回顾与展望》，《郑州大学学报》2017年第4期。

王俊秀：《居民需求满足与社会预期》，《江苏社会科学》2017年第1期。

杨宜音、王俊秀：《"十三五"时期社会心态与舆论引导研究》，载李培林、蔡昉主编《2020：走向全面小康社会》，社会科学文献出版社，2015。

王俊秀：《社会心态研究和监测的智库意义和实践》，《智库评论》2015 年第 1 期。

王俊秀：《从社会心态培育到社会心理建设》，《北京工业大学学报》（社会科学版）2015 年第 4 期。

发挥皮书在智库建设中的强大作用[*]

康振海[**]

摘　要：蓝皮书已经成为地方社会科学院构建学科体系、学术体系、话语体系的重要抓手，在服务党委政府决策、推动地方经济社会发展中发挥了重要作用。河北省社会科学院加入皮书"家族"以来，蓝皮书质量得到较大提高，对于提升河北中心智库建设水平，提升河北省社会科学院在省内外的学术影响力和社会影响力起到了推动作用。走出了一条以智库建设提升皮书创作质量，以皮书编纂整合研究力量、锤炼队伍，进而提升智库建设水平的良性互动之路。

关键词：河北蓝皮书　皮书编纂　智库建设

---

[*] 本文根据河北省社会科学院院长康振海在第十九次全国皮书年会（2018）上的讲话录音整理而成。

[**] 康振海，河北省社会科学院党组书记、院长。研究方向：党史党建、哲学文化。

由社会科学文献出版社组织出版的皮书系列是以中国哲学社会科学研究的"国家队"——中国社会科学院为龙头和主力，整合和带动全国各省区市社会科学院的研究力量开展的一项有利于加快构建中国特色哲学社会科学、有利于提升全国哲学社会科学整体研究实力和水平的一项创新性文化工程，是推动社会科学成果转化和发挥社会科学影响力的高端平台，经过多年的发展，已经形成了一套规范科学的评价出版体系。皮书系列的出版为中国社会科学院及中国哲学社会科学界发挥思想库、智囊团作用起到了积极的促进作用，已成为中国社会科学院和中国社会科学界的重要知名品牌。就地方社会科学院而言，目前，蓝皮书已经成为地方社会科学院构建学科体系、学术体系、话语体系的重要抓手，在服务党委政府决策、推动地方经济社会发展中发挥了重要作用。河北省社会科学院从 1997 年起开始编纂出版蓝皮书，已经走过 20 多年的历程，2013 年成功加入中国社会科学院皮书团队，至今已有 6 年。加入皮书"家族"以来，通过对标先进，学习借鉴先进经验，该院的蓝皮书质量得到较大提高，对于提升河北中心智库建设水平，提升河北省社会科学院在省内外的学术影响力和社会影响力起到了推动作用。走出了一条以智库建设提升皮书创作质量，以皮书编纂整合研究力量、锤炼队伍，进而提升智库建设水平的良性互动之路。

一 河北省社会科学院智库建设取得积极进展

河北省社会科学院与全国其他地方社会科学院一样，深入贯彻落实习近平总书记关于哲学社会科学的系列重要讲话精神和国家、省出台的系列制度文件要求，极大地推进了河北省社会科学院的河北中心智库建设。河北省社会科学院智库研究中心是新型智库建设的重要平台，其具备的灵活机制和创新活力为皮书的编纂提供了坚实的基础。河北省社会科学院作为河北省的中心智库，其在体制机制改革、服务省委省政府决策等方面做了一些探索。

（一）创新体制机制，推进智库建设

2015 年 7 月，《河北省社会科学院中国特色新型智库建设先行先试方案》正式印发，标志着河北省社会科学院新型智库建设正式启动。新型智库建设坚持以服务决策为宗旨，以理论创新和政策咨询为主攻方向，以体制机制改革创新为动力，以完善组织形式和管理方式为重点，努力建设具有中国特色、河北特点的有重要影响的新型智库，成为全省新型智库体系的核心载体和主体平台。组建了省社科院城乡发展研究中心，重点开展新型城镇化、统筹城乡发展、新农村建设、资源环境、区域经济发展等研究；组建了省社科院宏观经济决策与公共政策研究中心，重点开展全省经济形势分析预警、重大经济发展战略、产业结构调整与转型升级等重大问题研究；组建了省社科院创新驱动发展研究中心，重点围绕科技创新、科技发展战略、人才开发利用、科技园区建设等开展研究；组建了省社科院京津冀协同发展研究中心，重点围绕实施京津冀协调发展规划、对接京津等重大问题、重大项目开展研究；组建了省社科院社会治理与党风廉政建设研究中心，重点围绕党风廉政建设、治理能力现代化、法治河北建设等开展研究。2018 年，河北省社会科学院根据全面深化改革的现实需要，围绕解决经济社会发展重大问题和有效精准服务于省委省政府决策，立足于开放办院，解决短板，吸引外智，在 5 个原有非编制智库研究中心的基础上，重新调整成立创新驱动发展研究中心、京津冀协同发展（雄安）研究中心、城乡发展研究中心、宏观经济与公共政策研究中心、开放经济研究中心、金融财税研究中心、社会治理研究中心、法治河北研究中心、党风廉政建设研究中心等 9 个智库研究中心。智库研究中心实行首席专家负责制，以重大研究课题为龙头整合院内外的资源，属于非编制单位。智库研究中心承担了大量科研任务，智库成果质量高、影响大，发挥了重要的服务决策作用。

（二）围绕中心，服务大局，精准服务党委政府决策

河北省社会科学院各智库研究中心围绕中心、服务大局，紧紧围绕深入贯彻习近平新时代中国特色社会主义思想和习近平总书记对河北工作的重要指示批示，贯彻落实创新、协调、绿色、开放、共享的发展理念，推动京津冀协同发展、雄安新区规划建设、筹办北京冬奥会等重大国家战略和国家大事在河北落地见效，以及河北省委九届五次、六次全会确定的抓好三件大事、打好六场硬仗、实施八项战略、深化九项改革的总体部署。从国家和河北省经济社会发展需要出发，深入开展省情调研、决策咨询和对策研究。积极适应省委省政府重大决策需求，把省领导圈定的重大课题、交办的重大调研任务作为科研的主攻方向，开展深化研究，推动河北创新发展、绿色发展、高质量发展。2018 年，河北省社会科学院设立了"习近平新时代中国特色社会主义思想中加强党的全面领导思想研究""京津冀生态支撑区建设研究""雄安新区建设开放发展先行区研究""健全自治、法治、

德治相结合的乡村治理体系研究""河北大运河文化带建设研究""先秦燕赵文化史"等 35 项重大课题。通过《智库成果专报》上报成果 66 期，有 44 项成果得到省领导肯定性批示。其中，"雄安新区管理体制机制及配套政策的创新思路与建议""雄安新区住房与用地管理政策创新思路与建议""落实国家大数据战略的河北选择""'三位一体'协调推进河北乡村振兴的实践路径"等 12 项获省委省政府主要领导批示。《雄安新区经济社会发展研究》被雄安新区管委会列为中心组学习参考用书。有多名专家直接参与了河北省乡村振兴规划等文件的起草论证和大运河文化带的调研工作。除此之外，各智库研究中心紧扣大局、围绕意识形态工作中的重大问题和热点问题开展分析研判。上报中宣部舆情报告 101 篇，上报中央办公厅 32 篇，有 38 篇被中宣部采用，7 篇被中央办公厅采用；7 篇获中央领导批示，其中 5 篇得到习近平总书记批示，为党和政府决策提供了智力支持。

（三）加强制度创新，释放政策红利，激发科研活力

河北省社会科学院立足实际，聚焦新时代要求，以推动哲学社会科学事业发展为出发点，全面推进全院制度的修订完善工作。2017 年对全院 81 项制度进行保留、修订、新订及废止。通过了《关于落实以增加知识价值为导向分配政策的实施意见》《河北省社会科学院重要科研成果资助办法》《河北省社会科学院高层次人才引进暂行办法》《河北省社会科学院综合考核实施意见》《河北省社会科学院财务管理规定》等规章制度，使河北省社会科学院的制度体系更加科学合理完备。2018 年又完善出

台了 13 项制度，最大限度地释放出政策红利，调动了科研人员投身科研工作的积极性。在选题、决策方式、组织机制、经费管理、合作模式、考评制度、传播途径等方面，河北省社会科学院进一步深化智库建设体制改革与创新，打破传统体制机制束缚，建立起能把握正确方向、有利于激发智库活力的管理体制和运行机制，充分激发了科研活力，有效推动了河北中心智库建设的高质量发展。影响较大、效果明显的是，根据省委、省政府出台的《关于落实以增加知识价值为导向分配政策的实施意见》（以下简称《实施意见》）制定的实施办法，进一步优化了收入分配结构，在科研人员绩效工资基础上，加大了对课题的支持力度，尤其是科研课题经费允许课题组成员支取劳务费，进一步激发了科研活力。根据《实施意见》，河北省社会科学院进一步出台了社科研究专业岗位业绩评估标准，修订了科研课题管理办法、职称量化计分办法等与科研人员密切相关的规章制度，充分释放政策红利。

（四）围绕开放汇智，开展学术交流活动，提高智库影响力

2018 年，河北省社会科学院举办了以"改革开放与高质量发展"为主题的第四届河北省国际智库论坛，邀请美国、俄罗斯、日本、韩国等四国的智库专家和中国社会科学院、地方社会科学院（北京、山东、上海）的专家为河北省经济社会发展把脉问诊，围绕推动河北改革开放与高质量发展等重大问题进行研讨交流。会议成果《论坛综述》获多位省领导的肯定批示。此外，河北省社会科学院还开展了以下学术交流活动。与中国社会科学院历史研究所联合举办了先秦文化研讨会，来自中国社会科

学院、北京大学、中国人民大学、中国先秦史学会等国内著名高校、研究机构的学者对先秦阴阳五行思想及名家进行了深入的讨论；与中国社会科学院文学研究所联合主办了重温红色经典学术研讨会，来自中国社会科学院、北京大学、清华大学、晋察冀日报史研究会等全国十余所高校和科研机构的专家学者与会交流研讨；与中国社会科学院当代中国研究所联合举办了"改革开放与华北社会经济变迁学术研讨会"，来自中国社会科学院、中国人民大学等高校和科研机构的与会代表围绕华北地区政治、经济、文化、历史等方面的变迁，进行了深入讨论；与中国人民大学联合主办了"晏阳初'定县试验'与乡村振兴研讨会"，与会学者围绕贯彻落实习近平新时代中国特色社会主义思想和党的十九大精神，助推新时代乡村全面振兴的主题进行了深入探讨。同时，河北省社会科学院还举办了改革开放40周年暨乡村振兴战略理论研讨会、河北大运河文化保护传承利用学术研讨会、雄安历史文化专题研讨会、立法中重大利益调整论证咨询机制学术研讨会；在第21届全国社会科学院院长联席会议暨智库论坛、全国地方社会科学院创新工程论坛、华北地区社会科学院第35届科研管理联席会议上分别介绍了智库建设的经验和做法。

二 蓝皮书家族不断壮大，推介质量不断提升

"河北蓝皮书"是经济社会发展和行业发展的忠实记录和晴雨表，是现实情况的充分反映，是学术界关注重大问题的突出表现。

（一）河北省社会科学院皮书创作历程

河北省社会科学院自1997年开始蓝皮书的编纂工作，1998

年首次出版《河北省经济社会形势分析与预测》，分"经济篇""农业经济篇""社会发展篇"三个板块。2005年，为适应河北省经济、社会、文化事业发展需要，将单卷本《河北省经济社会形势分析与预测》拓展为《河北省经济形势分析与预测》《河北省农村经济形势分析与预测》《河北省社会形势分析与预测》《河北省文化产业形势分析与预测》四卷本，以求对问题的研究更加深入，针对性更强。同时，编印《河北发展蓝皮书（总报告）》，在河北省两会上呈送给省人大代表和政协委员参阅。2006年增加了《河北人才发展报告》，至此蓝皮书扩充为五卷本。根据省文件要求，2014年增加《河北法治发展报告》，2015年增加《河北社会主义核心价值观培育践行报告》，至此，"河北发展蓝皮书"由一卷本扩充为七卷本，由河北人民出版社出版发行。2013年，为了对标先进、走出河北，河北省社会科学院的蓝皮书加入全国皮书出版团队，《河北经济社会发展报告（2014）》首次在社会科学文献出版社出版。至2017年，有3本书（《河北经济社会发展报告》《京津冀协同发展报告》《河北法治发展报告》）纳入中国社会科学院皮书出版团队，由社会科学文献出版社出版。在第十八次全国皮书年会（2017）中，《河北经济社会发展报告（2016）》获得第八届"优秀皮书奖"三等奖。《河北经济社会发展报告（2018）》授权使用2018年"中国社会科学院创新工程学术出版项目"标识。2018年，"河北蓝皮书"全部纳入中国社会科学院皮书团队，由社会科学文献出版社出版，其学术影响力和品牌知名度得到进一步拓展和提升，成为科学研判河北经济社会发展形势，深度了解和认识河北省情的重要参考书目，得到了河北省委、省政府领导和社会各界人士的广泛好评和高度认可。

（二）皮书研究在创新中不断发展

河北省社会科学院的蓝皮书在创新中不断发展，在 20 年编纂的过程中，为了提高编纂质量，扩大影响，河北省社会科学院对标皮书出版先进单位，提出了一些改进举措。

1. 创新选题和研究内容

河北省社会科学院聚焦国家重大战略，围绕省内重点工作，精心谋划蓝皮书的研究主题，特别突出皮书的河北特色，研究河北的重点问题，提升皮书研究质量。

2. 创新激励举措

因为皮书的研创时间较长，河北省社会科学院为了给这项工作注入活力、动力，实施了两项举措。首先，提高蓝皮书成果在科研业绩评估计分中的分值比重，科研分值与年终的业绩评估和职称评定挂钩。其次，提高蓝皮书研创原有的经费预算，保障研究的质量和水平。

3. 加强宣传传播

社会科学文献出版社作为国家皮书出版的知名出版单位，长期接受河北省社会科学院选题。2018 年，河北省社会科学院将"河北蓝皮书"全部纳入中国社会科学院皮书出版团队。

4. 借鉴先进经验

河北省社会科学院连续几年参加了皮书年会，通过这个平台，院内专家们增长了见识，获得了学习借鉴兄弟省市先进经验的机会。特别是中国社会科学院提供的一些有益经验，对提高该院"蓝皮书"的创作水平发挥了积极作用。

三 进一步发挥蓝皮书智库平台作用，提高皮书的权威性

随着皮书出版工作的不断壮大，皮书研创出版和新兴机制的目标、路径高度一致，皮书研创水平成为智库建设的重要评价指标之一。"河北蓝皮书"发挥作用的渠道主要有以下三个方面。

（一）充分发挥皮书的咨政作用

在全省两会期间，"河北蓝皮书"课题组将各卷本的总报告编印成《河北蓝皮书（总报告）》，作为省两会会议材料，呈送给省人大代表和省政协委员参阅，获得了较好反响，发挥了资政建言的重要作用。将皮书赠送给人大代表、政协委员、河北省省直部门和市县党政主要负责同志的目的是获取意见，并予之参考。

（二）扩大皮书的社会影响力

河北省社会科学院每年一般举行两次经济形势分析会，年中一次、年末一次。除去以皮书做依托举行全省的经济形势分析会，河北省社会科学院还在有关的培训和重要的活动中，以皮书作为学习参考用书。蓝皮书各卷本出版后，"河北蓝皮书"课题组除及时呈送省委、省人大、省政府、省政协及部分省直部门领

导参阅以外，还邮寄给有关高校、中国社会科学院和各地方社会科学院以咨交流，发挥了社会科学服务经济社会发展的智库作用。2019年，省政府秘书处、省人大农工委等部门还主动联系"河北蓝皮书"课题组，将此套书作为学习参考用书；另外，在河北省社会科学院专家开展宣讲工作时，将《河北社会主义核心价值观培育践行报告》作为宣讲材料。"河北蓝皮书"出版后，国家及省级新闻媒体给予高度关注，中国新闻网、河北新闻网等媒体进行了报道，光明网、快资讯等网站进行了转载、推介。除了通过全国各地新华书店等线下途径可以购买之外，当当网等线上渠道也有销售。

（三）注重发挥皮书史料性价值

皮书多年连续出版，并关注同一问题，有效提升了皮书的史料性价值，为关注和研究河北发展的专家学者提供了有益的基础材料。皮书出版以后，河北省社会科学院通过书评、研讨、座谈等形式，宣传介绍皮书，进一步扩大了皮书的社会影响力，使该套书成为科学研判河北经济社会发展形势，深度了解和认识河北省情的重要窗口。同时，皮书的编纂还锤炼了河北省社会科学院的科研团队，提升了哲学社会科学为党委政府部门提供决策服务的综合能力和水平。

在新时代，进一步发挥皮书在智库建设中的作用，已经成为皮书研创的价值目标。河北省社会科学院将在与社会科学文献出版社共同合作的基础上，努力提高河北省社会科学院皮书编纂的质量，为建设经济强省、美丽河北做出贡献，推进皮书事业再上新台阶。

参考文献

谢曙光：《皮书研究：理论与实践》，社会科学文献出版社，2011。

王斯敏：《中国智库年度发展报告（2015）》，社会科学文献出版社，2016。

荆林波：《中国智库综合评价 AMI 研究报告（2017）》，中国社会科学出版社，2017。

改革开放40年：江西绿色发展足迹与智库作用[*]

龚建文^{**}

摘　要： 从闻名世界的山江湖工程到鄱阳湖生态经济区建设，从全国生态文明先行示范区到全国生态文明试验区，从打造生态文明建设"江西样板"到打造美丽中国"江西样板"，改革开放40年特别是党的十八大以来，江西始终践行绿色发展理念，始终坚守绿色发展道路，创造了一批在全国有影响的生态文明建设实践成果，生态文明建设与经济发展相辅相成、相得益彰的效果初步显现。在江西绿色发展进程中，江西省社会科学院等科研院所始终积极作为，发挥智库智力作用。

关键词： 改革开放　绿色发展　智库作用　江西样板

---

* 本文根据江西省社会科学院副院长龚建文在第十九次全国皮书年会（2018）上的讲话录音整理而成。

** 龚建文，江西省社会科学院副院长、研究员。研究方向：农村经济、区域经济。

2015 年 10 月 26～29 日召开的党的十八届五中全会上首次提出五大发展理念，其中，绿色发展理念阐明了发展经济与生态保护之间的关系。党的十九大报告指出："到 2035 年，生态环境根本好转，美丽中国目标基本实现。"这是党的十九大报告对生态文明建设和生态环境保护提出的展望。此外，党的十九大报告还指出："从 2035 年到本世纪中叶，把我国建成富强民主文明和谐美丽的社会主义现代化强国。"

为书写新时代绿色发展新答卷，党的十八大以来，江西始终倡导和实践绿色发展理念，致力于探索经济发展和生态文明水平提高的相辅相成、相得益彰的道路。绿色是江西的原色，"踏遍青山人未老，风景这边独好"；绿色是江西的主色，从东到西，从南到北，千山竞绿；从赣江到鄱阳湖，万水皆清。绿色发展的接力赛，江西一直没有停步。

发展经济与保护环境，犹如经济学界的"哥德巴赫猜想"，尤其是作为中部欠发达省份，江西既要巩固提升生态优势，又要发展经济。在探索解答这个"哥德巴赫猜想"的实践中，江西省社会科学院始终没有缺席。下面主要从三个方面来介绍江西绿色发展足迹与智库作用。

一 绿色发展历程

(一) 闻名世界的山江湖工程

山江湖是鄱阳湖和流入该湖的赣、抚、信、修、饶五大河流及其流域的简称。1983 年，江西省政府组织 600 多名专家对鄱阳湖及赣江流域进行多学科综合考察后，提出把三面环山、一面临江、覆盖全省辖区面积达 97% 的鄱阳湖流域视为整体，从而进行系统治理，同时创造性地提出"治湖必须治江、治江必须治山、治山必须治穷"的治理理念。

自此，一个名叫"山江湖工程"的项目在全国叫响，这一工程把"山水田林湖"作为一个大生态系统进行生态保护，先后打响了"灭荒"造林、"山上再造"和"跨世纪绿色工程"三大全省性战役，开创了中国大河流域实施"环境与发展"协调战略的先河，成为全球可持续发展的典范工程。

山江湖工程实施以来，2005 年的联合国可持续发展实施目标国际研讨会和 2006 年的第十一届世界生命湖泊大会先后在江西召开。在世界生命湖泊大会上，联合国粮农组织驻华代表达尔说："无论发达国家还是发展中国家，都应该学习山江湖工程在发展中注重生态恢复和扶贫攻坚的先导精神。"同时，山江湖工程还被联合国专家誉为人类保护自然、利用自然的经典工程，成为"世界认识江西，江西走向世界"的桥梁和纽带。

（二）鄱阳湖生态经济区战略："绿水青山"与"金山银山"统一的新支点

2008 年，时任国务院总理的温家宝同志在江西考察，他到鄱阳湖地区考察后，认为像鄱阳湖这样的水质在全国比较稀少，所以要采取措施保护好鄱阳湖这"一湖清水"。此时，江西省社会科学院抓住机遇，向江西省委提出建设鄱阳湖生态经济区的建议，这一建议立即被江西省委采纳。江西省社会科学院立即组织专家，撰写调研报告和可行性分析报告，并上报江西省委。江西省委又将鄱阳湖生态经济区这一方案报到中央，2009 年 12 月 12 日，国务院正式批复《鄱阳湖生态经济区规划》，标志着鄱阳湖生态经济区建设正式上升为国家战略。这是 1949 年以来，江西省首个被纳入国家战略的区域性发展规划，在江西发展史上具有里程碑意义，对实现江西绿色崛起新跨越具有重大而深远的意义。时任中国工程院院士徐匡迪认为，鄱阳湖生态经济区建设是中国履行环境责任的重要证明，对国家甚至对世界都将产生积极的贡献。

（三） 从全国生态文明先行示范区到全国生态文明试验区

2014 年 11 月 20 日，国家发改委、财政部、国土资源部（2018 年 4 月，国土资源部职责整合，不再保留）、水利部、农业部（2018 年 4 月改为农业农村部）、国家林业局（2018 年 4 月改为国家林业和草原局）正式批复《江西省生态文明先行示范区建设实施方案》。作为全国首批全境列入生态文明先行示范区建设的省份之一，《江西省生态文明先行示范区建设实施方案》的获批，标志着江西省建设生态文明先行示范区上升为国家战略，这也成为江西省继鄱阳湖生态经济区（包含 38 个县、市、区）和赣南等原中央苏区振兴发展（包含 54 个县、市、区）后的第三个国家战略，也是江西省第一个全境列入的国家战略。

2016 年 8 月，江西省又与贵州、福建两个省成为 3 个首批统一规范的国家生态文明试验区之一。《国家生态文明试验区（江西）实施方案》于 2017 年 10 月 2 日由中共中央办公厅、国务院办公厅依法通过并实施。习近平总书记先后多次对江西省的工作做出重要指示和批示。2015 年，习近平总书记在两会期间参加江西代表团审议时指出，江西要走出一条经济发展和生态文明相辅相成、相得益彰的路子，打造生态文明建设的"江西样板"；2016 年春节前夕，习近平总书记到江西视察，对江西的生态资源和红色文化给予高度赞美。他指出：绿色生态是江西最大财富、最大优势、最大品牌，一定要保护好，做好治山理水、显山露水的文章，走出一条经济发展和生态文明水平提高的相辅相成、相得益彰的路子，打造美丽中国"江西样板"。这些年江西省根据习近平总书记的指示要求，着力打造美丽中国"江西样板"。

二 绿色发展成效

改革开放 40 年特别是党的十八大以来，江西践行绿色发展理念，向改革开放要动力，向创新创业要活力，向特色优势要竞争力，经济社会发展呈现"数据飘红、成色更绿"的良好发展态势，为转向高质量发展创造了良好条件。

（一）数据飘红

从 1978 年至 2017 年，江西经济总量从 87 亿元增加至20818.5 亿元，增长 238.3 倍。尤其是近几年，江西 GDP 增速稳居全国第一方阵，GDP 增速在全国 31 个省区市中的位次稳步前移，从 2014 年的第 9 位稳步跃升至 2018 年第一季度的第4 位；GDP 总量也从 2014 年的第 18 位提升到 2017 年的第 16位。

（二）成色更绿

1. 绿色经济发展

（1）三次产业结构不断优化

改革开放以来，江西产业结构经历了从"一二三"到"二三一"，并向"三二一"迈进的历程，工业和服务业"双轮驱动"经济发展的特征更加明显。

（2）高新技术产业快速发展，传统产业占比稳步下降

长期以来，江西省以发展绿色工业作为支撑绿色发展的主要引擎，重点发展航空、电子信息、中医药、新能源、新材料等产业。近年来，高新技术产业发展整体向好，占全省工业企业增加值的比重已突破30%，2017年达到30.9%，较2014年增加6个百分点。

在发展绿色工业的进程中，江西大力推动工业绿色化发展。特别是近年来，以供给侧结构性改革为主线，大力推进"三去一降一补"，六大高耗能行业在全省工业产业中的占比整体呈下降趋势，占规模以上工业增加值的比重由2014年的38.6%下降至2017年的36.3%，降低2.3个百分点。

（3）绿色生态农业快速发展

长期以来，江西省探索了诸如赣州"猪—沼—果"等具有典型代表意义的生态循环农业发展模式，绿色生态农业发展成效显著。2016年农业部将江西省列为"全国绿色有机农产品示范基地试点省"，全国独此一省。"生态鄱阳湖、绿色农产品"品牌享誉全国、走向世界，赣南脐橙、南丰蜜桔、广丰马家柚、庐山云雾茶、修水宁红茶、遂川狗牯脑茶、瑞昌山药、广昌白莲、

泰和乌鸡、高安大米等 10 个农产品区域公用品牌入围 "2017 最受消费者喜爱的中国农产品区域公用品牌" 100 强。2016 年，赣南脐橙品牌价值高达 668 亿元，连续四年位居全国初级农产品类地理标志产品价值榜首。

（4）现代化服务业蓬勃发展

旅游是绿色发展的有效路径。江西是旅游资源大省，旅游资源总量在全国位居前列。改革开放以来，江西省深度挖掘和利用旅游资源优势，强力打造 "江西风景独好" 品牌，目前已成为我国重要的旅游目的地。旅游业已然成为江西现代服务业的重要支撑。

2. 绿色制度建设

江西省在绿色发展制度上先行先试，体现在以下四个方面。

（1）第一个成立最高规格省级河长组织架构

自 2015 年底全面启动河长制，江西省是全国第一个成立以省委书记、省长为总河长、副总河长的最高规格省级河长组织架构。

（2）在全国率先实行全境流域生态补偿

2015 年，江西省人民政府印发《江西省流域生态补偿办法（试行）》，于 2016 年筹集 20.91 亿元在全省境内实施流域生态补偿制度，是全国流域生态补偿覆盖范围最广、资金筹集量最大的省份。2018 年将筹集超过 28.9 亿元实施补偿。

（3）在全国率先推进流域生态综合治理

江西省树立 "山水林田湖草" 生命共同体理念，于 2017 年 5 月下发《关于以推进流域生态综合治理为抓手打造河长制升级版的指导意见》，以流域为单位，统筹实施流域生态保护与综合治理工程。如江西抚河践行"以水定城、生态融城、产业兴城、文化铸城、科学立城"的流域生态保护和综合治理定位，其流域生态保护和综合治理已入选国家级试点项目。

（4）建立健全"后果严惩"制度体系

江西省逐步提高生态文明在考核中的权重，建立生态文明建设评价指标体系，并不断完善考核评价机制，优化市县科学发展综合考核评价体系。此外，省内还探索自然资源资产负债表及离任审计制度，开展自然资源资产负债表试点并形成初步成果，出台江西省《关于开展领导干部自然资源资产离任审计的实施意见》，完成萍乡等地试点审计。与此同时，省内逐步完善生态环境损害责任追究制度，出台《江西省党政领导干部生态环境损害责任追究实施细则（试行）》，建立精准追责机制。

3. 生态环境保护与治理

江西省实施十大专项整治，分别是：省农业厅的全省渔业资源保护专项整治，农业化学肥料、农药零增长专项整治，畜禽养殖污染专项整治，省水利厅的非法设置入河湖排污口专项整治，非法采砂专项整治，侵占河湖水域及岸线专项整治，省交通运输厅的船舶港口污染专项整治，省住建厅的城镇生活污水专项整治，省环保厅的工矿企业及工业聚集区水污染专项整治，省委农工部的农村生活垃圾及生活污水专项整治。

（1）资源利用率显著提升

改革开放以来，江西省万元 GDP 能耗、万元 GDP 用水量均显著下降，万元 GDP 能耗由 1995 年的 2.04 吨标准煤/万元降至 2016 年的 0.47 吨标准煤/万元；万元 GDP 用水量由 2010 年的 252.31 立方米/万元降至 2016 年的 132.63 立方米/万元。

（2）加大节能环保领域投入

为厚植生态环境优势，改革开放 40 年特别是党的十八大以来，江西省持续加大节能环保领域的投入力度，一般财政预算支出中用于节能环保的投入由 2011 年的 43.76 亿元快速增加至 2016 年的 117.88 亿元。江西主要河流 Ⅰ ～ Ⅲ 类水质断面（点位）比例，由 2012 年的 81.2% 提升至 2016 年的 88.6%。

改革开放 40 年，江西从"宁都要'迁都'、兴国要'亡国'"的生态窘境，一跃成为全国最绿的省份之一，森林覆盖率持续稳定在 63.1%，位居全国第二。生态文明建设与经济社会发展呈现相辅相成、相得益彰的局面。

三　智库助推绿色发展

结合本文主题，下文将以江西省社会科学院参与江西绿色发展进程中的点滴缩影谈及智库在助推绿色发展中的积极作用。

（一）江西绿色发展的足迹中始终有江西省社会科学院的参与和贡献

1983 年提出的"山江湖工程"理论，江西省社会科学院有大量的学者参与了研究，提出了诸多见解，之后还有很多报告被政府采纳。2008 年，江西省社会科学院最先提出建设鄱阳湖生态经济区，并按照江西省委要求开展相应可行性和规划编制等研究。江西省社会科学院围绕生态文明先行示范区建设、国家生态文明试验区建设、打造百里长江"最美岸线"等开展系列调研，撰写大量高质量调研报告。

（二）三方面着手为江西发展提供智慧"金点子"

近年来，江西省社会科学院坚持问题导向，着眼于为省委、省政府领导决策提供服务，就有关江西改革与发展的重大问题提出战略性、对策性建议，平均每年得到省以上领导肯定性批示40件左右。主要体现在以下三个方面。

一是着眼于江西省改革发展的热点难点问题，充分利用成果报送中央的渠道和方式，为江西经济社会发展争取更多中央支持。如研究报告《江西省政府提出把茶油产业打造成老区人民脱贫致富的绿色产业》得到中央领导批示，受到国家有关部门的重视，江西省社会科学院召开专题会议研究，形成了促进茶油产业发展的若干意见。2017年，江西省社会科学院获中央领导批示4件，中央办公厅、国务院办公厅、中宣部共采纳27篇。

二是着眼于为省委、省政府领导决策提供服务。如《庐山经营管理体制改革方案》提出庐山设市的方案，此外，还有《武功山经营管理体制改革方案》《赣江新区》等，均为省委、省政府领导决策提供了服务。江西省社会科学院编著的《江西设区市发展报告（2015）》《奋力打造生态文明建设的江西样板——绿色崛起干部读本》被列为江西省委十三届十二次全会的会议材料，发放给会议代表。

三是着眼于地方经济社会发展。江西省编制"十三五"规划期间，江西省社会科学院专家学者对江西省经济社会发展形势进行分析、预测、研判，完成了一系列高质量的调研报告和重要课题，分别被省发改委、工信厅、商务厅、人社厅等部门采纳，还被10余个区市县采纳。

（三） 加强平台建设推动智库成果转化

《江西经济社会发展报告》课题组围绕破解制约江西发展的突出问题开展课题研究。如"一带一路"背景下江西企业国际化战略研究、长江经济带视野下江西产业绿色化发展策略研究、赣江新区先行先试体制机制创新研究、江西农业供给侧结构性改革的重点、难点问题研究等。一些厅局和地市把江西省社会科学院的皮书作为干部学习资料。此外，《江西设区市发展报告》主要针对设区市的综合竞争力和产业竞争力进行评价和分析。

四　"江西蓝皮书"相关内容

《江西蓝皮书：江西经济社会发展报告》是由时任江西省政府省长担任编委会主任、省政府秘书长和江西省社会科学院主要领导担任副主任、省直有关部门及 11 个设区市行政主要领导担任委员，具体由江西省社会科学院组织相关科研院所和政府机构的专家学者编撰而成。该书从 2002 年开始编撰，全面、客观地反映江西经济社会发展现状，研究江西省的热点、难点、焦点问题，把握经济社会发展规律，精准预判江西发展态势，并有针对性地提出对策思路，既对省市层面的决策者有所裨益，也为广大读者深入了解江西经济社会发展提供帮助。

《江西蓝皮书：江西设区市发展报告》是江西省社会科学院首开先河，在全国率先推出的首本关于设区市发展的蓝皮书。该书以江西全省 11 个设区市为研究对象，紧扣各设区市发展中的热点、难点、焦点问题确立系列选题，旨在对外宣传江西地方发展经验，对内提供决策咨询参考，为促进江西区域经济与社会发展提供智力支持。

参考文献

刘上洋：《江西改革开放 30 年：1978～2008》，江西人民出版社，2009。

江苏省统计局、国家统计局江西调查总队：《江西统计年鉴（2018）》，中国统计出版社，2018。

姜玮、梁勇：《奋力打造生态文明建设的江西样板——绿色崛起干部读本》，江西人民出版社，2015。

凝心聚力，高举高打

——国际视域中的"电影蓝皮书"研创与传播[*]

牛兴侦^{**}

摘 要： 北京电影学院现代创意媒体学院对于"电影蓝皮书"的研创，基于定位理论确定为《全球电影产业发展报告》，与市面上流行的多种中国电影产业发展报告形成了鲜明的差异。在栏目设置和内容观点上，按照议题设置理论，抓大放小，在总报告中提炼概括了五个核心观点。在研究方法上，"电影蓝皮书"尤为重视建立在定量分析基础上的定性研究，通过数据采集、处理和分析技术为内容撰写提供了有力支撑。在皮书传播方面，依托青岛电影之都等相关资源，通过嫁接重要会议举办新闻发布会，精心策划新闻稿件内容，向国际发出了中国声音。

关键词： 电影蓝皮书 皮书研创 皮书传播 研究方法

---

* 本文根据北京电影学院现代创意媒体学院副教授牛兴侦在第十九次全国皮书年会（2018）上的讲话录音整理而成。

** 牛兴侦，北京电影学院现代创意媒体学院副教授，国际电影产业研究中心副主任。研究方向：电影娱乐产业经济、文化娱乐品牌、网络传播。

自 1895 年问世以来，电影业的发展已经有 100 余年的历史，虽然"电影"这个名词没有变化，但是它的内涵和外延却发生了很大的变化。过去的电影基本上等同于影像，后来视频、短视频等一系列媒介形态从影像中分离了出来，现如今电影的概念已经与百年前的概念大相径庭。在中国，电影过去长期属于广播电影电视事业的一部分，直到 20 世纪 90 年代国家提出文化产业的概念后，电影的产业属性日益凸显。有鉴于此，作为中国电影高等教育的践行者，北京电影学院现代创意媒体学院致力于创办"电影蓝皮书"。

一　定位:《全球电影产业发展报告》

"电影蓝皮书"课题组通过与多家业界机构和社会科学文献出版社之间的多番沟通，经过多次调整并最终将"电影蓝皮书"定位为《全球电影产业发展报告》。之所以确定为这个题目，是因为它涉及一个差异化定位的问题。

第一，《全球电影产业发展报告》响应了电影业内在的全球化属性。电影是全球化的娱乐产业，相对于传媒业其他的产品而言，电影更为全球化，好莱坞电影在全球的影响力和吸金能力更为显著。现今市场上电影类的报告数量渐多，但主要局限于中国电影产业研究领域。比如中国电影家协会从 2007 年至今已出版了 11 本《中国电影产业研究报告》，北京电影学院也曾组织编写过多本《中国电影产业年报》或《中国电影产业发展报告》。北京电影学院现代创意媒体学院率先提出研创《全球电影产业发展报告》，便与众多版本的《中国电影产业发展报告》形成了鲜明的差异。

第二，《全球电影产业发展报告》契合了中国电影融入世界的发展需要。中国电影自进入 21 世纪以来开始快速崛起，年均增长率达 30% 以上，备受全球关注。中国已经在 2012 年取代日本成为全球第二大电影市场，到 2017 年票房已增长至 559 亿元。全球倍加关注中国电影产业和市场，中国电影也努力融入世界影坛，在全球产业和市场格局中发挥更大作用。在全球电影产业竞合发展的时代背景下，徇众推出的《全球电影产业发展报告》责无旁贷地肩负起促进中外电影产业交融和合作的责任。

第三，《全球电影产业发展报告》分担了联合国教科文组织与青岛电影之都的创意城市网络之间的连接与融通使命。作为主编单位的北京电影学院现代创意媒体学院扎根青岛风景如画的西海岸凤凰岛国际旅游区，背靠灵山湾影视文化产业区、万达东方影都影视产业园等影视产业基地构建的庞大产业集聚区，坐拥联合国教科文组织批准的中国首个电影之都，受益于来自 72 个国家的 180 个成员城市构成的全球"创意城市网络"（UCCN）。《全球电影产业发展报告》在青岛电影之都的有力支持下，扮演着促进包括全球 13 个电影之都在内的世界各国电影文化互通、互联、互利的媒介角色。

二　议题设置和观点提炼：抓大鱼

"电影蓝皮书"课题组在撰写《全球电影产业发展报告（2018）》总报告的过程中，试图从读者的角度和新闻宣传等方面进行思考和编写，决定设置哪些题目、撰写哪些内容。全球电影产业的概念侧重于先抓住北美、亚太、欧洲这几个大的区域，其他的区域比如像非洲、拉美等地区，课题组当时尚无充足的时间和精力去做，所以采用的策略是"抓大放小"，先做主要的事情。

为此，课题组在《全球电影产业发展报告（2018）》的总报告中提出了以下五个观点。第一，全球电影产业已经发展到"白银时代"的中后期。第二，以奈飞为代表的网络观影正在兴起，给影院观影带来挑战，甚至可能终结全球影院行业的发展。第三，巨幕和特殊音效对于影院有着独特魅力，以其强烈的用户体验性，引导着影院行业的转型升级。第四，好莱坞以电影为龙头，以IP为纽带，推动娱乐产业协同和融合发展，形成了动漫、游戏、小说、电影业一体化发展的格局。第五，中国与美国（好莱坞）形成既竞争又合作的关系。在2018年6月《全球电影产业发展报告（2018）》出版发行之时，恰逢中美贸易冲突对抗升级，从媒体报道的角度来看，这一论点刚好与当下的时政热点相契合。

三　基石：全球电影数据中心（IDC）

任何一本皮书、一份研究报告，如果没有引人注目、发人深省的观点，肯定是无法立足的。蓝皮书是智库产品，是建立在定量分析基础上的定性研究。美国著名作家海明威对于文学创作，提出了写作的"冰山理论"：一部作品好比"一座冰山"，露出水面的（文字和形象）是1/8，而有7/8是在水面之下（情感和思想）。学术研究的专业深度性，也决定了读者所看到的有形的文字只是海平面以上的冰山，而恰恰是作者对数据信息的采集、处理和分析这些隐藏在海平面以下的工作对于报告成文构成了巨大的支撑。为此，北京电影学院现代创意媒体学院建立了一个全球电影数据信息系统。它具有以下两个特点。

（一）数据系统化

从事全球电影票房数据统计的专业咨询公司包括 ComScore、IHS Markit 等，数据齐全、检索快捷，但是软件服务费用较高。北京电影学院现代创意媒体学院从现实情况出发，通过把碎片信息进行系统化整理的方式，将美国、欧洲、日本、韩国等不同国家和地区的数据聚集合并到一个数据库系统中，将多个不同的子系统最终形成一个大的数据系统。目前的主要数据信息源包括：美国电影协会、票房魔捷、国家电影局、艺恩数据、猫眼专业版、香港影业协会、欧洲影院联盟、欧洲视听观察组织、日本映画制作者联盟、韩国电影振兴委员会等机构。

（二）多维数据关联

由于数据信息的庞大，"电影蓝皮书"课题组主要是从常规数据的角度对结构化的数据进行处理。以电影片目库为中心，建立与观众（观影人次、票房收入、口碑评分等）、机构（出品方、制片公司、发行公司等）和演职人员（导演、编剧、制片人等）等若干子库之间的数据关系连接，通过几大主体之间的关系对数据进行系统化的整理。

四　数据处理：形成内容支撑

通过用户口碑评价建立有效关联，对不同的数据进行汇总整理，对于一个产品的评价可以从多个维度进行解析。这种数据处理的方式，对于内容的生成起到很大的支撑作用。比如，"全球电影产业发展到'白银时代'中后期"的这一观点，就是基于对北美、法国、英国、日本、中国等主要市场自 1935 年以来观影人次的数据分析得出的（见图 1）。这与通常以票房来分析形成了对比，由于票房与物价通胀之间存在着很强的关联，所以通过观影人次这个角度能更好地对各国电影市场进行分析。从图 1 可以看出，全球电影产业从 20 世纪 30 年代到 50 年代经历了一个黄金期，虽然自 80 年代以来受益于数字红利的发展，电影业开始复苏，但是主要国家（例如英国、法国、

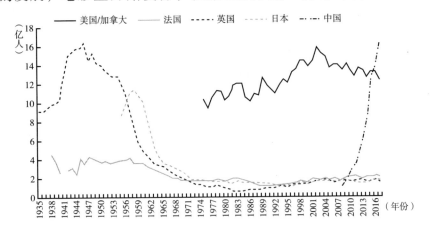

图 1　历年全球主要国家观影人次

资料来源：美国国家影院业主协会、法国国家电影中心、英国电影协会、日本映画制作者联盟、艺恩数据，由笔者整理制图。

日本）的数据显示，当前阶段的观影人次与"黄金时代"根本无法相比。

现今，北美等主要国家的电影市场已经开始逐渐滑坡，而法国、英国、日本也同样如此。相比而言，由于中国电影产业起步较晚，近年来的高速发展常给人一种未来持续高速增长的过度乐观预期。但从全球主要电影市场的发展轨迹和网络技术发展带来的影响等方面来看，中国电影的发展逐渐接近"天花板"。当然，从科学的研究分析方法角度来看，"电影蓝皮书"课题组还需要结合中国宏观经济、物价指数、城镇化进程、人口规模和观影频次等综合指标，对于中国电影的未来市场规模来做进一步的测算。

五　整合资源：形成合力

作为主编单位的北京电影学院现代创意媒体学院是北京电影学院成立的一所独立学院，自身实力和影响尚小，需要争取各方面的支持，包括母体北京电影学院、青岛市和社会各界的支持。为此，"电影蓝皮书"课题组根据工作的需要，建立了专家顾问委员会、编委会、作者团队。专家顾问委员会包括侯光明、王家新、王鸿海、李明、俞剑红、王宏民、宋月华、陈焱（Lora Yan Chen）等21人，编委会囊括了张会军、孙立杰、谢寿光、王承廉、章柏青、卢斌、牛兴侦、刘正山等25人。2018年"电影蓝皮书"共有36位作者撰稿，其中包括陈焱（Lora Yan Chen）、单玎（Zoe Shan）、沈爱晶（Ae-Gyung Shim）、布莱恩·耶西斯（Brian Yecies）、李乔（Lei Kiu）等5位外籍专家学者，以及31

位国内作者（含 5 位海归青年教师）。"电影蓝皮书"的编撰，很好地体现了"众志成城，众擎易举；百花齐放，百家争鸣"的发展策略。

六　制高点：国际名片＋高端活动

一个人的性格可以低调，但是做皮书不能低调，必须高调，尤其是第 1 本皮书更要高举高打。所以，"电影蓝皮书"课题组一直在与青岛市有关部门保持联系、沟通汇报，进而通过青岛市与联合国教科文组织取得联系，并获得了青岛市的正式授权。《全球电影产业发展报告（2018）》的前插页上印有获准正式授权使用的"联合国教科文组织"的 LOGO 和"青岛·电影之都"的 LOGO，今后发行的"电影蓝皮书"也将如此。

从皮书宣传推广的角度来看，"电影蓝皮书"在何时、何地发布始终是课题组苦苦思考的问题。课题组认为，组织新闻发布会的确有宣传作用，但是发布会仅仅是通过媒体向大众发布，现场没有专业听众。因此，课题组把专业的节展会议列为"电影蓝皮书"发布的第一选择。为此，"电影蓝皮书"一直在等待一个合适的时机。最终，课题组确定在国家电影局和山东省人民政府主办的上合组织国家电影节上发布。该活动作为上海合作组织青岛峰会系列活动的一个部分，邀请到上合组织 8 个成员国和 4 个观察员国的电影代表团、电影艺术家、电影企业代表参加。《全球电影产业发展报告（2018）》在上合组织国家电影节上的成功发布，向国际社会发出了中国声音。

七　立体传播：新闻价值＋内容

从传播的角度来看，在青岛举办皮书发布会无法与在媒体云集的北京相比。即便如此，"电影蓝皮书"还是通过多种途径，进行了大力宣传。主要做法和传播渠道包括：第一，青岛广播电视台蓝睛 App 全程视频直播和图文播报；第二，中国新闻社向国内外播发通稿；第三，中国网、人民网、中国青年网等中央权威网站，1905 电影网等专业网站，青岛新闻网、半岛网、大众网、齐鲁网等本地新闻网站以及读特等外埠新闻网站发布图文消息；第四，以报纸媒体为代表的新闻媒体以跨版、整版等方式给予重磅报道；第五，在社会科学文献出版社、皮书说、北影影视圈、电影票房、电影圈头条、言之有范、今视视角、云桥智库等专业/行业类公众号和掌上青岛、蓝睛新闻等新闻类公众号发布相关报道。从宣传的角度来看，尽可能围绕新闻媒体做出了报道。

八　影响：英文精华本全球赠阅

既然被称之为《全球电影产业发展报告》，"电影蓝皮书"的发布，当然不仅局限在国内。"电影蓝皮书"尝试编制了一本英文精华本，把全书摘要、目录、总报告的全文，以及后面 25 篇文章的标题、摘要、关键词和作者简介都进行了翻译，合计142 页。同时，课题组在全球范围内向有关机构和高校赠阅。截止到 2018 年，联合国教科文组织共认定了 13 个国际电影之都，除青岛之外，国外的 12 个电影之都包括：英国布拉德福德市、英国布里斯托尔市、澳大利亚悉尼市、韩国釜山市、保加利亚索非亚市、爱尔兰戈尔韦市（高威）、马其顿比托拉市、意大利罗马市、巴西桑托斯市、波兰罗兹市、西班牙塔拉萨市、日本山形县等。课题组与之均一一取得了联系，将精华本赠阅，以此加强联系，以便今后合作的展开。

九　未来：从高举高打到稳扎稳打

回首过去，《全球电影产业发展报告（2018）》的推出是"电影蓝皮书"的一个开端，今后有更多工作需要稳步进行。对此，课题组主要有以下四点规划和设想。

第一，持续做好全球电影数据中心（IDC）的建设。数据库的建设是重中之重，是推进电影产业研究发展的一个重要支撑。

第二，进一步扩大和加强编创团队，编创团队是"电影蓝皮书"课题组重要的抓手和支撑。

第三，2019 年发布第 2 本"电影蓝皮书"时，课题组首选在北京召开新闻发布会。北京作为国家政治文化的中心，在国际的影响力会更大一些。

第四，等时机成熟时，组织举办全球电影产业发展论坛，拟邀请联合国教科文组织官员和 13 个世界电影之都代表展开深度对话交流。

前景可待，未来可期。

皮书研创与高校特色智库建设

——以华侨大学涉侨研究智库建设为例*

张禹东**

摘　要： 高校智库是中国特色新型智库体系的重要组成部分。高校智库功能既有一般性也有特殊性，高校智库建设则具有明显的综合优势。高校智库建设必须增强智库意识，凝练智库特色，明确智库定位。皮书的研创对高校智库在学科整合、人才培养、产品创新、品牌推广、成果评价等机制的创设与完善具有积极作用。

关键词： 高校智库　皮书研创　涉侨研究

---

　*　本文根据华侨大学教授张禹东在第十八次全国皮书年会（2017）上的讲话录音整理而成。

**　华侨大学教授，"华侨华人蓝皮书"主编。海外华人宗教与闽台宗教研究中心主任，中国华侨历史学会副会长，中国宗教学会副会长，国家社科基金重大项目首席专家。研究方向：华侨华人文化、华人宗教文化、宗教学理论等。

一 高校智库建设的背景与机遇

当前，智库已经成为世界各国治理体系中不可或缺的重要力量。智库以政策分析、政策咨询为主要活动，发挥着影响公共政策、引导社会舆论、推动公共外交、提升国家软实力的社会功能。智库建设在当今的中国也处于前所未有的快速发展时期，其最大的动因是智库建设已经提升到国家战略的层面来推动。党的十八大以来，习近平同志就建设中国特色新型智库、建立健全决策咨询制度做出一系列重要论述和指示，指明了我国智库建设的定位使命、方向路径、总体格局和发展理念。2013年党的十八届三中全会第一次正式提出智库的概念，在《中共中央关于全面深化改革若干重大问题的决定》中作出了"加强中国特色新型智库建设"的战略部署。相关部门陆续出台了加强中国特色智库建设的文件。比如，2014年教育部印发《中国特色新型高校智库建设推进计划》（以下简称《推进计划》）的文件，这是高校智库建设一个重要的时间节点。2015年1月，中共中央办公厅、国务院办公厅印发了《关于加强中国特色新型智库建设的意见》，提出"到2020年，统筹推进党政部门、社会科学院、党校行政学院、高校、军队、科研院所和企业、社会智库协调发展，形成定位明晰、特色鲜明、规模适度、布局合理的中国特色新型智库体系"。2015年11月，中央全面深化改革领导小组（即"深改组"）的第八次会议研究了高端智库建设的问题，而深改组在2014年也讨论过加强新型智库建设的意见。这种对智库建设在国家层面的重视程度也是前所未有的。

在此背景下，各种类型的智库、各行各业的智库如雨后春笋般不断涌现。各种形式的智库论坛纷纷设立，乃至出现了一种"智库热"，甚至造成了似乎谁都在弄智库，谁都可以搞智库的"一窝蜂"印象，并由此引发业界对中国智库建设的猜疑和批评的声音。研究人员认为，对中国近些年智库的迅速发展，以及智库作用发挥等问题的认知可以见仁见智。一方面，要看到中国的智库建设毕竟进入了一个蓬勃发展的时期，其在不同层面、不同程度上为国家经济社会的发展和全球治理的参与发挥了积极作用，为构建具有中国特色的新型智库奠定了重要的基础，提供了重要的发展机遇。近年来，特别是 2014 年教育部的《推进计划》下发以来，高校智库建设的热度也不断升温，这是国家发展的宏观背景下应运而生的产物，也是高校特色智库建设的历史机遇。而且在某种意义上，这种升温现象也是对高校以往的学术研究和学科建设中对决策咨询问题的研究缺失的反省，以及对服务国家发展战略的意识不强的反思或反拨。但是，另一方面，也需要正视高校智库建设中存在的问题。比如，智库建设确实存在着过热现象，甚至把智库建设置于学科建设之上，这不仅有悖于大学的办学规律，而且也是对有限教育资源的浪费。总体来看，高校智库仍处于"库多智少"、重数量轻质量的发展阶段，有影响力的智库少。与新时代的要求相比，智库建设的体制机制尚比较滞后，有待于在今后的发展中逐步完善和成熟。

华侨大学作为国务院侨务办公室所属高校，作为因侨而生、因侨而存在和发展的华侨高等学校，在人才培养、学科建设乃至于智库建设方面，都秉承着"为侨服务，传播中华文化"的办学宗旨。近年来，根据国家发展和地方经济社会发展需要，华侨大学依托学科建设、各个层级的人文社科研究基地、协同创新中心和原有科研机构，通过设立一些专业智库，或强化原有平台的智库功能等举措，加强智库的建设，提高服务国家的能力和水平。本文主要以华侨大学涉侨研究智库的建设为例，对皮书研创与高校特色智库建设的密切关联性谈点初步的体会和思考。

二 高校智库建设的特点与优势

"智库"有多种分类标准，如果以主体来划分，可以分为官方智库、民间智库和高校智库（西方国家通常称作"大学智库"）三类。作为智库体系的主要组成部分之一，高校智库既具有智库的一般属性，也有不同于其他类型智库的特殊之处。相比其他类型智库，高校智库的特点主要体现在以下三个方面。一是高校智库除承担一般智库应开展的政策咨询与服务等职能外，还承担着作为教育机构所具有的人才培养、学术研究等职能；二是高校智库依托高校的母体而存在，不具有机构上的独立性，但与其他依附性强的智库相比，高校智库具有较强的相对独立性，能够较大程度地保持学术价值中立，更强调政策研究与学术观点的独立性和客观性；三是与专注于紧迫性政策研究的独立智库和党政部门智库相比，高校智库一般侧重于周期较长、思想性和理论性强的政策研究。这些独特性使得高校智库与其他类型智库形成了优势互补的并存格局，在智库体系中扮演着不可或缺的重要角色。美国的智库有1800多家，其中，大学智库是主要类型之一，数量占比为智库总数的1/3以上，并拥有一批世界著名的大学智库。比如，斯坦福大学胡佛研究所，哥伦比亚大学的地球研究所、宾夕法尼亚大学的外交政策研究所等长期居于最佳智库之列，胡佛研究所还与布鲁金斯学会和兰德公司并称为美国最大的三家思想库。中国的智库中，高校智库则占有较大的比例。根据CTTI（中国智库索引）的数据，截止到2018年，在收入的706家来源智库中，高校智库达442家，占比62%，而且还有一些高校智库未被收入。可见，高校智库在数量上已成为中国智库体系中的主力军。

高校智库的特点决定了高校在推进新型特色智库建设中具有明显的优势。主要体现在如下四个方面。第一，人才聚集的优势，这是高校先天的优势。而且，高校这种智力资源是全方位、多领域的。中国高校聚集了全国80%的社会科学研究力量，近半数的两院院士、占比60%的"千人计划"入选者均来自高校。第二，多学科的优势。高校（特别是综合性大学）的学科比较齐全，意味着学术的基础雄厚，研究的范围宽泛，可持续研究的能力扎实。因为，当今中国以及国际上许多问题不是靠某一专业就能够解决的，而是需要多学科综合考量。所以，对于前瞻性、战略性的重大问题研究，高校具有不可替代的多学科优势。第三，对外交流合作广泛的优势。对外交流合作是高校办学的重要内涵，也是新型智库建设题中应有之义。高校在其长期的办学过程中所建立起来的交流合作机制，为智库建设开拓国际视野、开展国际合作奠定了坚实基础。第四，基础设施条件扎实的优势。比如，高校的实验室、图书馆、数据库等为高校智库建设提供了扎实和雄厚的基础保障。

当然，高校推进智库建设也面临一些难题。一方面，现代智库运作经验不足，保障、激励机制不健全，评价导向存在偏差等。尤其是长期以来，高校科研评价机制单一化现象严重，缺乏弹性和多元，忽略了研究成果的实际贡献和咨政成效。很多学校尚未将咨政报告列入考核评价指标。另一方面，多数高校智库战略谋划和综合研判能力不足，研究成果理论联系实际不足，过于学术化。而且，智库研究问题导向不强，不了解一线情况，不了解国家发展亟须解决的重要问题。因此，提出的对策性思考缺乏针对性、实效性、操作性。诚如有批评者所指出的那样，很多咨政报告不接地气，决策部门无法采用；或者说，既无法"顶天"（服务国家发展战略），也无法"立地"（服务地方经济社会发展），形成学术研究和智库研究"两张皮"的现象。因此，高校在推进智库建设中，只有明确自身定位，凝练特色，统筹协调，整合资源，创新体制机制设计，才能真正建设具有中国特色的高校新型智库，从而真正实现高校智库在战略研究、政策建言、人才培养、舆论引导、公共外交方面的社会功能。

三　高校智库建设的特色与定位

如前所述，高校的智库建设具有明显的综合优势。但是，这些优势并不等于可以自然而然成为智库的实际优势，它需要有一个转化、整合的过程。这里涉及几个问题。

首先是高校智库建设的特色凝练与定位明确问题。高校固然有学科齐全和科研机构众多的优势，但是，并非每一个学科、每一个科研院所都具有智库建设的条件。因此，需要综合考量学校的办学宗旨、学科基础以及国家发展大局的需要等因素，凝练特色、明确定位、分类指导、加强建设。其中，特色本身就是新时代中国新型智库建设的内在要求。

其次是高校智库建设中的学科整合与协同问题。高校的智库建设是建立在学术研究和学科建设基础上的，应与二者密切结合。这里需要澄清一个误区，即智库建设与学科建设没有什么关联。高校智库的特点与优势就在于有比较齐全的学科，为智库的综合性、全局性研究提供了学科建设和学术基础。学科建设做好了，基础扎实了，才有比较好的智库产品。实际上，著名的大学智库都有强势学科作为支撑。胡佛研究所之所以在国内经济政策、国际事务和环境领域等方面的研究著称于世，是与斯坦福大学在这几个学科上有优势密切相关的。因为斯坦福大学的商科与经济学、环境与生态学均位列世界前茅。斯坦福大学强大的学科优势为胡佛研究所的研究提供坚实的依托和深厚的根基，而胡佛研究所的政策研究和智库研究又把大学的基础研究成果进一步推广，形成了良性的互动关系。因此，学术研究、学科建设是智库的基础。要提供有质量的智库产品，必须夯实学科和学术基础。而且，智库的全局性、综合性和战略性研究，不是单一学科能够提供的，需要在学科资源整合基础上协同创新。

海外华侨华人是一个具有 6000 万之众的特殊群体，他们已经成为中华民族伟大复兴的重要资源与推动力量。因此，作为国家侨务部门直属高校，华侨大学智库建设的定位非常明确，主要是服务国家统战、侨务、外交等战略发展需要；其特色主要体现在如何通过涉侨研究，为党的大统战工作和国家发展战略，如"一带一路"倡议等提供具有前瞻性、深度性和全局性的智库产品。为此，华侨大学专门成立了加强华侨华人研究的领导小组，统筹协调全校涉侨研究，并设立专项经费和建立激励机制，支持涉侨研究智库的建设。同时，华侨大学还注重加强学科建设，分类型和层级，培育重点学科，整合学校学科资源，为以国家发展需要为导向，打造涉侨研究智库群奠定坚实的学科基础。目前，华侨大学所设立的涉侨研究机构主要包括两类。第一，专业领域。华侨华人研究院（福建省高校特色新型智库、国务院侨办侨务理论研究福建基地）、海上丝绸之路研究院（"一带一路"智库联盟单位）、华文教育研究院、海外华文教育与中华文化传播协同创新中心（福建省级"2011 协同创新中心"）、侨务公共外交研究所、"一带一路"旅游安全发展研究中心（福建省高校特色新型智库）、海外华人宗教与闽台宗教研究中心、中国海外发展研究中心（福建省高校人文社科研究基地）等。第二，国别领域。泰国研究所（教育部国别研究备案名单）、马来西亚研究中心、印度尼西亚研究中心和菲律宾研究中心等。在研究中，华侨大学坚持以涉侨研究为主导，努力体现智库特色。比如，在"一带一路"研究以及周边国别研究中，研究人员注重从如何正确和理性发挥沿线国家 4000 万华侨华人作用的角度，进行比较深入和全面的考察、梳理和分析。

四　高校特色智库的产品打造与品牌推广
——以"华侨华人蓝皮书"为例

　　智库是一种思想库，其作用和影响是通过智库产品实现的。智库的产出就是智库产品，它有多种多样的表现形式，比如，创意、策略、设计、观点、理念等。它可以通过一个方案、一篇报告、一本书、一场讲座等来传达和呈现。中央政治局的集体学习以及各地党委中心组邀请专家做专题报告，从某种意义上说，也是一种智库专家的思想展现以及智慧产品的呈现。智库产品的质量是智库评价的核心要素。评判一个智库的水平，主要看其能否为用户提供高质量的智库产品。每一个智库都需要打造自己的核心产品，以提升自己的核心竞争力和话语权。

总的来看，高校智库产品目前较单一，主要有内部咨询报告和公开发行的皮书。其中，内部咨询报告具有容量较小和时效性、针对性、对策性、操作性强，且需要专门的报送渠道等特点。而皮书因其容纳量较大，具有专题性凸显，数据利用多，连续性强，学术性和对策性结合密切，且公开出版和发布，社会影响力强等特点。因此，皮书已经越来越成为高校智库最重要的一种产品形式。而且，皮书的出版和发布，不仅使研究成果得到比较充分的展现，更重要的是，皮书的研创对高校特色智库建设，特别是学科建设、人才队伍建设、社会服务、对外合作交流等方面都可以发挥重要作用。

基于这种理解和思路，华侨大学近些年在打造特色智库时，非常重视对皮书的研创。迄今为止，华侨大学正式出版的皮书有"华侨华人蓝皮书""泰国蓝皮书""海丝蓝皮书""旅游安全蓝皮书"等。而且，华侨大学把皮书的研创作为关涉学科建设、科学研究、社会服务、人才培养、对外合作、完善管理机制等内容的系统工程。"华侨华人蓝皮书"的研创过程就是一个典型例证。

第一，"华侨华人蓝皮书"（以下简称蓝皮书）是学校涉侨研究的学科整合平台。如前所述，华侨大学是以涉侨研究为智库特色的。而华侨华人研究并非单独学科，实际上中国的学科目录体系中也没有这个学科，它是一个跨学科的综合领域。从学科角度看，华侨华人研究涉及华侨大学的历史学、经济学、政治学、社会学、宗教学、教育学、文学、新闻学、统计学、国际关系、工商管理、旅游管理、公共管理以及艺术学等诸多一级或二级学科，上述学科大都设有相应的研究机构。而蓝皮书从一开始的定位就不是某一学科或研究机构的专属，而是作为学校层面涉侨研究成果的发布平台。因此，校方通过对涉侨研究资源进行统筹协调，强力扶持涉侨研究，特别是出台对蓝皮书成果的认定和奖励办法，建立了良好的激励机制，为蓝皮书的研创和顺利发布奠定厚实的基础。从这些年发布成果涉及的内容看，蓝皮书已成为学校各个相关学科体现特色、展示成果的重要平台，在学科建设方面发挥了积极的推进作用。

第二，"华侨华人蓝皮书"是涉侨研究人才培养的重要载体。以往的涉侨研究主要局限于专门的研究机构，如华侨华人研究院。该院作为实体的研究机构，具有比较稳定的研究队伍。但是，涉侨研究是一个跨学科的宽泛领域，蓝皮书的研创内容涉及面广，因此，需要各相关学科和学院的教师积极参与，形成整体合力，蓝皮书才具有可持续的基础。而蓝皮书研创过程也是涉侨研究人才培养的过程。从蓝皮书创立8年来的历程看，参与的学科和学院除了华侨华人研究院外，还包括哲学与社会发展学院、华文教育研究院、华文学院、统计学院、数量经济研究院、经济与金融学院、海上丝绸之路研究院、工商管理学院、音乐舞蹈学院、政治与公共管理学院、文学院等。特别是通过参与蓝皮书的研创，研究人员逐渐了解蓝皮书作为智库产品的特点，增强了智库意识。可以说，蓝皮书研创最重要的收获之一就是形成了比较稳定的涉侨研究团队。

第三，"华侨华人蓝皮书"是服务国家发展战略和国家统战、侨务工作的重要载体。蓝皮书以重大问题为导向，增强问题意识，提高问题敏感度，聚焦国家发展战略如"一带一路"倡议，以及国家侨务、统战工作的全局性问题和地方经济社会发展的重大问题。中国综合国力逐渐增强，参与全球治理的深度和广度不断拓展。中国的海外移民日益增多、华侨华人社会规模日益庞大并引起侨居国的日趋关注，重要的涉侨事件可能极大地影响中国的对外关系、全球战略乃至华侨华人社会本身。因此，蓝皮书持续跟踪具有重大影响的侨情变化情况，及时发布有关华侨华人情况的数据，聚焦重大热点问题，进行深度研究，做出相关预测，为国家侨务工作和国家发展战略提供对策建议与思路。比如，在服务"一带一路"倡议中，作为涉侨智库重要载体的"华侨华人蓝皮书"从 2015 年开始，连续几年均以"华侨华人与'一带一路'"为主题，设立"华侨华人与贸易畅通""华侨华人与政策沟通""华侨华人与民心相通""华侨华人与文明交流""华侨华人与中国形象"等栏目，发表相关的研究报告，为服务国家战略提供了特色鲜明、影响力较大、质量较高的成果，引起了国内外的关注和国家有关部门的重视。国务院侨办对蓝皮书的研创和发布给予大力支持，不仅一些司局领导参加了蓝皮书发布会，时任国务院侨办副主任何亚非也连续多年出席发布会，并对蓝皮书给予高度肯定。他说，"蓝皮书整合了国内外华侨华人研究的力量，充分发挥了高校特有的跨学科的优势，已经成为各界了解华侨华人最新信息和理论研究动态，制定相关政策的重要参考"。

第四，"华侨华人蓝皮书"是国内外涉侨研究的开放性合作平台。蓝皮书一问世，就得到国内外涉侨研究人员和社会各界的关注。从创设开始，蓝皮书就确定了面向全国、面向世界，打造成为涉侨研究开放性平台的理念。迄今为止，国内涉侨研究的一些重要学者如大陆的庄国土教授、李明欢教授、李安山教授、丘立本教授、桂世勋教授、曾少聪教授、张秀明教授和台湾地区的任弘教授、董鹏程教授等都成为蓝皮书撰稿人；参与撰写的人员分布在高校、研究院所和政府部门等近 20 个机构。同时，还有来自美国、日本、马来西亚、菲律宾、缅甸等国的教授和相关领域专家也为蓝皮书撰稿。可以说，蓝皮书的开放性，既是提升涉侨研究质量和智库服务水平的内在要求，也是蓝皮书国际化的必然途径，对于打造特色鲜明的新型智库，推进华侨大学涉侨研究和学科建设的国际化水平有积极的促进作用。

第五，"华侨华人蓝皮书"是涉侨研究智库产品重要的推广平台。智库要形成较大的决策和社会影响力，必须注重智库产品的推介，而智库话语权的获得也与智库成果的传播密切相关。纵观一些著名的高端智库都非常重视通过公开出版物、研讨会、座谈会等各种形式，向社会公众、政府机构、企业、媒体推介和传播其产品和思想观念，达到引导舆论、影响民意，进而影响决策的效果。而且，此举还提高了智库的知名度和品牌度。而皮书作为连续出版物，已经越来越成为国内智库机构重要的产品推广平台。华侨大学涉侨研究智库主要通过蓝皮书这一平台来传播和推广其智库产品，对社会公众、海外华人社会、媒体、学界和政府机构产生影响力。为进一步扩大传播力，华侨大学积极采取了包括开设"华侨华人蓝皮书"公众号，主动提供蓝皮书给各级涉侨工作部门、各大图书馆和专业资料室，在涉侨研究研讨会、涉侨研修培训班中积极推介蓝皮书等形式。但是，目前网络媒体已成为重要的传播渠道，在社会大众对涉侨智库产品的了解还比较有限的情况下，蓝皮书发布会是非常具有效果和效率的推广渠道。"华侨华人蓝皮书"2011年在北京首发时，当晚的中央电视台新闻联播节目就进行了报道，在国内外产生了重大影响，也成为"华侨华人蓝皮书"一个具有标志性意义的传播案例。当然，蓝皮书作为涉侨研究成果集中展示的一个重要平台，还需要今后进一步提升产品内容的质量，加大传播和推广的力度，改善传播和推广的方式，扩大影响力，提高蓝皮书品牌的知名度，形成蓝皮书研创与涉侨智库建设、涉侨学科建设的良性互动。

总之，华侨大学涉侨研究智库不仅在咨政建言、战略研究、舆论引导和公共外交等方面发挥了引人注目的积极作用，得到了国家有关部门和海外华侨华人的重视、肯定和关注，而且对学校的学科建设、人才培养、社会服务、文化传承和创新、对外合作交流等方面也有促进作用。而"华侨华人蓝皮书"功不可没。

参考文献

洪银兴：《立足基础，发挥优势，顶天立地，释放活力——关于高校新型智库建设的思考与建议》，《智库理论与实践》2016年第1期。

赵勇、高思嘉：《内外兼修：美国高校智库的发展特点及其话语权提升之策》，《智库理论与实践》2016年第2期。

皮书研创与行业发展

提升行业皮书研创出版质量
助推行业高质量发展[*]

谢曙光^{**}

摘　要：皮书已经成为权威的话语平台，每一种行业类皮书的研创出版的质量，不仅影响行业智库的研究水平，而且事关皮书整体的质量和皮书的品牌效应。行业从业者用皮书的方式影响行业话语权是非常有效的途径。总体来说，行业类皮书在全部类别皮书中综合评价排名相对靠后。其内容专业性、实证性等方面均有待提高。此外，行业类皮书存在内容质量参差不齐、行业大数据和一手原始数据使用率较低等问题。皮书课题组在研创出版过程中还应充分利用好社科文献最大的皮书出版和传播知识服务的平台，构建适应本行业发展特点的皮书研创机制，建立和完善符合行业特点的皮书出版、发布机制。

关键词：行业皮书　研创出版　研创机制　行业数据库

＊　本文根据笔者在第四期全国皮书研创高级研修班（2018）上的讲话录音整理而成。

＊＊　谢曙光，中国社会学会秘书长、社会科学文献出版社社长。

一　引言

皮书已经不只是中国智库成果的发布平台，它实际上是中国智库的研创、传播平台以及向世界讲中国故事的品牌。在国民经济诸多门类里，皮书本身应扮演更加重要的角色。皮书最初的本义，是在中国社会科学院首次出版"经济蓝皮书"时，研创者为党和国家的宏观经济运行决策做出趋势性的研判，为下一个年度中国的经济状况制定政策并提供可借鉴、可参考的数据。

皮书现已发展成为权威的话语平台，每一种行业类皮书的研创出版的质量，不仅影响行业智库的研究水平，而且事关皮书整体的质量和皮书的品牌效应。社会科学文献出版社集合了如此多的行业类皮书，每一种皮书都是行业的风向标，其价值和意义是非常之大的。

皮书已成为中国最具影响力智库成果发布平台和中国特色新型智库建设的主要抓手，同时也成为向世界推送当下中国资讯的权威话语平台。此外，部分专家、学者也在分析总结中国新型智库建设的现状和存在的问题。近年来，业界聚焦在给有关部门甚至最高领导层写内部报告上面，以获得省部级以上领导的批示，特别是在高校和地方社科院的传统的智库考核范围里，研究人员都以能够得到领导批示作为成果。但真正有影响力的智库是一个公众平台，它是提供公共产品的，它为整个社会提供一种有影响力的建议。实际上，内部报告是按照级别来判定的，由国家级、省部级领导来批示。由此看来，领导批示在中国特色新型智库评价中可能是有特色的，但是在国际上很难得到承认，真正可供测量的是在公共平台上能采集到检测的数据。

2017 年 11 月 6 日，南京大学—社会科学文献出版社学术出版测评联合实验室正式宣布成立。社会科学文献出版社正在做三项工作，把智库的社会影响力和学术影响力量化。首先，发布公开出版的以皮书为代表的年度报告《中国智库成果名录（No.1）》。其次，根据此名录查阅所有报告中的媒体影响力和传播力。最后，发布年度性的关于智库影响力评价的报告。

目前，社会科学文献出版社已出版的皮书已经涵盖国民经济和社会发展的大多数行业或门类，但参差不齐。比如每年出版的关于汽车类型的皮书已达到 16 种，甚至汽车配件也有专门的皮书。看似零碎，但认真看它的背后，是有一个巨大的产业集群在那里聚合的，所以影响力是非常大的。

二　行业类皮书的特性、功能

行业类皮书是以年度为时间单元，运用实证研究的方法，采集行业发展的基本数据，对本行业发展状况、运行的特征以及趋势进行分析、预测或评价的一种公开出版物。

第一，行业类皮书是以年度为时间单元，采用实证研究方法（即经验研究，采集客观数据），不用理论推导。所以，行业类皮书研创人员要采集本行业发展的基本数据，包括行业规模、就业人数、盈利水平、年度特点、本行业发展的生存状况，以及思考下一步将会有什么样的机制，如何分析、预测或评价。阐述行业类皮书内涵的定义，其功能就是为业内的机构或个人的行为决策提供参考。行业类皮书必须通过媒体传播，向社会公众传递行业的声音，进而影响大众的消费行为乃至政府对该行业所实施的政策。行业类皮书发挥功能的路径不是仅仅靠给行业部门提供某一个内部报告，而是公众影响力以及自身的行为。只有通过媒体传播，才能引起公众和决策部门的重视。

第二，行业类皮书的研创主体大体有以下几种类型。一是行业协会；二是高校和专门的科研机构；三是公司或企业智库，还包括非营利的社会组织和智库。行业协会、其他社会组织、公司三个部分是行业皮书研究的主体。

（一）行业类型

按行业类型划分，每个行业类皮书可划分为不同的品类，因而每个大类都可以自成系列，从而进一步细分。行业在不断地发展变化，新的行业出现，老的行业退出。甚至可以说，这个时代有多少种行业，就可以有多少种皮书。

（二）皮书类型

1. 发展报告

发展报告即行业的年度发展报告。以前是做年鉴，把书籍和基本情况静态地罗列出来。而皮书不是年鉴，皮书需要主题，需要一个行业的整体报告（总报告），以及若干专题分报告。

2. 评估（评价）报告

亦称第三方报告，即各种各样的评估报告和评价报告。对行业进行评估，在某种程度上会对行业发展产生巨大的影响力。比如，每个行业都应有一份社会责任评估报告，告知企业如何履行社会责任。其他类型的皮书也有评估报告，但行业类皮书的评估报告则显得极为重要。

3. 发展报告 + 评估报告

行业类皮书如果仅仅是发展报告，不做评价，很难触动行业的痛点。行业类皮书中，若依据位次以及指标来分析评判行业及企业的发展和运营状况，则会触动这些行业、企业的痛点，引起业内乃至市场的极大关注。因此，皮书课题组要争取行业话语权，用发展报告 + 评估报告的方式研创皮书。

三　行业类皮书研创出版的现状与问题

（一）行业类皮书分类、评价情况

1. 行业类皮书研创机构

行业类皮书的研创机构涵盖行业协会、科研机构、政府、企业等。哪个行业出版的皮书多则反映哪个行业具有的活力，行业从业者用皮书的方式影响行业话语权是非常有效的途径。

2. 行业类皮书分类

根据研创单位分类，可以将行业类皮书分为 39 类，共 159 种。第一，行业协会或研究机构出版行业类皮书数量排名第 1，达 56 种。研创单位包括两种类型，即行业协会本身或行业协会与研究机构合作。第二，社科院出版的行业类皮书数量排名第 2，达 34 种。社科院系统不仅包括中国社科院，还包括地方社科院。第三，企业及企业智库出版的皮书数量排名第 3，达 17 种。

3. 2017 年版行业类皮书综合评价情况

2017 年版皮书评价前 50 名中，只有 1 部皮书属于行业领域，即《2016~2017年中国旅游发展分析与预测》，其在行业类皮书（分类）排名中位列第1，综合排名中位列第44。总体来说，行业类皮书在全部类别皮书中综合评价排名相对靠后。其内容专业性、实证性等方面均有待提高。相较于其他类别皮书，行业类皮书在传统媒体曝光率、品牌贡献度两方面得分较高，而其在内容原始得分中失分较多。

（二）优秀案例

1. 旅游绿皮书

旅游绿皮书由中国社会科学院旅游研究中心研创，是坚持研创出版时间最长的行业类皮书。截至2019年，旅游绿皮书研创时间已超过20年。第一，该书最大的特点是坚持对旅游行业进行全方位的研究，其研究的中心内容不仅是国内游、出境游年度状况分析与预测，还包括旅游设施建设、旅行社管理、饭店管理等。第二，《旅游绿皮书：中国旅游发展分析与预测》中的两份报告的媒体影响力非常大。一份是"中国旅游发展分析与展望"（总报告），另一份是"中国出境旅游发展分析与预测"（分报告）。该书已成为旅游行业的风向标。

2. 药品流通蓝皮书

《药品流通蓝皮书：中国药品流通行业发展报告》由中国医药商业协会研创，以课题方式委托中国社会科学院公共政策研究中心撰写总报告，是药品流通行业最权威的年度智库报告。中国医药商业协会隶属商务部，有充足的经费支持。《药品流通蓝皮书：中国药品流通行业发展报告》不仅影响了药品流通业，而且就协会整体的运行提升了一个层次。凭借皮书成果，中国医药商业协会就成为该行业里最具影响力的智库。如今，《药品流通蓝皮书：中国药品流通行业发展报告》已出版英文版并在世界药品流通大会上发布，它为中国药品流通行业争取到了行业的话语权以及国际话语权。

为行业服务首先要为行业的发展提供政策支持、数据支撑，皮书研创主体把研创蓝皮书作为主要抓手。目前，研究人员开始整合药品流通行业的大数据，紧紧围绕蓝皮书来全面开展行业的智库建设，为中国药品流通行业营造良好的营商环境。

3. 邮轮绿皮书

《邮轮绿皮书：中国邮轮产业发展报告》由上海工程技术大学和上海宝山区委、区政府合作研创，每年在亚太邮轮大会上发布，并同时在美国迈阿密世界邮轮大会上发布英文版，《邮轮绿皮书：中国邮轮产业发展报告》也因此成为世界最受欢迎的邮轮产业年度报告。邮轮大会集结所有关于邮轮的企业、旅行社和展会，而《邮轮绿皮书：中国邮轮产业发展报告》的发布则是邮轮大会最重要的环节。对于上海工程技术大学来说，在发展一流学科中，邮轮研究是其最大的一张牌。可以说，《邮轮绿皮书：中国邮轮产业发展报告》助推了中国邮轮产业的发展。

4. 医院蓝皮书

《医院蓝皮书：中国医院竞争力报告》由香港艾力彼医院管理研究中心研创，主要做医院竞争力评价，是中国最具影响力的医院管理第三方评价报告。截至 2018 年 8 月，《中国医院竞争力报告》已出版 3 部。其以蓝皮书的方式发布年度报告，在商业上的运作是非常成功的。《医院蓝皮书：中国医院竞争力报告》采集一手调查数据，它的标准是可以公开、检测的。因此，坚持数据的中立、准确、科学是非常重要的。

（三）行业类皮书存在的主要问题

1. 内容质量参差不齐

行业类皮书的内容质量参差不齐，总体质量较皮书系列其他类别偏低。行业类皮书要有一个准确的定位，即确定研究领域，不能做成行业工作报告，也不能做成行业资料的汇编，更不能将软广告写进皮书。总报告的写作时间很紧迫，因其是采集该行业一年的数据。而专题报告、主题报告不一定用当年的数据，它可以回溯该行业某一阶段的数据。此外，行业的关联度弱、同类型的皮书协同性差则表现为诸多报告是交叉重复的。当皮书进入皮书数据库中，就发现有相当一部分行业类皮书的研究报告产生交叉并重复。同时，行业类报告的纵向连续感也不强，应以年度为单元按年份追溯纵向行业发展的整个脉络。因此，在行业类皮书中，定位不准、边界不清、主题不突出、行业关联度弱、皮书协同性差（交叉重复）、纵向连续感不强是其存在的六个问题。

2. 数据使用效率不高

行业类皮书欠缺数据，尤其是行业大数据和一手原始数据使用率较低。采集数据的过程是非常复杂的，数据采集完毕要做结构化的分析，包括正面、中性、负面分析。但当研究人员拿到数据后，是不能直接用的，要把所拥有的数据进行关联，逐一比对，这样的改造才是属于自己的内容。

3. 发布推广仍待提升

行业类皮书的发布、宣传、推广尚有较大的提升空间。行业类皮书发布的最佳时机是有一个时间节点的，比如在该行业门类里最重要的行业年会上发布、宣传。皮书发布的方式有两种，第一种是在行业大会中以单元形式发布，再分别请嘉宾支持；第二种是独立发布，邀请作者把行业里最有影响力的报告设置成主题，做专题的演讲。

四 关于改进行业类皮书研创、出版
工作的几点建议

1. 明确定位，全面提升皮书意识

编撰皮书可以有不同的定位，行业类皮书最重要的成果就是智库报告，它是为该行业向社会发声的公共产品，也是为该行业营造好的政策环境和制度环境的工具。每个行业都有向社会、向政府发声的意愿，行业协会的会长、负责人可以把皮书当成参与"一带一路"倡议、参与国家战略的工具，要立足目标和去向，提升皮书的地位，牢固树立皮书意识，要明确皮书不是普通书籍出版物，而是智库报告。由此可知，研创皮书是建立行业智库最重要的抓手。

2. 构建适应本行业发展特点的皮书研创机制

构建适应本行业发展特点的皮书研创机制一定要契合本行业所具备的特点，用案例说话。《邮轮绿皮书：中国邮轮产业发展报告》就是结合行业特点，借助地方政府和高校的结合点、国家产业发展战略的痛点，形成整套皮书研创机制。比如，课题组

可以与研究机构建立长期合作关系，还可以与行业的大会、年会相结合，从而建立整套研创机制。时空、团队、数据是皮书最主要的三要素，而高校学者则希望皮书报告进入科研工作的考核机制，通过考核体系来激励皮书的创作。对此，需要学术共同体进一步提升对皮书学术价值的认知。

3. 建立本行业数据采集平台，研发行业发展指数和评价（评估）指标体系

行业消费类型的数据可以找最主要的消费平台，也可以通过评价（评估）方式让对方主动提供数据，所以要建立数据采集平台。另外，课题组也可以委托学校，与专业团队合作做数据的研究课题，建立行业专题数据库。

研发行业发展指数和评价（评估）指标体系是行业类皮书的生命力。如果能够提供行业发展指数，将对政府有巨大的吸引力，如果能有一套评价指标体系或评估指标体系，则对行业所属的这些企业有巨大的吸引力和杀伤力。所以，一定要在这个方面发力。研究发现，社会影响力最大的皮书均带有评价、评估的性质。如《法治蓝皮书：中国法治发展报告》前几年关注宏观法治建设理论，后来课题组建立了法治国情研究室，采集政府信息公开的数据，然后发布评价结果，形成了巨大的影响力。

4. 建立和完善符合行业特点的皮书出版、发布机制

行业类皮书要有一套连续性的，形成时间节点的发布机制，固定出版、发布时间。课题组要根据行业特点选择行业大会、行业展会，比如选择该行业国际参与度比较高的大会，当作可供考虑的发布会举办地点。行业类皮书目前面临最大的问题就是出版时间连续性不够，本该在当年出版却拖到第二年，除了部分书籍尚有研究价值之外，它的社会影响力全部丢失。所以，对无法连续出版或无法按集出版的皮书，要进一步提高其在皮书评价体系中的权重，建立一套出版和发布的机制。

5. 充分利用社科文献专业服务平台

要充分利用好社会科学文献出版社（以下简称"社科文献"）这个最大的皮书出版和传播平台。社科文献把皮书当作智库平台，同时也将其当作智库研究的共同体。皮书研创者可以充分利用皮书数据库，接受出版社全方位的服务。此外，社科文献正在建立皮书的投约稿平台，行业类皮书的编撰者均可利用此平台。在发布方面，社科文献有很强的媒体传播能力甚至办会的专业能力，课题组可以委托学术传播中心设置发布会流程。与此同时，社科文献还有强大的数据库的建设能力，可以建立行业数据库、专题数据库，而且还可以通过合作把现有的数据资源整合到数据库中，如果该行业的数据库今后有商业交易行为，社科文献还建立了一套很好的共享交易机制。

中国产业发展中值得研究的几个问题[*]

张其仔[**]

摘　要：《产业蓝皮书：中国产业竞争力报告》已经出版了7部。研创这部蓝皮书的目的是要对中国产业的国际竞争力跟踪监测。在每年出版的蓝皮书中，除了产业竞争力的一般分析外，还会有重点关注的问题，如中等收入陷阱问题、"一带一路"沿线国家的产业竞争力问题、新经济的问题。从研创产业蓝皮书的经验看，做好产业蓝皮书的研创，需要做好顶层设计，关注重点问题，注重资料积累。

关键词：产业竞争力　"一带一路"　新经济

---

　*　本文根据中国社会科学院工业经济研究所研究员张其仔在第四期全国皮书研创高级研修班（2018）上的讲话录音整理而成。

**　张其仔，中国社会科学院工业经济研究所研究员，中国社会科学院中国产业与企业竞争力研究中心主任。

中国社会科学院工业经济研究所研创的《产业蓝皮书：中国产业竞争力报告》是在不断地摸索和探讨过程中进行的。"产业蓝皮书"研创的初衷是想对中国产业竞争力的状况做一个跟踪，从而为进一步提高中国产业在全球的竞争力做贡献。在近几年"产业蓝皮书"的研创过程中，课题组除了做一般产业竞争力描述之外，都以重大问题的研究作为出发点。课题组主要研究了两个问题：第一个问题是中国在进入新的经济发展阶段之后，其产业发展会出现什么问题、面临什么挑战，即何时出现断档问题。第二个问题是中国与"一带一路"国家的贸易与产业合作的潜力存在什么问题。从研创的经验看，关键是要抓住重大问题，做好顶层设计。

一 中国的产业发展是否会像一批中等收入国家一样出现断档问题

20 世纪 80 年代中期前，中国一直属于低收入国家行列。20 世纪 90 年代后，中国开始变为中低等收入国家，经过 10 多年的努力，又从中低等收入国家变成了中上等收入国家。很多国家在成为中等收入国家之后，面临着"中等收入陷阱"的困扰。当一个国家进入中上等收入国家行列之后，世界银行发现一个问题，这类型的很多国家都出现了经济增长的停滞，即产业发展出现了问题。

（一）很多国家在进入中等收入行列后都落入了中等收入陷阱

从实践现象发现，虽然有一些中等收入国家进入了高收入国家的行列，但是绝大多数中等收入国家在进入中上等收入国家行列之后，最后都出现了经济增长停滞。拉美地区是比较明显的，东南亚地区也较为明显，比如泰国很早就成为中上等收入国家，但至今都未进入上等收入国家行列。

判断一个国家会不会落入中等收入陷阱，与该国的产业发展密切相关。最早提出中等收入陷阱的美国学者，主要也是从产业竞争的角度来提出的。"中等收入陷阱"是 2007 年世界银行在其报告《东亚复兴：关于经济增长的观点》中首次提出的概念，之后引起了广泛的关注。美国有位学者在 20 世纪 80 年代时曾提出，在全球化背景下，会出现中等收入国家迷失的问题。体现在中等收入国家的劳动密集型产业竞争不过低收入国家，那些附加价值高、技术先进的行业竞争不过高收入国家。因此，称其为处于夹层之中。

1. 纯粹竞争力有所下降

商品构成效应的变化和竞争力的变化，则主要取决于中国制成品出口的大幅增加和中低端制成品竞争力的大幅提升。

2015 年中国商品的国际市场占有率达到 13.8%，较 2000 年提高了约 10 个百分点。2015 年中国制成品的国际市场占有率达到 18.6%，较 2000 年提高了约 14 个百分点。如果把制成品分为低端和中高端，2015 年中国低端制成品的国际市场占有率达到 27.98%，较 2000 年提高了 18.7 个百分点；2015 年中国中高端制成品的国际市场占有率为 15.75%，较 2000 年提高了约 12.5 个百分点。

2. 制造业内部的比较优势转型出现值得警惕的苗头

从中国的现实情况出发，随着人们工资水平的上涨，很多产业开始转移到劳动力成本更低的国家，比如服装、家具的制造开始转向东南亚地区和非洲国家。当上述产业向其他国家进行转移时，中国高技术产业的竞争也面临一些挑战，在中美贸易摩擦上表现得非常明显。改革开放以来，中国在全球市场份额的提升很大程度上是因为制成品出口的大幅增加，尤以中低端制成品的市场份额提升最快。而刻画一国比较优势的方法是显示性比较优势法，从显示性比较优势指数看，中国的制造业虽然仍具有比较优势，但是在制成品提升的过程中，其比较优势有所弱化。中等技能与技术密集型产业的比较优势有所提升，高技能与技术密集型产业整体有所弱化，低端产业的优势有所抬头。

制造业有很多类型，分为劳动密集型、资源密集型、技术密集型，像造船、汽车等相对中等一些的技术类型的行业，其优势有所抬头，但像生物制药、电子信息等高技能行业，其比较优势有所弱化。按照常规理解，一个国家从低收入国家向中下等收入国家以及中上等收入国家迈进时，应该是技术密集型行业的竞争力越来越强，竞争优势越来越明显。但中国的产业发展并未完全沿着这个轨迹进化，其高技能技术密集型产业的竞争优势没有明显的提升。

3. 服务业的竞争力情况：市场占有率

就服务业内部各行业的竞争力而言，与制造业直接相关的服务业竞争力较强。服务业中各行业出口的市场占有率，以与商品直接相关的服务出口和建筑业出口所占比重最大。金融、保险、电信、计算机与信息服务的市场占有率虽然不断提升，但市场占有率仍较低，反映一个国家前沿创新能力的重要指标知识产权使用费的国际市场占有率极弱，不足1%。

服务业可以分成很多产业，一般的分类方法是生活性服务业和生产性服务业，也可分为知识密集型行业和非知识密集型行业。服务业中竞争力最弱的就是知识密集型行业，比如专利的出口、技术的出口。金融行业是知识密集型和技术密集型较高的行业，近年来有新的变化，计算机和信息技术的市场占有率在不断地提高，一个非常重要的原因是中国的电信设备、电子产品的出口在全球市场占有率中不断提高。中国的知识密集型服务业与西方发达国家相比（以美国为首），差距依然较大。由此可见，中等收入陷阱的实质就是产业竞争优势的转型。

从产业角度来讲，中国会面临中等收入陷阱的严峻挑战，传统的优势有所弱化，新的优势在形成过程中还未形成强大的竞争力。在制造业比重下降的同时，服务业的比重提升了，但是服务业在国际上的竞争力是非常有限的，特别是知识密集型服务业的劣势是相当明显的。经济发展阶段的演进，使得服务业在国家的地位越来越重要，但研究发现，中国服务业竞争力并没有实现明显的提升。

（二）是否落入中等收入陷阱与产业竞争力有关

2012年"产业蓝皮书"的总报告重点分析了中国的产业竞争力的结构，并在此基础上，力图回答中国是否会落入中等收入陷阱的问题。综合篇包括三个方面的内容，即2011年中国产业竞争力走势分析及2012年的展望，中国结构调整对减排的影响，采用碳生产率这个指标对中国地区的低碳竞争力进行了比较。

（三）中国产业竞争力的特点分析

既然中等收入陷阱与产业竞争力有关系，那么，要回答中国是否会掉入中等收入陷阱，就需要对中国的产业竞争力状况进行深入分析，《中国产业竞争力报告》从中国产业竞争力的技术结构、服务业、创意型产业和新兴战略型产业的竞争力以及产业的低碳竞争力等多个角度对中国的产业竞争力状况进行了分析。

（四）结论

中国仍处于新旧动能转换期，产业发展的总体态势是，传统的优势有所弱化，新的优势正在形成和聚集。长期而言，在国际竞争中，中国的低端制造业优势明显，中高端制造业竞争力有所提升，但仍处于劣势，而且在提升方面面临挑战。服务业相对于制造业仍处劣势，知识密集型服务业的劣势更为明显。

二 中国与"一带一路"沿线国家的
贸易与产业合作

共商共建人类命运共同体是解决新时期挑战的中国方案。2012 年，党的十八大报告正式提出倡导人类命运共同体意识，这一概念不断走进人们的视野。习近平主席在国内外多个场合深刻诠释"命运共同体"，向世界传递重塑全球治理体系的中国方案。

（一）"一带一路"倡议是以构建人类命运共同体理念来塑造全球治理体系的重大举措

中国倡导的"一带一路"倡议，秉持的是和平合作、开放包容、互学互鉴、互利共赢的理念。"一带一路"建设是构建人类命运共同体的伟大探索和实践，也是中国提出的共商共建人类命运共同体的可操作性的方案。

第一，2013 年 10 月，在周边外交工作座谈会上，习近平总书记指出，让命运共同体意识在周边国家落地生根。第二，2015年 9 月，在联合国成立 70 周年系列峰会上，习近平主席全面阐述了打造人类命运共同体的主要内涵。第三，2016 年 11 月，在亚太经合组织利马会议上，中国继续唱响开放型经济，为推动世界经济强劲、可持续、平衡、包容增长提供方案。第四，中非"十大合作计划"、支持非洲和最不发达国家工业化合作倡议等一系列倡议和行动，旨在消除全球发展鸿沟，让各国人民共享发展成果。第五，"不同文明凝聚着不同民族的智慧和贡献，没有高低之别，更无优劣之分。要尊重各种文明，平等相待，互学互鉴，兼收并蓄，推动人类文明实现创造性发展。"2016 年 11 月，习近平主席在秘鲁国会演讲时进一步阐释了"和而不同、兼收并蓄的文明交流"的内涵。第六，2016 年 9 月，在二十国集团（G20）领导人杭州峰会上，中国提出创新、活力、联动、包容的发展理念，首次将发展问题置于全球宏观政策框架的突出位置。

（二）习近平总书记发表《共同构建人类命运共同体》的演讲

2017 年 1 月，习近平总书记在联合国日内瓦办事处发表了

《共同构建人类命运共同体》的演讲，对构建人类命运共同体的必要性和内涵进行了全面阐述。总书记提出，适应时代变化，处理全球挑战的中国方案，构建人类命运共同体，实现共赢共享。

习近平总书记从"五位一体"出发，提出了构建人类命运共同体，关键在行动，要做到五个坚持。国际社会要从伙伴关系、安全格局、经济发展、文明交流、生态建设等方面做出努力。此外，总书记还提出了五个坚持：坚持对话协商，建设一个持久和平的世界。坚持共建共享，建设一个普遍安全的世界。坚持合作共赢，建设一个共同繁荣的世界。坚持交流互鉴，建设一个开放包容的世界。坚持绿色低碳，建设一个清洁美丽的世界。

（三）关于"一带一路"与中国的对外产业研究著作以及亟须解决的问题

1.《产业蓝皮书：中国产业竞争力报告（2016）No. 6》的研究内容

新理念需要在研究视角、概念和方法上进行创新，2016年版"产业蓝皮书"力图从构建人类命运共同体的角度，分析国际贸易和产能合作问题。2016年版"产业蓝皮书"是课题组撰写的第6本《中国产业竞争力报告》。课题组从2010年开始撰写产业竞争力报告，目的是力图对中国的产业竞争力及其影响因素进行持续跟踪监测，及时发现中国产业竞争力变化过程中存在的问题，为中央政府决策、地方政府决策和企业决策提供必要的支撑。美国有一个产业竞争力委员会，对美国的产业竞争力进行分析和评价，提出产业发展的政策建议，"产业蓝皮书"课题组在中国的产业发展中也力图起到类似作用。

2016 年版"产业蓝皮书"在视角上与往年有所不同，主要从合作的角度对中国产业竞争力进行了分析。采用的指标包括贸易结合度、贸易竞争与互补指数、产业内贸易指数等。在贸易关系的构建上，中国与"一带一路"相关国家的贸易关系现状的测度，存在两种不同视角：一种从贸易平衡的角度进行测度，将焦点对准贸易的不平衡，这是一种"分蛋糕"的视角；另一种则从贸易合作拓展升级的角度进行测度，通常用贸易结合度、贸易互补性等进行测度，这种发展的视角，能充分体现"一带一路"所倡导的合作共赢的精神。"产业蓝皮书"从第二种视角出发，分析了中国与"一带一路"沿线国家的贸易结合度与贸易互补关系。在内容上，重点研究了中国与"一带一路"沿线 62 个国家的产业竞争力、中国与"一带一路"沿线 62 个国家的贸易竞争与互补关系，可以视为 2015 年版"产业蓝皮书"的延续。限于篇幅，课题组没有撰写 62 个国家的产业竞争力状况的报告，仅撰写了这些国家与中国的贸易竞争与互补情况。

用人类命运共同体理念指导产业研究需要一些新的视角，产业竞争力其实是一个竞争的概念，当研究人员用人类命运共同体的概念来分析产业合作时，强调的是合作的概念，合作的概念是需要引进新的方法来刻画它的。因此，课题组在 2016 年版"产业蓝皮书"中用产业的互补和合作的指数来刻画中国与"一带一路"沿线国家的产业状况。"产业蓝皮书"研创的关键是坚持问题导向，要抓住重大的问题，背后还有顶层设计。通过"产业蓝皮书"使我们的理论与实践结合得更好。

2. 关于"一带一路"研究的其他著作以及亟须解决的问题

《"一带一路"国家产业竞争力分析》是国内唯一一部把"一带一路"沿线所有国家的产业发展状况以及各国与中国产业合作的空间、潜力结合在一起的著作。该书从构建人类命运共同体理念出发，从产业竞争力角度对"一带一路"沿线 64 个国家的产业竞争力状况及其优劣产业、与中国经贸合作情况进行分析。目前，国内"一带一路"的研究多数停留在抽象层面，抑或非常笼统的层面，真正对每个国家具体的产业发展状况进行实实在在的研究很少。此外，中国社会科学院工业经济研究所编撰的"产业蓝皮书"也一直秉承这个理念，希望做一些扎扎实实的信息搜集工作。这也是"产业蓝皮书"出版 7 年以来所具备的重要特征。

2016 年之前，业内人士探讨的主要是竞争的关系问题，会用市场占有率以及显性的比较优势指数来刻画一个国家在全球产业链分工中的位置，刻画该国与其他国家的关系。但是，当提出人类命运共同体的理念时，此项指标显然不够用。

"一带一路"沿线国家在合作的过程中，若想将问题研究透彻，跨单位和跨学科间的合作势在必行。语言是构成"一带一路"沿线国家之间合作的瓶颈，用当地的语言能够阅读第一手的材料，能够深入这些国家与当地的企业和老百姓进行交流是十分必要的。

（四）中国如何构建与"一带一路"沿线国家的贸易与产业合作

1. "一带一路"沿线绝大多数国家面临跨越"中等收入陷阱"的任务，发展是各国的最大公约数

世界银行按人均 GNI（人均国民总收入）对国家进行分类，

其标准是动态调整的。按 2015 年的标准，人均 GNI 少于或等于 1025 美元的国家属低收入国家；人均 GNI 为 1026 美元～4035 美元的国家属于中等偏下收入国家；中等偏上收入国家的人均 GNI 为 4036 美元～12475 美元；人均 GNI 高于 12475 美元的国家，属于高收入国家。按 2015 年世界银行的标准，"一带一路"沿线国家中的绝大多数属于中等收入国家，极少数属于低收入国家，迈入高收入国家行列的也为数不多。此外，研究人员就"一带一路"沿线的 64 个国家分类之后发现，在 64 个国家（含中国）中，只有 18 个国家已迈入高收入国家行列。但是，"一带一路"沿线的低收入国家只有 2 个，其他 44 个国家都属于中等收入国家，在 44 个国家中，中等偏下收入国家和中等偏上收入国家分别为 22 个。所以，从"一带一路"产业发展的角度来讲，这些国家面临的最大问题是如何从中等收入国家迈入高收入国家行列，也是中国"一带一路"倡议与西方国家全球化战略的不同之处。"一带一路"倡议的核心是通过发展中国家之间的合作，来共同完成迈向高收入国家行列的任务。

就"一带一路"沿线 64 个国家的发展历程看，一些国家早已迈入中等收入国家之列，但一直没有迈过高收入的门槛。菲律宾、马来西亚、泰国是从中等收入国家行列迈入高收入国家行列的典型。"一带一路"沿线的多数国家所面临的最大挑战，就是如何不落入中等收入陷阱。

2. "一带一路"沿线大多数国家在全球产业链中的分工

（1）"一带一路"沿线大多数国家处于全球产业链分工中的中低端环节

相对于制成品而言，"一带一路"沿线 64 个国家中，绝大多数国家的初级产品具有比较优势，仅有 17 个国家不具有比较优势。塔吉克斯坦、卡塔尔、老挝、哈萨克斯坦、缅甸、文莱、土库曼斯坦、也门、马尔代夫、阿塞拜疆、蒙古国、伊拉克等国家的初级产品具有极其明显的比较优势，其显示性比较优势指数都大于 0.5；阿富汗、乌兹别克斯坦、伊朗、沙特阿拉伯、黑山、俄罗斯、阿曼、亚美尼亚等国的初级产品的显示性比较优势指数虽然小于 0.5，但也大于 0.4，其比较优势也十分明显。

在制成品中，中高端产业的比较优势相对于中低端产业较弱。"一带一路"沿线 64 个国家中，中等技能与技术密集型制成品有优势的国家为 13 个，高技能与技术密集型制成品有优势的国家为 19 个，如考虑到高技能与技术密集型制成品的产业链分工明显，把高技能与技术密集型制成品贸易竞争力指数为负的国家去除，则高技能与技术密集型制成品具有比较优势的国家则仅剩 7 个。资源密集型与劳动密集型制成品有比较优势的国家为 39 个，低技能与技术密集型制成品有比较优势的国家则达到 34 个，都超过了半数。

（2）中国与"一带一路"沿线 62 个国家的出口侧结合度

就中国出口侧结合度而言，中国与"一带一路"沿线 62 个国家的贸易结合度基本稳定，结合度指数近年来维持在 1 左右。

分类型看，初级产品结合度高于制成品。制成品中，中等技能与技术密集型制成品结合度高于资源密集型与劳动密集型制成品、低技能与技术密集型制成品、高技能与技术密集型制成品。高技能与技术密集型制成品的贸易结合度最低。

（3）中国与"一带一路"沿线62个国家的进口侧结合度

就中国进口侧结合度而言，中国与"一带一路"沿线62个国家的贸易结合度较低，经过一段时期的下降后，近年来总体保持稳定，但贸易结合强度指数低于1。

分类型看，制成品与初级产品相比，贸易结合强度略低于初级产品。制成品中，资源密集型与劳动密集型制成品高于低技能与技术密集型制成品，中等技能与技术密集型制成品的贸易结合度高于高技能与技术密集型制成品，贸易结合度近年来呈现大幅增加之势。在低技能与技术密集型制成品中，中国与"一带一路"沿线62个国家的贸易结合度最低。

3. 以人类命运共同体理念拓展与"一带一路"沿线国家的贸易与产业合作的具体建议

对"一带一路"国家产业链进行比较，"一带一路"绝大多数国家均居全球产业链分工中的低端环节，而全球产业链的分工一般分为高端和低端，中国也参与了全球产业链的分工，其位置基本处于中低端环节。从出口来讲，中国高技能产品所占的比重非常大，在全球产业链分工条件下，即使是高技能产品，也可能处于生产的中低端环节。因此，中国与"一带一路"沿线多数国家的合作必须有新的路径和新的策略，如何寻找一个合作共赢的模式非常关键，否则就变成完全竞争的模式。中国与"一带一路"沿线国家的产业和贸易的结合强度，特别是高端产业的结合强度是比较弱的。反观日本，日本的高端产业与"一带一路"国家的贸易联系和结合强度都是比较大的。

根据上文分析，中国提出"一带一路"倡议，实现合作共赢，面临的挑战就在于中国的产业和"一带一路"多数沿线国家的产业非常相似。以人类命运共同体理念拓展与"一带一路"沿线国家的贸易与产业合作，有如下五点建议可供参考。

第一，坚持一个"中心"，就是要坚持把"蛋糕"做大。意即中国在与"一带一路"沿线国家的合作中，强调的重心是一起把蛋糕做大，而不是分蛋糕。

第二，统筹"硬实力"与"软实力"建设，坚持"硬实力"与"软实力"并举。中国在基础设施建设和资金方面很有优势，但"软实力"方面很弱，仍需加强。

第三，统筹长板和短板建设，坚持发挥传统优势和培育新的优势并举。

第四，统筹产业间分工和产业链分工，坚持产业间贸易与产业内贸易并举。

第五，统筹国内和国际两种优势，发挥"自身优势"，实现"三方优势"并举。在"一带一路"建设过程中，中国应与其他发展中国家共同开拓第三个市场。

三 新经济的发展研究

（一） 何为新经济

何为新经济？当前的新经济不同于当年的新经济：新的技术催生了新产业、新模式、新业态。新经济的提法源于20世纪90年代，其具备三个特点。一是从宏观上的表现形式来看，体现为就业率低、通货膨胀率低；二是从信息经济的角度来讲，美国的信息产业发展很快，对经济增长的贡献也很大；三是从微观角度看，提升注意力经济。

国际金融危机之后，很多新的提法、新的概念层出不穷，并且绝大多数会加上革命二字。譬如国际金融危机爆发前提出的新能源革命（奥巴马的经济振兴计划）。2008 年 11 月，国际商业机器公司（简称 IBM）提出"智慧地球"概念。2011 年，美国社会批评家和畅销书作家杰里米·里夫金出版了专著《第三次工业革命》。他提到，第三次工业革命的概念是新能源问题。能源是分布式的，分布式的能源通过互联网向用户传送。2012 年，经济学家提出"第三次工业革命"的概念，《经济学人》杂志称，第三次工业革命的标志性成果是 3D 打印。由此可见，英国《经济学人》杂志与杰里米·里夫金所讲的"第三次工业革命"是完全不同的两个概念。2013 年，德国政府提出了工业 4.0 概念。其强调的核心概念是智能工厂，也包括互联网、3D 打印。

研究人员在梳理了一系列有关新的产业革命、新经济概念之后，提出未来新经济主要呈现数字化、网络化、智能化、绿色化四个特征。数字化的概念包括比特币、3D 打印等；网络化会发展为万物互联，即从人与机器之间的对话发展为物与物之间的对话、机器与机器之间的对话；而多数人认为，智能化是新经济发展的根本特点。

（二）新经济在中国的发展情况

研究发现，中国新产业、新业态、新模式的发展，不同的人有不同的观点。科技部部长万钢在讲中国新产业、新业态、新模式时，认为中国已成为全球具有影响力的科技大国，科技创新水平正在加速迈进国际第一方阵，中国在新产业、新业态和新模式发展方面确实已成为世界强国。他主要是从研发支出、国际论文发表的数量、研发人员在全球的数量、科技进步对 GDP 的贡献以及国家创新能力的排名等来衡量的。另外一种声音来自工信部部长苗圩，他对《中国制造 2025》进行了全面解读，认为全球制造业四个梯队当中，中国仍居第三梯队。

为了真实地刻画、全面系统地把握中国在新产业、新业态、新模式方面在全球的位置，2017 年，课题组对新经济指数进行了研究。当我们无法清晰地将传统行业与新经济行业区分开来时，就需要构造一个相对整体的反映这种状况的指数。课题组针对上述分析设计了 6 个指数，即创新能力、全球化、绿色化、数字化、网络化、智能化。此外，课题组还结合了两种方法设定新经济指数。一是利用信息发达的优势，二是搜索与新经济、新产业、新技术、新业态、新模式相关的所有的研究文件，把所有文件中最重要的概念提取出来。

（三）新经济发展的国际比较

据美国发布的"301 调查"报告显示，2018 年 4 月 3 日，美国贸易代表处发布拟对从中国进口产品加征关税的商品清单，涵盖 1300 多个独立关税项目；2018 年 4 月 4 日，中国发布拟对从美国进口商品加征 25％ 的关税的清单，包括 14 大类 106 项商品。

从不同的角度、不同的层面对中国进行分析，可以得出不同的结论。现阶段，没有比对中国发展进行判断更复杂的事了，因其难度更大，每个角度的分析都具有片面性，故需进行整体分析。在全球产业与技术处于深刻变革的时代，中国能否或是否正在改变其比较优势，则需从引领和塑造新经济的能力上进行分析。

四　中美贸易摩擦的走向及长期影响

（一）应如何看待中美贸易战的长期影响

美国在"301调查"报告中指责中国通过产业政策、政府补贴来促进产业升级和技术发展，并称中国的企业在与西方国家竞争中，让西方国家的企业处于不利的位置。相反，德国的"工业4.0"战略并不是政府的产业政策，它由企业联盟性质决定，实施的中心不是政府，而是站在舞台中央的企业。

在分析美国与中国发生贸易摩擦时，如果站在长期的角度来看，其实质是要抢夺本国在新的产业、新的业态、新的模式上的竞争优势。美国对中国加征关税，实施技术封锁，到底对中国未来的发展造成何种影响？这就需要研究人员认真研究新的产业、新的业态、新的模式的运行逻辑在何处。

从长期来看，美国采取贸易封锁的政策对中国会造成什么影响？这就需要了解未来经济发展形态、产业发展形态的逻辑。第一，新的经济形态的资本逻辑是什么？是劳动工具和劳动对象。它们是没有灵魂的，其背后是人，是资本的所有者，当资本持续增加时，会出现边际报酬递减。当劳动工具和劳动对象被智能化时，体现为万物有灵，会出现边际报酬递增。第二，在新的经济形态下，劳动逻辑是什么？一个有争议的问题是创造性的劳动会不会被人工智能替代？创造性劳动本身也有被机器替代的可能。

人类进化历史表明，创造性劳动只需要一些简单的元素即可，并不像想象的那么复杂。因此，创造性的劳动有被替换的可能性。第三，技术与创新的逻辑是什么？新的产业、新的业态、新的模式的创新逻辑与传统的创新逻辑会发生重大的变化。创新和产业变革扩散的路径充满随机性和多样性，原来的创造性叫作串联式创新，串联式创新技术首先会在发达国家、技术先进的国家产生。还有一个概念叫并联式创新，即在世界各地产生创新。在这种并联式创新的条件之下，一个国家和一个企业最新最好的创新策略是开放，旨在将全世界所有的资源整合、连接，为我所用。在这种情况下，一个国家的创新才能够真正在新的产业、新的业态和新的模式方面抢占优势。

（二）新经济的逻辑

在报酬递增的世界里能实现收敛吗？发展中国家对发达国家的追赶如果存在报酬递增的现象，仅靠知识溢出效应，则永远无法超越发达国家。发达国家依靠前沿技术，可获垄断收益，其创新的动力相对较弱，但并不会完全消失，当面临被超越的可能性时，其动力并不会比发展中国家小。所以，发展中国家虽然有无限接近前沿的可能性，但理论上存在超越发达国家的可能性的真实条件是——成本更低或有巨大的外部冲击。

在新经济条件下，超越的可能性条件正在发生变化。劳动力成本很难成为新的竞争优势的源泉，学习成为关键变量，因其具有报酬递增效应。所以，短期的影响可能产生长期后果，会让中国与发达国家的技术差距有所扩大。学习的回报会受市场的成长性的限制，成长性越快的市场，其回报就越高，故其学习的积极性就高。发展中国家因为市场的成长性较快，故获得了较好的激励。

（三）推动新经济发展的战略

在未来的发展中，学习能力是最关键的。资本的学习能力越强，获得的回报就越丰厚。劳动也是这样，因为人最终要与机器竞争，人的学习能力也很强，有可能不被机器替代。

技术的创新越来越趋于随机性、不确定性、多样性、开放性。一个国家、一个企业的技术创新能力完全取决于企业的学习能力，学习能力越强，在技术变革和技术创新的过程中就能抢占先机。

1. 学习能力的决定因素

（1）党的十九大报告改革的重点：加大基础研究的力度

党的十九大报告提出：要瞄准世界科技前沿，强化基础研究，实现前瞻性基础研究、力争引领性原创成果取得重大突破。加强应用基础研究，拓展实施国家重大科技项目，突出关键共性技术、前沿引领技术、现代工程技术、颠覆性技术创新，为建设科技强国、质量强国、航天强国、网络强国、交通强国、数字中国、智慧社会提供有力支撑。

（2）战略：推动建立提高全社会学习与创新能力的产业基础

不同的产业具有不同的创新与学习效应。工业具有较强的学习与创新效应，因其大规模企业承担风险的能力较强，融资能力也较强，可以承担更大的由创新带来的风险。较大工业企业的组织比较稳定，有持续性。如果可累计知识，则能较快地提升学习能力，而这在很大程度上取决于组织的稳定性，在于组织能否持续稳定地保存与传播知识。

约瑟夫·斯蒂格利茨、布鲁斯·格林沃尔德在其著作《增长的方法：学习型社会与经济增长的新引擎》中提到，学习收益有长期性，存续时间长的企业会珍惜这种长期收益，愿意为知识和人力资本积累进行投资。知识越密集的产业，学习的复利效应就越明显。前提是——竞争。当提到提升一个社会的学习能力时，约瑟夫·斯蒂格利茨强调了政府和产业政策的作用。政府固然有作用，是因为学习有外部性，但若要发挥市场在资源配置中的决定性作用，其对于学习、创新能力的提升则更为基本。

（3）进一步扩大开放：推动形成全面开放新格局

第一，要以"一带一路"建设为重点，坚持引进来和走出去并重，遵循共商共建共享原则，加强创新能力开放合作，形成陆海内外联动、东西双向互济的开放格局。第二，拓展对外贸易，培育贸易新业态新模式，推进贸易强国建设。第三，实行高水平的贸易和投资自由化、便利化政策，全面实行准入前国民待遇加负面清单管理制度，大幅度放宽市场准入，扩大服务业对外开放，保护外商投资合法权益。第四，凡是在我国境内注册的企业，都要一视同仁、平等对待。第五，优化区域开放布局，加大西部开放力度。赋予自由贸易试验区更大的改革自主权，探索建设自由贸易港。第六，创新对外投资方式，促进国际产能合作，形成面向全球的贸易、投融资、生产、服务网络，加快培育国际经济合作和竞争新优势。

2. 知识资本的存量

第一，知识资本的存量包括数量和质量，基础研究非常重要。如果说在未来的发展中，基础研究是学习的加速器，一个国家的基础研究越厉害，它的学习能力就越强，技术创新能力也就越强。假如只是基于经验，基于应用来创新的话，那么创新的速度无法超越实践的速度，实践创新的速度就是边界。如果基于理论，理论会走到实践的前面，所以创新的速度会加快。

第二，要建立一个提高全社会学习和创新能力的产业基础，不同的产业提升社会的学习能力，影响是不一样的。工业比农业占的比重高的社会，它的创新和学习能力就强。研究认为，中国仍然要把扩大工业的基础作为提高全社会学习能力的基础。时下，中国过早出现了去工业化现象，体现为制造业比重下降很快，人均收入水平较低。

第三，中美贸易摩擦发生之后，中国应对的策略是更加开放。现在的技术创新出现了随机性、多样性，从串联方式向并联方式演化时，开放就是最有利的策略。开放可以极大地提高知识资源的存量，使学习能力得到快速提升。

第四，中国应拥有推进分布式知识格局的制度建设，要充分发挥市场在保护、应用和创造知识中发挥的重要作用。因为知识是分散到各大企业、研究机构中的，应该创造一个比较宽松的环境，让分布式的知识能够得到合理、充分的利用。

综上所述，从长期的发展角度来讲，中国应对中美贸易摩擦的战略是非常合理的。第一，从长远来讲，中美贸易战对中国产业的发展产生的影响是延缓中国新产业、新业态、新模式发展的进程，因为它对全球知识和技术的扩散形成了一定障碍。第二，美国利用加征关税的手段是没有办法完全遏制中国新产业、新业态、新模式的发展。从逻辑上讲，技术的发展具有不确定性，中国政府也没有能力明确地预测到在未来的经济发展过程中，在技术的变革中，哪一种技术是最重要的。美国利用加征关税的手段来遏制中国技术的进步和发展是非常困难的，前提是要让市场在技术的进步和发展中起到决定性的作用。

五　中国如何实施产业政策

除了如何刻画中国新产业、新业态、新模式在全球的位置，以及从长期的后果来看，中美贸易摩擦会对中国的产业造成何种影响。当前产业研究另一个重要的问题就是产业政策问题，政府如何通过产业政策来促进中国的产业发展和中国产业的转型升级，尚存在很多的争议，从选择性产业政策向功能性产业政策转化，学术界已研究很多年。产业政策的转型包括产业结构政策的转型、产业布局的转型、产业组织政策的转型。选择性产业政策是在特定的产业里找特定的企业对它进行扶持，让它在产业发展和转型升级中起到重要作用。功能性产业政策是要弥补市场的失灵，这是一个大的转向，值得做进一步研究，研究的问题就是产业政策与竞争到底是什么关系。

参考文献

张其仔：《中国产业竞争力报告（2010）》，社会科学文献出版社，2010。

张其仔：《中国产业竞争力报告（2012）NO.2》，社会科学文献出版社，2012。

张其仔：《中国产业竞争力报告（2016）NO.6》，社会科学文献出版社，2018。

张其仔：《中国产业竞争力报告（2018）NO.7》，社会科学文献出版社，2018。

搭建学术平台，发挥智库功能

——"旅游绿皮书"研创18年经历分享*

宋 瑞**

摘 要： 皮书文章是符合学术规范、反映现实问题、具有一定研究深度的专论文章。皮书的定位是行业意见领袖，必须打造过硬的作者队伍、树立精品意识、严格把控流程、提升创新意识，并准确把握和捕捉行业热点。"旅游绿皮书"作为国内历史最长、影响广泛的旅游类年度报告，其成功得益于强大的学术积淀和学术网络、敏锐的读者意识和研发意识、持续的决策影响力以及明确的研究主线。

关键词： 学术平台 智库功能 旅游绿皮书 皮书研创

---

* 本文根据中国社会科学院旅游研究中心主任宋瑞在第四期全国皮书研创高级研修班（2018）上的讲话录音整理而成。

** 宋瑞，博士。中国社会科学院财经战略研究院研究员、博士生导师，中国社会科学院旅游研究中心主任。研究方向：旅游管理、休闲经济、服务经济研究。

一 "旅游绿皮书"怎么样

"旅游绿皮书"是依托中国社会科学院旅游研究中心（以下简称"中心"）平台创建的，从 2000 年开始研创，至今已经走过 18 年的历程。"旅游绿皮书"主要是基于中心对旅游专业领域长期、深入、专业的研究。2018 年是改革开放 40 周年，也是中国旅游业发展的 40 年。1978～1979 年，邓小平就旅游发展连续发表了多次讲话，其中最著名的是"黄山讲话"。他高瞻远瞩地指出："黄山是发展旅游的好地方，要有点雄心壮志把黄山的牌子打出去。"从那时起，旅游业才开始进入中国社会经济的舞台，旅游也从最早的民间外交、外事接待慢慢转变成一个产业。

中国社会科学院是国内最早从事旅游研究的专业机构，早在 1980 年就与原国家旅游局（2018 年改为"文化和旅游部"）组织了第一次全国旅游经济理论研讨会，后来持续召开。在过去 40 年里，中心一直持续对中国的旅游发展进行综合的、宏观层面的研究。基于长期的研究积累，2001 年中心开始编撰"旅游绿皮书"，至今已出版 17 本，是国内历史最长、影响广泛的旅游类年度报告。到目前为止，其他很多机构都在模仿、借鉴，但客观地说，没有哪一本著作可以与"旅游绿皮书"的质量和影响相提并论。除"旅游绿皮书"以外，中心从 2009 年开始组织编撰国内第一本"休闲绿皮书"，也有其他机构在模仿。两本绿皮书分别是每年年初和年中出版并召开新闻发布会。

总体来看，"旅游绿皮书"在国际和国内均获得了比较好的影响力。

（一）国内层面

"旅游绿皮书"已经成为大家了解旅游行业必读的书目。课题组当初对这本书的定位、内容设计、每一年主题的选定、篇目的选择等方面均有所兼顾，在政策、行业、研究、社会四个方面均有较大影响力。

"旅游绿皮书"持续关注行业当下的热点，还就未来的趋势做出判断。比如目前大家关注的旅游演艺、邮轮行业等，课题组在 10 年前就有涉及。2017 年，课题组对当前旅游投资中的热点和潜在的隐患、风险进行了客观分析，引起了国家旅游主管部门的重视。可见，课题组对行业热点的跟踪、把握甚至对未来趋势的预判是非常重要的一项工作。另外，课题组关注的群体还有研究者、学者，"旅游绿皮书"遍及各高校图书馆，已成为旅游专业学生的首选参考书目。

（二）国际层面

课题组出版过"旅游绿皮书"英文版，在国外旅游专业院校图书馆中可以看到。一些重要的国际组织（如 WTTC）也会引用"旅游绿皮书"的内容。此外，旅游研究领域人士、海外学者在关注中国旅游研究时，也从皮书中得到了重要信息。在社会科学文献出版社的鼓励和支持下，"旅游绿皮书"多次获得"优秀皮书奖"和"优秀皮书报告奖"。

二 "旅游绿皮书"怎么想

在编撰"旅游绿皮书"时，如何理解问题、如何定位风格、如何达到目的是需要研创团队思索的。"旅游绿皮书"是政府官员、行业经营者、投资者、企业从业人员、研究人员的必读之物。从现实角度来说，每个人关注的点不一样，包括习惯的语言风格等都有所不同。这就要求皮书要有一整套的编撰规范，既能满足不同人的需求，又要符合学术规范。

（一）"旅游绿皮书"的定位：行业意见领袖

如何理解新的皮书出版形态？如何定位其内容？初始阶段相对比较模糊。自1998年亚洲金融危机、1999年第一个黄金周之后，旅游业一直就是热点，因其是有潜力且受人关注的行业，所以课题组决定编撰"旅游绿皮书"。历经5年的探索，课题组逐步明确了"旅游绿皮书"要成为旅游行业意见领袖这个定位。在新媒体尚不发达时，专业类的学术刊物过于学术化，一般的报纸又太碎片化。在这种背景下，受众通过"旅游绿皮书"就可以全面把握中国旅游的方方面面，尤其是当前的热点和未来的趋势。

近几年出版的"旅游绿皮书"添加了国际视角、国际借鉴等内容，称之为"他山之石"，试图就国外旅游发展提供一些借鉴。总之，课题组通过对宏观政策、总体趋势、细分市场、热点问题等做一个全面的分析，使"旅游绿皮书"成为旅游业的意见领袖。受众若想了解中国旅游业必须看这本书。事实证明，确实达到了这样的目标。

（二）如何理解皮书：皮书"不是"什么，"是"什么

首先，皮书不是学术著作，但是皮书必须同时遵循学术规

范。一方面，研创人员不要按照写学术著作的思路编撰皮书，否则其关注点、市场读者面、影响力、可读性都会受到很大限制，尤其是行业类皮书；另一方面，研创人员在形式上要遵循学术规范，如摘要、关键词、参考文献、引注等。行业类皮书是从不同角度对某一个领域进行年度性、权威性、综合性、多视角的分析。其次，皮书不是论文集锦，需要贯穿主题，有逻辑结构，有篇章布局。还要有相对稳定的报告组成，即总报告＋分报告（涵盖各篇章）。

（三）如何理解皮书：皮书文章"不是"什么，"是"什么

第一，皮书的文章不是学术论文，应避免过重的学术腔、过多的模型化。比如，"旅游绿皮书"的总报告是从国民经济发展环境、国际旅游发展形势到重大政策的梳理、重要市场的变化，再到重要的细分行业的态势等方面对过去一年以及未来一年中国旅游发展的总体形势做的详细阐述。此外，总报告结尾部分会提出未来值得关注的若干问题。专题报告分别从不同的角度，邀请不同领域的作者甚至某些代表性的、典型的企业来做案例分析，具有年度性和权威性。权威性就体现在综合的、面上的分析，即使是一个案例，也是通过它来折射这个行业总体的情况。所以，皮书不是学术专著，也不是论文集锦，而是综合的报告。皮书除了有总报告，还会有 10～20 篇的分报告。这些分报告是有相对稳定体系的。如果是论文集锦，那么论文之间不一定要有特别清晰的主题，不一定要有严密的逻辑结构，篇章的布局也不一定衔接得好。但是皮书不一样，皮书要有主题、有结构、有布局。从长期看，"旅游绿皮书"有部分固定的作者，同时也会让

新作者加入进来，保持新鲜的活力。另外，"旅游绿皮书"中不会出现很多模型和各种公式。应避免过多引入公式，比如可以有经济学量化的分析，但是不要过多地参考经济研究的写法。当读者是高校教师时，特别强调的一点是皮书不是学术论文，不应有过重的学术腔。

第二，皮书的文章不是工作报告。它要有学理支撑、理论架构，即从现象到本质、从现象到规律、从个体到一般。在邀请政府部门的领导以及地方旅游主管撰写报告时，课题组强调、引导其不要写成工作报告。皮书一定要有学理支撑，但不要按工作报告的语言表述方式、逻辑结构、框架体系撰写。皮书要有一定的理论架构，否则读者看不下去。另外，要从现象看到本质，从现象看到规律，从个体中发现一般，不应就自身来写，应从某地能够看出整个行业、整个发展中具有的代表性的问题。

第三，皮书的文章不是媒体报道，文章应既要有问题意识、热点意识，但又不过分追求热点，流于表面。皮书所针对的群体是习惯于短、快传播的作者。因为出版物具有历史的价值和意义，热点流失得快，过于关注会让其流于表面。

所以，皮书的文章不是学术论文，不是工作报告，也不是媒体报道。它是符合学术规范、反映现实问题、具有一定研究深度的专论文章，是数据＋分析＋预测＋建议。把某个问题说清楚，说透，说全，截止到写稿的这一天，最新发展情况如何，最深的思考是什么，最能够反映大家共识的是什么。当然，最后呈现的文章需要符合学术规范，尤其是行业类的批示，一定要反映现实问题。

从具体内容来看，"旅游绿皮书"一定要有数据，因为数据是权威性的基础。当然，不是全篇全是数据或只有数据。读者希望了解一个行业的总体情况、增长情况、发展情况。通篇全是文字，其说服力是有限的，所以课题组要求皮书中一定要有数据。除数据外，"旅游绿皮书"还应有分析和判断，对未来要有预测，对发现出来的问题能够提出建议。

三 "旅游绿皮书"怎么做

（一）学术积淀

皮书的出版不是三五个人攒一本书这么简单。要长期持续出版 10 年、20 年甚至更长时间是不容易做到的。最核心的条件是要有学术积淀。"旅游绿皮书"课题组是专注于研究事业、有专业研究能力、有专门研究队伍的学术机构。专业研究能力是保证"旅游绿皮书"有权威性的基础，包括要有能够投入精力的主创团队。课题组曾先后与联合国世界旅游组织（UNWTO）、世界旅游城市联合会（WTCF）、欧盟中国办公室（EU-China Office）、世界自然基金会（WWF）等国际机构，以及原国家旅游局（CNTA）、文化和旅游部（MCT）等合作开展理论和决策研究。这些都为"旅游绿皮书"提供了很好的研究基础。

（二）学术网络

皮书的学术影响力主要体现在好的学术网络上面。全国有700 多所旅游院校，因为有庞大的学术网络，课题组可以密切关注研究内容。与此同时，课题组也与知名学者保持联系，这样就能够准确找到合适的作者，保证了皮书出版的学术质量。

（三）决策影响

专业的研究能力要体现为与决策者的密切关系。课题组长期与国家旅游局等管理部门有很好的合作，经常受委托做专项的研究工作，但彼此又是相对独立的。课题组的研究不仅对业界产生了影响，还对旅游部门（如文化旅游部）、发改委、国务院政府研究中心、国务院研究室等产生了影响。这种影响力是多元化的，"旅游绿皮书"主编曾经在首届省部级领导干部旅游专题研讨班授课。此外，中心还有比较好的国际网络，对很多问题的判断都具备国际视野。

（四）读者意识

课题组在研创"旅游绿皮书"时，要具备专业的研究能力和研究队伍，在编撰中应具备读者意识，不是为编书而编书，而是传播观点、思想。所以，课题组应清楚目标读者，像决策者、研究者、媒体从业人员、教育工作者、旅游投资者、普通老百姓等，上述人员都有可能是潜在读者。要知道他们分别关心什么问题，明确政策重点、发展前沿、社会热点、研究重点分别是什么，这些人都喜欢什么样的表达方式等。从作者的角度来看，不同作者文风迥异，有些学者习惯使用长句子，而读者的接受能力不同。因此，课题组要慢慢引导作者的文风，使其具备读者意识。作者要试着站在读者的角度，调整语言表达和逻辑思路。

（五） 研发意识

皮书的编撰要有研发意识。皮书不是"写"出来的，而是研发出来的。这种研发体现在很多方面，包括专门成立皮书研究院，以期具备更扎实的学术研究基础，能让皮书走得更长远一些。

研发包括三个层次的含义，第一层次是原创性，文章必须要首发。第二层次是开拓性，文章能够代表最前沿的发展动态和判断。第三层次是整体性，前两层意思是就单篇文章而言的，第三层意思是就整本皮书而言。一本好的皮书一定要有整体性，你中有我，我中有你，彼此相辅相成，不可或缺。

"旅游绿皮书"课题组为了让皮书有整体性的感觉，并未把不同的人写的文章凑在一起。课题组近几年做了很多努力，比如三年连续做一个主题，每一年都有不同的递进。以"中国与世界"这个主题为例，课题组从 2013 年开始做，连续坚持了 3 年。2016 年 5 月，由中国政府和联合国世界旅游组织共同主办、国家旅游局承办的首届世界旅游发展大会在北京举行。该主题逐渐成为研究热点，而实际上课题组已将研究提前 3 年，有了非常好的研究储备。

（六） 研究主线

在分析"中国与世界"的发展关系上，"旅游绿皮书"用 3 年时间来回答这个问题：中国与世界应怎么看、怎么比、怎么做。第一年是对视研究，即中国如何看待世界的旅游发展，世界如何看待中国的旅游发展。第二年是对比研究，比如从市场、产业、影响力、竞争力等角度研究中国在世界上到底发挥什么作用。第三年，在知己知彼的前提下，研究如何建设中国。在 3 年中，主要的文章均延用这个主线串联在一起。

四 "旅游绿皮书"的定位：行业意见领袖

1. 作者队伍

（1）作者群体

要保证一本连续出版的皮书的质量，一定要有好的作者队伍。"旅游绿皮书"课题组每年至少保证 30~40 位作者撰稿。作者来源有如下几个渠道：研究机构、大专院校、政府部门、行业人员。以证券公司行业分析师为例，他们的理论功底不一定深厚，但其对行业最新的发展动态是很敏锐的，能够掌握一手资料。对于这些作者，课题组要有意识和耐心去引导。此外，课题组还会邀请国际作者团队。

"旅游绿皮书"课题组每年基本保持固定作者团队，根据当年的选题来补充新的力量。课题组在保持团队稳定的同时，再注入新鲜活力。老作者和新作者的比例为 6∶4 或 7∶3。"旅游绿皮书"出版 18 年来，共计 600~700 人次参与了研创工作，作者群体有来自企业的，有来自政府部门的，还有来自国外的。

（2）作者引导

如何保证让不同的人按照统一要求撰写报告？在选题上，课题组长期做旅游方面的研究工作，对热点问题有较为准确的判断，所以会预先引导作者，建议其关注这方面的问题，可能会在一两年之内有重要的发展。因作者来源不同，所以他们对热点、重点问题的理解也不同。皮书不一定能为作者带来经济价值，但可以为作者带来与学术网络连接的价值以及参与研究的机会。

2. 精品意识

课题组除了具备读者意识、研发意识，若想长期延续皮书研创的话，还需要具备精品意识。皮书不仅仅是一本书，更是一项事业，是要全身心投入的。皮书有一整套规范，但技术最终要转化为现实，就需要主编团队做好衔接工作，最后再传递给作者。课题组要与作者团队就如何定位皮书达成共识，严格把控稿件质量。

3. 流程把控

在重要的环节上，主编要把控好出版流程。第一，要规范不同的作者。主编应做好充分的事前沟通工作，给作者发放写作范本，希望作者从哪个角度撰写文章，讨论该作者的文章在全书中处于何种位置。第二，要提高编撰效率。主编要抓住关键环节做事先引导工作，就内容的选题、行文的规范性、如何处理数据和图表、如何撰写中英文摘要等做好沟通。第三，要与出版社有效沟通。"旅游绿皮书"有固定的责编，可以减少重复沟通的成本。每位作者的知识背景、工作方式、工作效率、对旅游业的理解程度均不同，因此，课题组会与作者沟通创作思路和时间节点，还会探讨技术流程的问题。如何保证团队和个人对研创皮书有持续的热情是比较困难的，旅游行业瞬息万变，课题组应在内容和形式上不断创新。

4. 创新意识

十几年如一日地研创皮书，课题组要有内容和形式上的创新。为了捕捉到行业发展的动态，"旅游绿皮书"课题组近几年不定期举办行业沙龙——中国旅游创新（TIC）沙龙。

5. 传播意识

最后要谈的是，课题组花费很多心思研创"旅游绿皮书"，最终目的是希望把成果分享给受众，它不仅仅是完成一项工作那么简单。而是做到以终为始，将成果扩散，达到价值最大化。

目前课题组每年固定出版时间和发布时间，形成固定预期，让媒体知晓何时发布。"旅游绿皮书"的出版时间是每年12月底，发布时间定为来年1月初。在发布形式上，课题组不断创新，会邀请自媒体从业者，因其传播效果在某些情况下要好于传统媒体。在传播过程中，课题组与出版社、媒体充分沟通，遴选有可能引起关注的话题，以图片形式或更为生动的传播方式将专题报告转化成读者更为接受的方式。当然在传播过程中，课题组要特别把握好度，因为某些媒体经常会曲解，把每一位作者的观点放大为皮书的观点，甚至又把皮书的观点放大为中国社会科学院的观点，断章取义。课题组在这些方面要有提前的防范。

总之，课题组试图通过研创"旅游绿皮书"，搭建学术平台、发挥智库功能。面对问题，提出建议，引导社会。这个平台是读者、作者共同搭建的，要形成一个研究的枢纽，共同促进成长。"旅游绿皮书"以智库为职责，跟踪旅游实践、提出政策建议、服务社会民众、引导行业发展、扩大中国影响，得到了社会的广泛认可，是一项非常值得大家投入精力的事业。

参考文献

宋瑞：《2017～2018 年中国旅游发展分析与预测》，社会科学文献出版社，2018。

宋瑞：《2016～2017 年中国旅游发展分析与预测》，社会科学文献出版社，2017。

宋瑞：《2015～2016 年中国旅游发展分析与预测》，社会科学文献出版社，2016。

宋瑞：《2014～2015 年中国旅游发展分析与预测》，社会科学文献出版社，2015。

宋瑞：《2013～2014 年中国旅游发展分析与预测》，社会科学文献出版社，2014。

宋瑞：《2012 年中国旅游发展分析与预测》，社会科学文献出版社，2012。

宋瑞：《2011 年中国旅游发展分析与预测》，社会科学文献出版社，2011。

宋瑞：《以智库建设推动中国旅游创新发展》，《旅游学刊》2016 年第 2 期。

"邮轮绿皮书"——打造中国邮轮经济的风向标[*]

叶欣梁[**]

摘　要："邮轮绿皮书"是由上海国际邮轮经济研究中心牵头编纂，由社会科学文献出版社出版的中国第一部邮轮产业发展的系列年度研究报告，从 2014 年开始，已经连续出版 5 年，2018 年起双方又与德国施普林格出版集团（Springer Group）合作出版国际版，在美国发布。该绿皮书汇集了多篇中国著名学者邮轮研究最新成果，根据邮轮产业的发展特点和年度市场特征，全面概览国际和中国邮轮产业发展环境，呈现中国邮轮区域发展特点和产业结构特征，全面深入解读中国邮轮经济发展的新规律、新动能、新模式、新趋势。"邮轮绿皮书"目前已经成为中国邮轮产业发展最为重要的著作之一，成为中

---

* 本文根据上海工程技术大学管理学院教授叶欣梁在第四期全国皮书研创高级研修班（2018）上的讲话录音整理而成。

** 叶欣梁，博士、教授。上海工程技术大学管理学院工商管理系主任，上海国际邮轮经济研究中心副主任，上海吴淞口国际邮轮港发展有限公司副总经理。研究方向：邮轮经济。

国邮轮产业发展的风向标，为中国邮轮产业发展提供强有力的智力支撑。

关键词： 邮轮绿皮书　邮轮经济　风向标

一　"邮轮绿皮书"是什么？怎么样？

（一）由全国首个邮轮研究智库牵头编写

"邮轮绿皮书"主编单位上海国际邮轮经济研究中心（Shanghai International Cruise Business Institute，以下简称"中心"）是在上海市人民政府发展研究中心、上海市旅游局、宝山区人民政府支持下成立的研究智库，由上海工程技术大学和上海吴淞口开发有限公司共同发起设立。中心依托上海工程技术大学的邮轮专业和学科团队，秉持"开放交融、合作共赢"的理念，独创"政、产、学、研、用"五位一体的合作模式，致力于打造"国际化、开放式、高水平"的决策咨询研究平台。中心在发展过程中也得到了中国交通运输协会邮轮游艇分会的大力支持。中心重点研究中国以及亚太地区邮轮产业发展的政策理论、创新思路和发展战略，通过每年面向全球发布课题、主办中国邮轮经济高峰论坛、发布年度《中国邮轮产业发展报告》（邮轮绿皮书）等形式进行广泛多样的学术交流；还主导和参与了我国首个"中国邮轮旅游发展实验区"建设、宝山区"中国旅游标准化示范区"建设、"中国邮轮母港企业标准"制定、"上海邮轮旅游服务标准化体系"制定，系列研究成果为政府部门相关政策制定、邮轮企业战略规划提供了决策依据和智力支持。上海国际邮轮经济研究中心已经成为国内乃至国际邮轮业界广泛认同的邮轮产业与邮轮经济研究的重要平台。

在上海国际邮轮经济研究中心的积极推动下，上海工程技术大学邮轮经济专业主动对接邮轮产业发展，积极瞄准邮轮市场需求，开创我国邮轮经营管理人才本科教育和研究生教育先河，具有国际国内首创、学科产业对接、理论实践并重、国际合作密切的特点，在培养目标、培养方案、培养模式上实施了教学实践的系统创新，整体教学水平国内领先，培养出众多国际邮轮卓越人才，以长期保持的专业优势和学科活力享誉海内外，起到了示范引领作用。

（二）是全国第一本正式连续出版的邮轮皮书系列研究报告

"邮轮绿皮书"是我国第一本针对中国邮轮产业发展正式连续出版的皮书系列研究报告，汇集了国内外邮轮产业发展最新智慧，邀请国内外知名学者针对邮轮产业最新进展发表研究性文章，探究世界及中国邮轮产业发展规律，呈现邮轮研究最新成果，引领产业发展创新实践，在邮轮产业界和学术界已经具有重要的影响力。

（三）是一本瞄准国际的邮轮皮书系列报告

上海国际邮轮经济研究中心积极开展国际合作与交流，搭建邮轮产业研究的国际平台。近年来与海贸集团、亚洲邮轮协会、亚洲邮轮港口协会、韩国济州邮轮协会、日本东京大学海洋研究所、台湾国际邮轮协会建立了良好的合作关系；与美国佛罗里达国际大学、澳大利亚格里菲斯大学商学院及旅游研究院、韩国济州国际大学、国立台湾海洋大学等多所院校建立国际合作教育联盟；与皇家加勒比邮轮公司、歌诗达邮轮公司等世界知名邮轮公司及15家亚太地区邮轮港签署战略合作协议；与海贸集团联合举办2016、2017、2018年度亚太邮轮大会，汇聚来自海内外的邮轮业界精英，集结多方智慧，共同推进中国乃至世界邮轮产业发展，并在亚太邮轮大会上发布"邮轮绿皮书"。2018年3月"邮轮绿皮书"（海外版）首次发布，由社会科学文献出版社和德国施普林格出版集团联合出版，在2018年世界邮轮大会上公开发行，提升了"邮轮绿皮书"的全球化影响力。*Report on China's Cruise Industry* 正式被世界著名学术出版商德国施普林格出版集团收录。2019年4月，"邮轮绿皮书"（海外版）再次在美国迈阿密举行的2019年世界邮轮大会上发布。

在世界邮轮大会上，中国市场成为全球邮轮产业发展的热点，中国的邮轮产业引起全球的特别关注。"邮轮绿皮书"（海外版）的发布，再次引起了全球邮轮业界的高度关注，可以让国际邮轮业界更好地了解和认识中国邮轮市场。

二 "邮轮绿皮书"是如何编撰的？

（一）明确为谁编写

1. 政府相关单位：要求前瞻性，具有决策参考价值

上海国际邮轮经济研究中心联合上海市人民政府发展研究中

心，每年共同发布上海市人民政府决策咨询研究邮轮经济专项课题。研究内容涵盖邮轮产业政策环境、邮轮旅游市场、邮轮港口规划与管理、邮轮旅游信息化建设、邮轮消费行为与邮轮文化、邮轮旅游金融、豪华邮轮修造、邮轮船供体系、邮轮通关政策等多方领域。为政府决策、产业提升、学科发展、人才培育提供了智力支持。

2. 邮轮运营企业：要求行业分析前瞻性，具备准确数据信息

每年绿皮书在亚太邮轮大会上发布以后，都能引起全球邮轮产业高管的关注。因为这些邮轮运营企业非常需要中国邮轮市场的分析预测，包括目前邮轮产业发展的特点以及未来的发展趋势。部分外国邮轮公司都是美国的上市公司，这些上市公司对绩效的要求非常严格。也有一些非上市的邮轮公司，不是为了短期业绩和指标来到中国，而是为了长期在中国市场发展，更需要行业前瞻性分析和准确数据信息。

3. 邮轮相关院校：要求学术性，具有学术研究价值

除了上海工程技术大学、上海海事大学、广州航海学院等开设邮轮专业的本科院校外，邮轮院校大多是以职校类为主。邮轮专业的培养分为两部分，一是培养邮轮经营管理人才，二是培养邮轮海乘人才。全国有 200 多所职校开设了邮轮相关的专业，这些专业的老师也需要了解行业的最新动向，"邮轮绿皮书"成为其研究的重要基础。

4. 相关研究机构：要求产业规律性，助于产业研究

2018 年，交通运输部委托上海工程技术大学、上海国际邮轮经济研究中心科研团队开展全国邮轮港口服务标准《邮轮港服务规范》的制定工作，定于 2019 年上半年在全国 15 个港口试行。虽然近两年全国已建造很多专用码头，但是硬件建好以后，软件的服务方面确实还需要很大的提升。所以，港口标准的实施对提升中国整个邮轮港口的企业很有帮助。

（二）如何发展定位

经过几年的磨合与积累，"邮轮绿皮书"正式的定位是成为中国邮轮经济发展的风向标。绿皮书能够在整个产业发展过程中做一些前瞻性、趋势性的分析，能够对未来整个邮轮产业的发展起到一定的引领作用。

"邮轮绿皮书"具备四个特点。一是学术性。客观地说，学术性是所有皮书的共同点。但所谓的学术性不像学术论文一样，需要有大段的假设论证，而是加大了政策建议方面的比重。二是权威性。在组稿、内容筛选、发布时，都是采用正规公开发布的相关数据，包括以这些数据为基础得出的结论，还是比较可靠且站得住脚的。三是年度性。每年邮轮产业发展都有很多鲜明的变化，课题组也是力争体现整个产业发展的时代感。四是前瞻性。前瞻性一直是课题组考虑的内容，课题组非常关注全球邮轮产业的发展和变化。上海国际邮轮经济研究中心计划近期与国际邮轮协会（The Cruise Line International Association's，简称 CLIA）签署框架协议，能够定期与 CLIA 进行数据的分享和交换。

（三）如何保证高质量的编写团队

1. 编委会

"邮轮绿皮书"主编汪泓教授率先主动对接国内外邮轮产业

大发展，创新性开拓旅游管理专业教学内涵，在全国最早开始邮轮经济本科和硕士阶段的教育并担任学科带头人。课题组非常看重主报告，长度在50页左右。报告完成后由编委提出具体的修改意见，编委从各自的角度出发能够提出非常好的建议，最后再定稿，前后历时两个月。主报告能够比较客观地反映一年内邮轮产业发展的主要内容，对未来产业发展的走向基本上能够进行比较准确的判断。

2. 作者团队

（1）政府机构：边检、海关等邮轮口岸单位

很多数据的获取都是依靠口岸单位提供的，上海浦江边检站专门为上海国际邮轮经济研究中心开设一个端口，使其基本能够了解到每年游客的一些基础数据，这些数据非常关键。

（2）邮轮产业相关公司：上海、天津等邮轮港

邮轮公司撰写的文章分为两种，一种是关于邮轮的业务介绍，缺少分析的内容。另一种是港口内容以及一个地区经济发展的内容，有一些深度。

（3）开设邮轮专业相关高校：上海工程技术大学等

除了上海工程技术大学外，课题组还与上海海事大学、大连海事大学、南开大学、集美大学等高校进行了合作，他们也积极地参与到整个皮书的撰写中。

（4）研究机构：中国旅游研究院、奇创旅游研究院、交通运输部水运科学研究院等。

（5）行业协会：中国交通运输协会邮轮游艇分会、天津邮轮游艇协会等。

（四）如何保障国际邮轮数据的准确性

数据的准确性一直是课题组追寻的目标。邮轮产业在国内发展的时间只有短短的十余年，而且在数据统计方面存在很大的问题，课题组应如何保证国际邮轮数据的准确性？可以从以下两个方面入手。

1."邮轮绿皮书"编写团队考察英国邮轮港口、拜访美国皇家加勒比邮轮公司与嘉年华邮轮集团

发展邮轮产业需对全球的邮轮产业有感性的认识，包括建立关系、沟通交流。从 2012 年开始，编写团队几乎考察了全球邮轮产业发展比较好的区域，与国外邮轮港口、邮轮公司等建立了定期的合作关系。

邮轮公司掌握着大量的邮轮市场数据，有着翔实的邮轮游客消费数据。并且邮轮公司会要求游客做一份很详细的有奖问卷，绝大多数的游客都会很认真地填写这份问卷。邮轮公司会从几千名游客的航次里，抽取 2~3 位填答问卷的幸运者，赠送一个免费航程。所以，邮轮公司都有非常全的消费行为的问卷。编写团队也积极与邮轮公司合作，每隔 1~2 年远赴迈阿密。因为全球邮轮产业主要集中在迈阿密，编写团队可以到邮轮公司的总部与其交流，与他们交换产业发展的最新数据。国外邮轮公司对研究满怀热情，无偿地提供了很多邮轮研究的数据，特别是消费行为方面的数据。

首先，"邮轮绿皮书"编写团队与国际知名邮轮研究机构合作，建立了良好的合作关系。每年召开的世界邮轮大会以及亚太邮轮大会上，课题组都会与国际邮轮公司进行深入交流，包括与 CHART 国际管理咨询公司、韩国国际邮轮经济研究所、日本邮轮经济研究所、中国台湾邮轮经济研究所等也建立了良好的合作关系，获取到研究数据。课题组在与韩国、日本等邮轮公司合作后，能够对东北亚地区邮轮行业的发展有比较好的认知。其次，课题组还与邮轮企业合作，与皇家加勒比邮轮公司、嘉年华邮轮集团、地中海邮轮、诺唯真邮轮、云顶邮轮集团、同程邮轮、携程邮轮等建立了良好的合作关系，获取邮轮运营及游客消费行为数据。然后，课题组与国际邮轮协会、中国交通运输协会邮轮游艇分会、中国港口协会邮轮游艇码头分会等协会建立了良好的合作关系，获取邮轮行业发展数据。最后，课题组还与海关、边检、海事局、口岸办等口岸单位建立了良好的合作关系，获取了邮轮口岸数据。如日本福冈、韩国釜山分别申请邮轮经济特区，借以了解中国如何建设旅游发展试验区。课题组在不违反保密规定的情况下，总结了相应的做法提供给对方。只有在国际上与同行相互交流，才能获取到很多行业相关的信息。

2. 组织研究生调研，收集一手数据

中国游客的消费行为习惯变化很快，每年的情况不同，课题组做了很多一手数据的访谈和调查，组织研究生去邮轮公司调研。研究生在上船体验的同时，会做访谈或调查，比如在邮轮港、邮轮公司和旅行社做调查，给课题组带来了大量的数据。编写团队每考察一个地方，会与当地邮轮公司深入交流，撰写当地港口或区域发展的调研报告，这些都成为"邮轮绿皮书"关键的素材。

（五）如何保障编写信息数据的前瞻性

1. 加强与邮轮企业的合作交流

课题组深入邮轮相关企业开展座谈调研，更好地了解邮轮产业发展的实际情况和最新发展趋势，与邮轮企业建立良好的合作关系，推动"邮轮绿皮书"理论与实践的完美结合，提升"邮轮绿皮书"编写的实际应用价值。比如聘请嘉年华中国区主席陈然峰为首席顾问，担任上海工程技术大学客座教授。编写团队与上海市政府发展研究中心合作，发布邮轮专项课题。课题组与邮轮企业的合作交流是非常重要的，如与歌诗达邮轮集团签署《谅解备忘录》（简称 MOU 协议），不仅仅是做绿皮书的需要，最重要的一点是获取邮轮市场更为准确的信息。

2. 积极参与和主办国际邮轮会议

从 2012 年起，课题组每年会飞赴美国参加在迈阿密举办的世界邮轮大会。2018 年，由上海市宝山区人民政府和上海工程技术大学担任指导，海贸集团携手上海国际邮轮经济研究中心、上海吴淞口国际邮轮港联合主办了 2018 年亚太邮轮大会。作为主办方，编写团队能够非常方便地与国际邮轮公司的高管、行业领袖进行交流。此外，课题组还举办了"亚太邮轮经济 50 人高峰论坛"，该论坛在东北亚地区产生了很大的影响。

除上述活动外，课题组还参与了中国国际邮轮船舶修造论坛暨全球邮轮建造配套供应商大会、中国国际邮轮（青岛）高峰论坛、"邮轮经济与区域发展"圆桌论坛等众多国际邮轮会议；举办了国际邮轮船舶修造论坛，加强与国内外邮轮业界、学术界、邮轮行业协会的交流。值得一提的是，"邮轮绿皮书"副主编还作为嘉宾出席了邮轮青年论坛。

3. 加强国内外邮轮研究机构、行业协会合作交流

上海国际邮轮经济研究中心加强与中国交通运输协会邮轮游艇分会、韩国国际邮轮经济研究所、日本邮轮经济研究所等国内外协会及研究单位的合作。2017 年 11 月 3 日，上海国际邮轮经济研究中心倡议成立"国际邮轮研究机构合作联盟"。上海国际邮轮经济研究中心理事长、副主任，上海工程技术大学管理学院副教授、硕导邱羚作为代表与另外 11 家单位共同签署"国际邮轮研究机构合作联盟"协议书。另外，中国交通运输协会邮轮游艇分会副会长郑炜航来上海工程技术大学做报告，并发起成立国际邮轮人才教育联盟，推动邮轮产业研究和人才培养的国际化、专业化。

虽然中韩邮轮航线尚未重新启动，但是上海国际邮轮经济研究中心已经与韩国、日本开展多母港邮轮的研究，邀请韩国国际邮轮经济研究所所长林福顺、日本邮轮经济研究所副所长田中三郎前来交流中韩、中日邮轮产业。

（六）如何保障内容撰写的时代创新性

内容撰写的时代创新性分为三大部分，一是主题内容与时俱进。"邮轮绿皮书"课题组与国际社会经济发展、国际邮轮经济发展和我国邮轮经济发展同步，设立了年度专稿，2017 年设立"一带一路"专稿，2018 年设立"品质旅游"专稿。二是内容研究不断创新。课题组针对国际邮轮经济发展出现的新现象、新情况、新问题和新思路进行研究，推动"邮轮绿皮书"研究成果与邮轮经济发展最新成果同步更新，提升研究的时效性。三是研究机构与时俱进。课题组积极参考其他皮书结构创新，不断吸收新思路，提升结构逻辑清晰性，推进"邮轮绿皮书"结构调整创新。

2014 年版是"邮轮绿皮书"系列出版物的第 1 本，由 1 篇总报告和11篇专题报告组成。在总报告中对2013～2014年中国邮轮产业发展形势和趋势进行分析，起到统领作用。在区域篇中主要是对世界著名邮轮旅游城市发展经验和趋势以及国内实践进行分析。在产业篇中针对国内邮轮产业要素情况进行分析，主要包含邮轮人才建设、邮轮港口等方面，并前瞻性地对国产大型豪华邮轮设计建造的瓶颈、标准进行初步研究。政策建议篇主要是对本土邮轮公司组建、促进邮轮产业发展的管理体制和机制、组合邮轮母港发展等方面进行研究，并探索国际邮轮母港服务标准建设，具有较强的应用价值与前瞻性。经调查，多数游客对港口服务以及岸上游不太满意。港口服务体现在通关手续复杂，很多地区的邮轮港口设计不专业。2014年版"邮轮绿皮书"中有2篇文章描述港口的服务标准，颇具影响力，分别是如何提升港口的服务标准、如何提升岸上游的服务品质。由此可见，绿皮书确实推动了港口服务的提升。

2015年版是"邮轮绿皮书"系列出版物的第2本，内容体系更加完善，新增"十大热点"部分，偏重"一带一路"方面的研究。在区域篇中，设立年度主题。2015年是中国"丝绸之路旅游年"，课题组对"一带一路"背景下邮轮产业发展战略进行研究。在产业篇中，课题组对当时频发的邮轮游客因票务纠纷和天气原因造成的"霸船"事件、邮轮文化培育、邮轮航道安全等热点进行研究，并探索性地研究中国邮轮信息平台建设问题。绿皮书专门撰写了一篇关于"霸船"事件纠纷的解决的报告"基于利益相关方责任的邮轮'霸船'事件思考"，引起了邮轮行业的共鸣，大家认为"霸船"事件是一件非常值得研究的事情。自2015年起，各地区邮轮旅游合同纷纷出台，对于有效降低"霸船"事件提供了很大的帮助。在政策建议篇中，课题组对上海母港邮轮航线规划设计、邮轮旅游公共配套服务、邮轮实验区政策创新等方面进行了探究，对于邮轮产业政策的制定具有一定的参考价值。

2016年版是"邮轮绿皮书"系列出版物的第3本，课题组探究邮轮产业新环境、新发展、新态势和新阶段，设立了年度主题。2016年是中国母港邮轮经济发展10周年，课题组特设立"十年专稿"，对10年内中国邮轮产业的历程与变革进行分析，根据全球邮轮发展情况（包括中国出入境旅游业发展的基本情况）做了一个判断，未来10年全球邮轮产业将从之前的井喷式增长逐步转向稳定增长、可持续增长的态势。2017年，中国邮轮游客的接待量达到历史最高峰。2018年，邮轮产业的增长幅度已经大大缩小，只有4%左右。由此可见，"邮轮绿皮书"比较好地预判了未来10年邮轮产业发展的大概趋势。在产业篇中，课题组在注重实践性方面进一步提升学术性，对邮轮产业经济贡献、游客满意度测评、邮轮产业绩效评价等方面进行研究，使得理论价值和实践价值得到进一步均衡发展。在政策建议篇中，课题组主要是对供给侧结构性改革下本土邮轮经济、邮轮市场渠道创新、自贸区对邮轮经济发展的辐射带动作用等方面进行研究，与我国大力推动本土邮轮产业发展、推动政策创新具有良好的契合度。

2017年版是"邮轮绿皮书"系列出版物的第4本，设立的年度主题是"'一带一路'与邮轮产业发展相关性的研究"，探究了中国邮轮产业发展的转型升级。2017年5月，"一带一路"国际合作高峰论坛举行，课题组特别撰写"主动对接国家'一带一路'倡议，实现上海邮轮经济跨区联动发展"等文章。在产业篇中，课题组对邮轮公司在中国的运营现状与发展趋势、邮轮港口协同创新发展分析、国际邮轮卫生检查助手 App 的设计与应用等产业创新要素进行分析。在政策建议篇中，课题组主要是对海权视域下邮轮环境污染的性质与治理模式探讨、差异化竞争视角下我国本土邮轮发展战略及路径分析等方面进行研究。其实，"一带一路"与邮轮产业的发展是紧密结合的，"一带一路"沿线国家与上海合作较少，但是与广州、深圳等城市的合作多。因此，"邮轮绿皮书"课题组提出，借由"一带一路"的东风，可以开设通往南方城市的邮轮航线。此外，游客的"二次消费"是邮轮公司十分关注的现象，它与中国经济发展的条件和基础是直接相关的。邮轮公司的开支分为三大部分，一是燃油，二是人工成本，三是给旅行社的佣金，此三项成本非常高。

2018 年版是"邮轮绿皮书"系列出版物的第 5 本，设立的主题是"品质旅游"，重点阐述区域协同合作。绿皮书中的 2 篇报告涉及长三角旅游，分别是"长三角旅游一体化背景下上海邮轮旅游发展研究"和"邮轮旅游一体化与长三角区域旅游一体化"。2018 年 11 月 5 日，首届中国国际进口博览会在上海开幕。习近平主席在开幕式上发表主旨演讲时提到，将支持长江三角洲区域一体化发展并上升为国家战略，着力落实新发展理念，构建现代化经济体系，推进更高起点的深化改革和更高层次的对外开放，同"一带一路"建设、京津冀协同发展、长江经济带发展、粤港澳大湾区建设相互配合，完善中国改革开放空间布局。由此可见，"邮轮绿皮书"课题组比较好地抓住了时代发展的契机。

（七）如何保障内容撰写的原创性

以 2018 年版"邮轮绿皮书"为例，其原创性主要分为两大部分，一是课题组原创文章，二是各省、市政府提供的决策咨询邮轮专项课题报告。原创文章是"邮轮绿皮书"的总报告，2018 年版的总报告分为 3 篇，分别是"2017～2018 年世界邮轮产业发展的研究情况""2017～2018 年中国邮轮产业发展的研究情况""2017～2018 年中国邮轮产业发展的十大热点"。总报告篇幅较大，将近 90 页。

2018 年的专稿是"品质旅游：共同价值与政府治理"。专稿分为 3 篇，主要讲述邮轮旅游高质量发展机制、中国邮轮旅游品质发展模式、中国邮轮旅游市场培育和规范体系，上述 3 篇着墨较多。"产业篇"和"政策篇"共计 8 篇报告，基本是前一年度上海市政府决策咨询报告的精编版。附录分为 3 篇，主要是提供给相关研究部门和学者的数据。分别是"2017～2018 年中国邮轮港口建设运营分析""2017～2018 年中国邮轮设计建造发展分析""2017～2018 年国际邮轮市场经济贡献分析"。

（八）如何保障内容撰写的规范性

第一，源头把控。课题组对文章作者的学术性进行考量，进而筛选作者。

第二，强化引导。课题组与作者在内容选题、行文规范、数据信息等方面积极主动沟通，培养他们原创性的意识。

第三，统一思想。课题组与编写人员统一思想，强化作品意识、精品意识、价值意识。在组稿、写作的过程中，课题组为作者发放《皮书手册——写作、编辑出版与评价指南》，让作者从格式方面到内容方面充分了解皮书报告的写作规范。

第四，定期沟通。编写团队与作者及行业专家定期沟通，召开座谈会，不断完善修改皮书报告；与出版社不定期沟通，提升皮书出版质量。

三 "邮轮绿皮书"如何应用推广

（一）推进邮轮经济发展创新实践

第一，得到政府部门的肯定。"邮轮绿皮书"得到上海市旅游局、上海市交通委、上海市政府发展研究中心、宝山区政府的肯定，将"邮轮绿皮书"最新研究成果应用于实践中。

第二，得到邮轮相关企业和高管的肯定。"邮轮绿皮书"得到上海吴淞口国际邮轮港、皇家加勒比邮轮公司、哥诗达邮轮、地中海邮轮、诺唯真邮轮等国际著名邮轮公司的充分肯定。

第三，成为邮轮行业数据的重要来源。"邮轮绿皮书"不仅引用国内外邮轮行业发展的相关数据，还积极推动原始数据研究，为国际邮轮产业学术研究和企业市场研究提供良好的数据支撑。此外，越来越多的高校教育工作者引用"邮轮绿皮书"的相关资料和数据。

（二）"邮轮绿皮书"研究成果形成专报

课题组把"邮轮绿皮书"的内容形成专报——《上海国际邮轮经济发展研究专报》，定期送至文化和旅游部、交通运输部以及上海市政府。与此同时，邮轮专报还得到主管旅游的上海市副市长陈群的批示，对编写团队的考核至关重要。

（三）在世界顶级邮轮大会上发布

"邮轮绿皮书"中文版连续几年在亚太邮轮大会上发布，英文版则在美国迈阿密举行的世界邮轮大会上发布。亚太邮轮大会是目前被国际邮轮行业广泛认可的三个邮轮领域 A 级会议之一，是全球邮轮业界最为顶级的邮轮盛会，集聚全球顶级邮轮公司、邮轮港口、邮轮旅行社高管、国际邮轮研究机构及相关高校专家学者，"邮轮绿皮书"在该会上的发布，进一步提升该皮书的国际影响力和关注度。与此同时，大会的主办方认可绿皮书的质量，认为其能够反映行业发展的需要，也很愿意支持学术界的工作。

（四）国内主流媒体的大力宣传

"邮轮绿皮书"已经成为中国邮轮经济发展的风向标，不仅通过社会科学文献出版社自身的新闻渠道开展宣传，而且《人民日报》、新华社、《21 世纪经济报道》、《解放日报》、今日头条等各大新闻媒体也对其广泛宣传。此外，邮轮行业内对"邮轮绿皮书"有着高度地认可，已经形成良好的口碑效应，通过邮轮从业者广泛的宣传。

四 结语

近年来，中国邮轮经济蓬勃发展，短短 10 年间成为全球第二大邮轮客源市场，成为全球最具活力和发展潜力的区域新兴市场，中国邮轮经济具有广阔的发展前景。《邮轮绿皮书：中国邮轮产业发展报告》作为中国邮轮经济发展的风向标，根据全球邮轮经济发展的新形势、新趋势和新规律，汇集国内外邮轮产业发展最新智慧编制而成。其策划、编写、发行等过程都得到社会科学文献出版社的大力支持和帮助，期待在未来的编写中得到各位同仁的指点，分享成功的经验，进一步提升"邮轮绿皮书"的编写质量，提升国际影响力和知名度。

参考文献

陈一茜、李文艳：《邮轮经济下国际邮轮专业文献服务运行机制研究》，《图书馆工作与研究》2018 年第 S1 期。

陈宇赫、殷明：《"一带一路"倡议下中国邮轮产业的发展探讨》，《对外经贸实务》2018 年第 12 期。

谢忱：《对我国邮轮船票代理模式的法律研究》，《理论学刊》2018 年第 6 期。

张扬：《中国特色自由贸易区（港）建设下的海南邮轮旅游产业发展研究》，《华东经济管理》2018 年第 12 期。

姜宏、叶欣梁、闫国东、孙瑞红：《基于旅游卫星账户的邮轮旅游经济贡献核算研究》，《统计与决策》2018 年第 13 期。

孙晓东、倪荣鑫：《国际邮轮港口岸上产品配备与资源配置——基于产品类型的实证分析》，《旅游学刊》2018 年第 7 期。

孙晓东、倪荣鑫：《中国邮轮游客的产品认知、情感表达与品牌形象感知——基于在线点评的内容分析》，《地理研究》2018 年第 6 期。

吕方园、康丹宁：《中旅社在承包国际邮轮经营中出现"旅客霸船"事件的风险思考》，《对外经贸实务》2018 年第 3 期。

李慧：《中国豪华邮轮的配套困境》，《船舶工程》2017 年第 12 期。

孙妍：《基于产业链投入产出表的邮轮经济产业关联度测算》，《统计与决策》2017 年第 19 期。

王洁、黄华：《国外邮轮旅游环境影响研究进展及其启示》，《世界地理研究》2017 年第 5 期。

孙晓东、倪荣鑫：《邮轮游客船上满意度测评的指标体系与实证研究》，《统计与信息论坛》2017 年第 10 期。

孙妍：《国际邮轮母港对区域经济的带动效应研究——以三亚为例》，《现代城市研究》2017 年第 4 期。

孙晓东、侯雅婷：《邮轮母港游客满意度测评与提升研究——基于上海的实证分析》，《地理科学》2017 年第 5 期。

孙晓东、侯雅婷：《邮轮旅游的负效应与责任性研究综述》，《地理科学进展》2017 年第 5 期。

"医院蓝皮书"——以大数据为工具推动行业评价[*]

王兴琳[**]

摘　要：艾力彼医院管理研究中心以大数据为工具，通过独创和开发的"第三方医院分层评价体系"，每年通过数据量化进行医院排名评分后形成了两大指数，即竞争力指数和均衡指数。医院综合竞争力的主要表现为：医疗资源分布不均衡、竞争力差异大，优质资源集中在北京、上海、广州；大陆医院床位规模远超过其他华人地区最佳医院；地/县医院业务增速超过人员增幅，医护人员高负荷工作；诊疗趋势上，内科向手术化方向发展，外科则向微创化方向发展。

关键词：医院综合竞争力　竞争力指数　均衡指数

---

*　本文根据艾力彼医院管理研究中心执行主任王兴琳在第十九次全国皮书年会（2018）上的讲话录音整理而成。

**　王兴琳，艾力彼医院管理研究中心执行主任。研究方向：医院管理。

一 "医院蓝皮书"简介

艾力彼医院管理研究中心迄今为止已经研创了 3 本《医院蓝皮书：中国医院竞争力报告》，但仍属于较为年轻的蓝皮书研创单位。在 3 本《医院蓝皮书：中国医院竞争力报告》出版之后，从总体上概述，其成为推动行业发展的民间智库型蓝皮书代表。每年两会召开前，蓝皮书的出版任务一定要完成并由研创团队将其送至每一位医疗界两会代表，作为他们参政议政的参考资料。这正是因为《医院蓝皮书：中国医院竞争力报告》中较多地涵盖了全国不同层级医院的数据及竞争力的发展情况。

《医院蓝皮书：中国医院竞争力报告》编写委员会的构成如下：曹荣桂、钟南山担任编委会主任，庄一强、曾益新担任主编，廖新波、王兴琳担任副主编。此外，《医院蓝皮书：中国医院竞争力报告（2017）》取得了 2017 年版皮书评价综合排名第78 名、分类排名（行业及其他类）第 3 名的良好成绩。

《医院蓝皮书：中国医院竞争力报告》的基础数据来源于20 个排行榜，这 20 个排行榜分为两部分，一部分是 3 月份排行榜，3 月份排行榜一共有 10 个组成部分，与"医院蓝皮书"出版时间相同，内容上以公立医院为主；另一部分是 6 月份排行榜，是以非公立医院为主的，针对社会办医、医疗投融资进行评价。2017 年版"医院蓝皮书"进行了关于华人地区最佳医院的 100 强排行，范围覆盖了大陆、台湾、香港、澳门等地区，引起了比较大的反响。课题组计划在 2018 年推出中国最缺医院指数排行榜和粤港澳大湾区最佳医院 50 强。总而言之，《医院蓝皮书：中国医院竞争力报告》就是基于这 20 余个排行榜来完成的。

二 数据评价原则与要求

《医院蓝皮书：中国医院竞争力报告》进行数据评价坚持两个原则，一是用数据说话，以客观、量化指标为基础。二是用时间说话，坚持连续评价，不断完善蓝皮书，使其经得起时间的考验。同时还要遵循"数据采信原则"，即艾力彼排行榜的评价坚持以"数字说话"为原则，多渠道收集数据，不会采信单一来源而未经核实的数据，且应经过清洗、处理后的数据才会被用于排名计算。

在排行榜的指标体系设计上，蓝皮书编写委员会坚持数据的"四属性"要求。分别是：第一，科学性。即数据能代表被测量的对象，能表达设计的效果。这也是数据的效度。第二，可获得性。即数据获取的难易程度，数据可获得性越高，越容易进行测量。第三，准确性。即数据真实可靠。从不同角度去测量，数据始终在测量对象的附近波动，不容易偏离数据的真实值。这也是数据的信度。第四，可持续性。即数据收集可持续进行，形成时间序列。可供纵向分析，了解事物发展趋势，并对未来做出预测。

艾力彼医院管理研究中心是以大数据为工具的第三方评价机构，其获取数据是借助多路径的方式，主要通过医院填报信息、医院官网爬取、各省市人民政府官网、卫健委、社保局、HQ-Share（专科共享平台）、统计局、星级认证等多方渠道获得数据支持。

三　指标体系构建

在指标体系的构建方面，艾力彼医院管理研究中心建立了"第三方医院分层评价体系"，主要从三个基本维度（医疗技术、资源配置和医院运行）下设的 23 个指标来对医院进行量化评价。针对顶尖医院或肿瘤医院设立了学术影响力维度等 5 个指标，针对民营医院设立了品牌诚信维度等 3 个指标来进行补充评价。通过数据进行排名评分后形成了两个指数，即竞争力指数[①]和均衡指数[②]，以便对不同层级医院的综合竞争力进行评分和排行。专科评价体系主要包括四大维度，即资源配置、医疗技术、医疗设备、学术科研。共计 27 个指标对地级医院 16 个专科 30 强、县级医院 14 个专科 30 强进行专科能力的评价。

医院及专科的竞争力是一个综合性概念，定量的表现形式多种多样，任何单一指标只能反映一个侧面，只有构建完整的指标体系，才能科学全面地对其竞争力做出综合评价。由于指标间具有一定的相互关系，因此指标体系的选取需要平衡考虑。

四　排名数据分析

以下为针对《医院蓝皮书：中国医院竞争力报告》（2017～

[①] 竞争力指数：代表某地域在分层排名体系中的竞争能力，分为分层竞争力指数和综合竞争力指数。分层竞争力指数 = 某地域分层百强医院得分之和/该层百强医院得分总和；综合竞争力指数 = 某地域各分层竞争力指数乘以权重之后的总和。

[②] 均衡指数又称 A/B 值，A 表示某地域某分层入榜医院所在的行政区域数量；B 表示该地域所有行政区域总数。A/B 值越接近 1，表明医疗资源分布越均衡。

2018）内容数据的简要分析。

从各省市医院不同榜单贡献度可以看到，排名前 10 位的医院主要以东部地区为主。北京和上海两市因顶尖医院排名贡献度高，所以能入围前 10 名。从得分来看，医疗的资源主要集中在北京、上海、广州，其次是江苏、浙江和山东。

省会市属的医疗资源主要聚集在以下 10 座城市，即广州、武汉、杭州、南京、长沙、西安、郑州、成都、沈阳和深圳。可以发现，还有很多省会城市是没有医院入围的。苏州和温州作为地级城市有较强的医疗资源，因为这些城市的医院入围了顶级医院榜单。

从均衡指数方面来看，2017 届中国地级医院 100 强分布在 78 个地级城市，总体均衡指数为 0.26，均衡指数最高的三座城市依然分布在江苏、浙江和广东。在县级医院方面，2017 届中国县级医院 100 强分布在 92 个县，整体均衡指数较低，为 0.05。均衡指数位列前五的县级城市分别分布在江苏、山东、浙江、广东、重庆，且都未超过 0.5。

从医院配置方面来看，在医院床位与人力方面，地/县 300 强医院床位数均值在 2012 ~ 2016 年间显著增长，但在增长幅度方面 2015 ~ 2016 年间则更为缓慢。同时，将大陆医院、地/县 300 强医院与 2016 年华人地区最佳医院 100 强相比，地/县 300 强医院床位超过香港、澳门、台湾等地区最佳医院规模，大陆医院床位更是远大于华人其他地区最佳医院规模。这正是当下"分级诊疗难"的主要症结。

在医疗人员人力配置方面，护士人员的增幅最大，大约为 7.8%，医生是 6.2%，医疗技术人员增幅是最小的，为 3.0%，远远落后于其业务量的增幅。业务量的增幅方面，门急诊量的增幅从 2009 年一直到 2014 年之前均呈快速增长态势，至 2014 年国家卫计委叫停以后，才逐步减少。总体而言，年出院量、年住院手术量的增幅都远超医护人员的增长率，人均负荷增加。

五　竞争力指数分析

竞争力指数，代表某地域在分层排名体系中的竞争能力，分为分层竞争力指数和综合竞争力指数。从全国范围来看，六大不同榜单（顶级医院百强、省会市属/计划单列市医院百强、地级城市医院百强、县级医院百强、非公立医院百强、中医医院百强）的竞争力指数得分位列前四的省份，分别集中在广东、江苏、浙江和山东，得分在 0.638~1.034 之间。总体来看，上述四省入围百强医院的数量多，且竞争能力强。

顶级医院的竞争力指数排名前 10 位的城市和省份分别是北京（0.355）、上海（0.268）、广东（0.25）、江苏（0.128）、湖北（0.108）、浙江（0.106）、湖南（0.085）、辽宁（0.080）、福建（0.071）、山东（0.068）。可以看出，北京、上海、广东三地聚集了中国最好的医院，其竞争能力远超过其他省份。

省会/计划单列市医院的竞争力指数排名前 5 位的省份分别是：广东（0.166）、辽宁（0.105）、浙江（0.091）、福建（0.078）、陕西（0.76），陕西省作为西部地区唯一入榜的省份，说明西安市政府和市卫健委创办的医院有较强的竞争力。

地级医院的竞争力指数则以江苏（0.366）、广东（0.322）、山东（0.199）、浙江（0.152）、湖北（0.141）5 个省份为主，苏粤两省占据绝对优势，竞争力指数总计为 0.688。

县级医院的竞争力指数排名前 5 位的省份分别为：江苏（0.253）、山东（0.236）、浙江（0.175）、广东（0.078）、湖北（0.044），苏鲁浙三地表现最佳。

中医医院竞争力指数排名前 5 位的省份和城市分别是：广东（0.108）、北京（0.088）、上海（0.075）、浙江（0.072）、江苏（0.065），广东省指数最高应与当地中医文化盛行相关。

非公医院竞争力指数前三强为：广东（0.111）、江苏（0.099）、浙江（0.065）。北京（0.048）仅排在第 4 位，上海（0.011）甚至排在很多中西部省份之后，列第 16 位。非公医院在京沪两地优势不明显，是否因两地顶级医院优势突出，大树底下不长草有一定的关联性？

六　均衡指数评价

均衡指数是衡量医疗资源分布均衡程度的指标。

以地级城市医院均衡指数来看，除直辖市京沪津渝外，地级城市医院 100 强中，均衡指数排名前 10 位的省份分别为江苏（0.917）、浙江（0.667）、广东（0.579）、山东（0.533）、湖北（0.500）、河北（0.500）、湖南（0.462）、福建（0.429）、河南（0.250）、四川（0.250），江苏省指数几乎全覆盖，说明医疗资源均衡度最佳；地级城市医院 300 强全覆盖，均衡指数为 1 的省份有：江苏、浙江、山东、福建、河南；地级城市医院 500 强中，均衡指数为 1 的省份达 12 个，分别是：江苏、浙江、山东、湖北、河北、湖南、福建、河南、陕西、辽宁、安徽、贵州。广东省综合竞争力在 31 个省区市中表现最优，竞争力指数排名第 1。但是其在地级城市的医院分布明显不均衡，以致缺席 300 强和 500 强均衡指数为 1 的省份。地级城市医院 100 强中均衡指数为 0 的省份、自治区共 8 个，分别为：西藏、青海、海南、宁夏、甘肃、新疆、山西、内蒙古；地级城市医院 300 强中，均衡指数为 0 的自治区、省份有 4 个，分别为：西藏、青海、海南、宁夏；地级城市医院 500 强中，均衡指数为 0 的自治区、省份有 2 个，分别是：西藏、青海。数据显示，西部地区医疗资源的匮乏是明显的。

以县级医院均衡指数来看，县级医院 100 强中，均衡指数排名前 10 位的省份和城市有：江苏（0.439）、山东（0.289）、浙江（0.283）、广东（0.105）、重庆（0.083）、辽宁（0.073）、湖北（0.063）、安徽（0.049）、四川（0.038）、湖南（0.034），苏鲁浙粤四地明显领先；县级医院 300 强中，均衡指数排名前 3 位的省份分别是：江苏（0.805）、浙江（0.604）、山东（0.602）；县级医院 500 强中，均衡指数排名前 3 位的省份与百强排序相同，分别为江苏、山东、浙江。从县级医院的均衡度来看，广东省与其总体排名不相匹配，在县医院的建设上缺乏优势。与此相反的是，县级医院 100 强中，均衡指数为 0 的省份、自治区共 11 个，分别为：西藏、青海、甘肃、山西、内蒙古、陕西、江西、新疆、宁夏、黑龙江、海南；县级医院 300 强中，均衡指数为 0 的自治区、省份有 4 个，分别是：西藏、青海、甘肃、山西；县级医院 500 强中，均衡指数为 0 的省份、自治区有 2 个，分别是：西藏、青海。县医院在西部地区的医疗资源匮乏情况与地级城市医院基本相似。

由上可见，目前优质资源的分布极不均衡，庄一强就打破虹吸现象的五要素中曾指出："技术下沉是关键，政府指引是方向，利益共享是动力，IT技术是工具，社会参与是增量。"在完善分级诊疗标准和体系的建设过程中，通过信息化建设，建立医院间的互联互通平台，形成信息共享是技术下沉的突破口，最终达到"人不下沉，技术下沉"的效果。总结而言，分级诊疗路难行，但势在必行。主要体现为：当前医疗资源分布不均衡、竞争力差异大，优质资源集中在北京、上海、广州；大陆医院规模较大，2012~2016年连续五年床位数增幅明显；地/县医院业务增速超过人员增幅，医护人员高负荷工作；诊疗趋势上，内科向手术化方向发展，外科则向微创化方向发展。

参考文献

庄一强等主编《中国医院竞争力报告（2017）》，社会科学文献出版社，2017。

庄一强等主编《中国医院竞争力报告（2016）》，社会科学文献出版社，2016。

王兴琳等：《分级诊疗标杆：地级、县级医院运营分析》，载庄一强等主编《中国医院竞争力报告（2017）》，社会科学文献出版社，2017。

皮书数据库建设与出版社的
数字出版转型[*]

屈春生[**]

摘　要：皮书数据库是中国社会科学院的智库研究成果，内容具有权威性、连续性、实证性、前沿性、原创性等特点，既在政府决策、企业决策及个人投资决策方面拥有极高的参考价值，同时对政府部门、高校和科研机构又有着十分重要的学术指导作用。那么皮书数据库是什么？有什么？怎么用？如何指导客户快速并准确地产生成果并转化？带着这些问题，本文从皮书数据库的建设现状、发展方向以及学术科研指导等方面介绍社会科学文献出版社的数字出版转型业务。

关键词：皮书数据库　数字出版　转型

---

[*] 本文根据社会科学文献出版社数字出版分社销售经理屈春生在第十九次全国皮书年会（2018）上的讲话录音整理而成。

[**] 屈春生，社会科学文献出版社数字出版分社数字销售中心销售经理。

一 社情及数字出版业务

（一）社情

社会科学文献出版社成立于 1985 年，现有员工 370 余人，是直属中国社会科学院的人文社会科学领域专业学术出版机构，以对当下中国深度分析解读的主题、规模出版而著称，并以全面推动智库产品与专业学术成果的系列化、规模化、市场化、数字化、国际化为己任。

（二）数字出版业务

社会科学文献出版社数字出版分社立足社内学术出版资源和中国社会科学院的专家学者资源，以数据库产品建设为导向，坚持"学术、权威、专业"的产品定位，全力打造中国发展与中国经验、国际国别问题研究、中国乡村研究、古籍与大型学术文献四大数字产品线，并借力数字出版技术为高校和科研机构提供学术科研服务平台，致力于做人文社科领域学术资源的数字出版服务商，为客户提供全流程数字出版解决方案。

二 皮书数据库：当代中国研究的智库成果整合、发布与知识服务平台

皮书数据库是社会科学文献出版社的智库产品，2013～2017年先后获得了 2012～2013 年度数字出版·优秀品牌奖、第三届

中国出版政府奖·网络出版物奖提名奖、2014 全国新闻出版业网站百强、"搜索中国正能量 点赞 2015"科技创新奖等。

（一）产品背景

社会科学文献出版社积极响应中央"加强中国特色新型智库建设，建立健全决策咨询制度"号召，持续开发和优化升级其龙头数字产品和智库产品——皮书数据库，已将其成功打造为当代中国研究的智库成果整合、发布与知识服务平台。作为当代中国经济社会发展的记录仪，国家政策制定、评估和调整的智力源，皮书数据库已成为研究当代中国发展"绕不开"的学术资源库。

（二）内容资源

1996 年 11 月，社会科学文献出版社出版第一部皮书《1997 年中国经济形势分析与预测》。如今，皮书系列已走过 20 个年头，累计出版 3000 余本，成为经济效益与社会效益俱佳的人文社科领域知名图书品牌。

皮书数据库以知名图书品牌皮书系列为基础，整合分析解读当下中国经济社会发展变迁研究成果。内容资源以描述现状、分析预测、评估评价为研究特色，涵盖中国社会、中国经济、中国行业、中国区域、中国文化传媒和世界经济与国际关系六大主题。

皮书数据库收录图书、报告、数据、图片图表、视频、资讯等资源类型。截至 2018 年 8 月，库内收录图书 9684 本，报告 18.1 万篇，图片图表 55.6 万个，总字数达 41.3 亿字。皮书报告横跨 100 多个行业、覆盖 80 余个国家和 30 个国际区域及国际组织，内容涵盖中国的 28 个省级行政区、20 个区域经济体和 200 个地级及以上行政区。

（三）产品概况

皮书数据库的产品概况一共分为四个模块。第一，品牌资源模块。主要依托于社会科学文献出版社的皮书系列，以编辑出版的皮书为主题，同时数据库内还包含了大量皮书之外的与皮书数据库主题相关的学术资源，即专家学者们的学术报告和研究成果。第二，主题阅读模块。下设两个主题，分别是中国发展与中国经验、世界经济与国际关系。第三，资源类型模块。将资源类型分为六类，分别是图书、资讯、报告、视频、图表和数据。其中图表和数据能供学者研究参考，而且数据实时更新，更方便客户直接引用和检索。第四，内容分类模块。皮书数据库建设分为四大主题，分别是研究文献、实证报告、调研数据和学术动态。

（四）产品架构

皮书数据库的产品架构分为六大部分。第一，知识分类。以大学学科作为划分标准，共划分为 13 个类别，分别是宗教、社会、人口、政治、外交、法律、经济、文化、教育、体育、文学艺术、医药卫生、资源环境。第二，基本子库。社会科学文献出版社基于学术研究脉络构建六大子库产品，追踪社会热点及学术前沿，持续推出特色专题库，六大子库分别是中国经济发展库、中国社会发展库、中国行业发展库、中国区域发展库、中国文化传媒库、世界经济与国际关系库，以便不同领域的用户采购。第三，特色专题库和热点聚焦专题。为了让学者们检索更方便，检索的范围更小，社内设计了众多类别的专题库。特色专题库基于其深度策划，针对一个国家政策，或者是一个热点话题，进行深入的分析研究，从而得出结论。热点聚焦专题是指实时推出当下谈论比较多的一些话题的聚集，通过将时下话题组建成热点话题的聚焦，以达到博采众长、百家争鸣的效果。第四，指数库。主要涵盖了指标体系、图片库、图表库和可视化四个部分，其中以图片库和图表库为主要原始数据来源，支持 Excel 格式下载，方便快捷，供用户直接引用。第五，定制子库/报告。指根据用户需求，以权威、专业、独家学术资源为依托，按八大分类法及各种逻辑关系自动提取、关联图书或篇章资源，实现按需定制子库/报告和精准推送。第六，定制出版。根据高校和科研机构的特有资源和需求，社会科学文献出版社与用户联合出版的数字产品，具有独立的产品功能、使用对象、技术服务等，并且能够申报国家出版项目，其典型案例就是社会科学文献出版社从 2016年与中国银行合作出版的《文化中行——"一带一路"国别文化手册》系列丛书，同年与宁夏大学合作上线的中阿文化交流数据库和"一带一路"国家语言状况与语言政策数据库，之后又陆续与中共中央党校合作了主题出版项目。

（五）优势特点

1. 服务学术研究，实现按需定制

皮书数据库内汇聚原创学术资源、一手统计资料，同时注重实证研究，可以为各研究机构提供真实的案例及数据，更好地佐证学术研究的实践成果及意义。皮书数据库以成熟的资源

学术分类体系及分类映射关系表为基础提取内容资源元数据，依托社会科学知识词典，建立知识关系网络，库内资源由专业学科编辑进行二次编辑标引，将图书资源深度挖掘。此外，皮书数据库还可通过多维度、多种逻辑运算精准提取资源，真正实现按需定制。

2. 助力决策参考，先于政策发声

皮书数据库内容具有权威性、连续性、实证性、前沿性、原创性等特点，在政府决策、企业决策及个人投资决策等方面拥有极高的参考价值。此外，分析预测也是皮书系列的一大特点，可为国家及各级地方政府厘清经济社会各重点领域的未来形势与发展方向。

3. 多维精准检索，多样终端阅读

皮书数据库提供多维检索方式，支持一键检索、高级检索和专业检索，方便用户快速精准定位所需资源；同时还可通过主题概念相关和分类层级相关等方法提示知识之间的关联，实现主题资源个性化推送。

（六）App

皮书数据库 App 是社会科学文献出版社在 2017 年全国皮书年会上推出的一个供大家检索使用的手机终端功能。随时随地畅享智库成果，一键搜索、精准快捷、主题导航、资源直达、紧跟热点、及时阅读、个性收藏、随时分享，通过邮箱即可便捷注册，或者在社会科学文献出版社授权的 IP 范围内注册后就可以随时随地检索皮书数据库，同时 App 也提供了离线阅读功能，充分满足客户引用检索智库成果的需求。

三 皮书数据库的作用

（一）皮书数据库的作用之一："工具书"式的科研平台

为了深入分析解读当下中国的发展变迁，社会科学文献出版社立足学术面向出版，从 1997 年开始，聚合以社科院为主的权威专家学者，以分析解读中国经济、社会各领域的年度发展变迁为主题，以实证性分析研究为主，每年连续出版系列图书。这一系列图书被称为皮书系列，有别于政府出版的白皮书，皮书系列重在专家学者的学术分析和解读。目前已有 400 多个品种，覆盖经济、社会、行业、区域、文化传媒、国际问题 6 大领域。

以皮书系列为主体，整合相关主题资源建设而成的皮书数据库，在用户方面，已形成以高校师生为主要受众，覆盖政府机构、党校、行政学院系统的用户体系，并深受海外用户欢迎，目前已有 20 多家海外机构用户。下文以皮书数据库在高校师生中的实际应用为例，来说明皮书数据库如何助力教学和科研工作。

1. "知网"之外，写论文的另一种选择

写论文，找"知网"（与知网类似、收录海量期刊资源的综合性数据库的泛指），对高校师生来说，是近乎本能的反应。但是，"知网"之外，还有没有别的选择和可能？答应是肯定的。对于人文社会科学领域的老师、学生来说，还可以选择皮书数据库。为什么这么说？

（1）拥有更多的选题资源并具备问题意识，助力找准选题

皮书系列对当下中国发展变迁的分析解读，多以社科院系

统、知名高校专家学者对当前社会热点、学术前沿等问题的分析解读来展开，有着强烈的问题意识，这能为广大师生提供丰富的选题资源。而且皮书数据库的内容涉及 41 个一级学科、179 个二级学科，学科覆盖面也很广。

（2）专家"言传身教"，让用户掌握方法

在面对学术前沿、社会热点问题时，专家学者是怎样去搭建学术研究架构的？他们运用了什么研究方法、研究模型？使用了哪些研究数据以及分析同一研究数据的不同切入点？更重要的是，这背后隐藏了学术研究脉络以及专家学者的学术研究路径，诸此种种，皮书数据库让专家跟用户"面对面"。

（3）提供论据、佐证观点，皮书数据库与众不同

与主要收录期刊、报纸内容的综合性数据库不同，皮书数据库内容资源以社会科学文献出版社出版的原创、独家图书资源为主，未被知网在内的任意一家数据库所收录，能为用户的论文写作提供更多佐证。

2. 瞄准申报热点，支持高校教师项目申报

皮书数据库作为时刻关注党和国家重大战略政策的学术资源库，在相关领域占有大量作者及研究资源，对高校教师申报国家课题具有极大参考价值。

一方面，皮书数据库收录的皮书系列图书是国家"十二五""十三五"重点图书出版规划项目，如"教育蓝皮书""环境绿皮书"等多种皮书已入选国家社会科学基金项目；另一方面，库内资源也多次被国家级项目成果引用。以库内"经济蓝皮书"被引情况为例，以"中国经济形势分析与预测"为关键词，在知网引文数据库中检索，截至目前，其内容被国家社会科学基金

项目引用 279 次、被国家自然科学基金项目引用 209 次。在研究层次维度上，被社科类基础研究引用 4612 次、政策研究引用 3194 次、行业指导引用 2056 次。

3. 关注大学生群体，关注就业，皮书数据库在行动

作为国家和社会生活中的重要群体，大学生的自身发展和就业情况历来备受关注。在大学生群体和就业问题方面，皮书数据库收录了"就业蓝皮书""教育蓝皮书""国际人才蓝皮书"等多种皮书。其他皮书中也有很多对就业问题的分析解读，目前已有 5342 篇就业相关的报告，可为大学生就业择业提供帮助，也深受大学生群体的欢迎。截至 2018 年 4 月，皮书数据库中的《2017 年中国本科生就业报告》《2017 年中国高职高专生就业报告》等内容，点击量高达 6000 余次，下载量达 780 余次。

虽然皮书数据库素以权威专家学者对当下中国社会发展变迁的分析解读而饮誉学术界和出版界，但是在图书馆采购和使用过程中，还面临着资源规模不够"海量"、师生了解度不高的情况，导致皮书数据库在选题挖掘、研究方法指导等方面的优势未获得高校师生的足够认可。

图书馆在采购海量资源数据库之外，类似皮书数据库这类主题资源的持续、规模发布，学术性与可读性都很强的精品数据库，理应得到师生更多的关注和支持。图书馆采购数据库时，可对数据库进行分类考核，优化已有考核指标。譬如，围绕高校师生的需求，可分为常规性学习教学使用需求和全面提升学术能力需求，进而对数据库进行分类考核。再譬如，在规模方面，可进一步考虑在特定主题领域的相对规模，而不是简单只考虑数据库的绝对规模。

而在推进高校师生对数据库自身的认知和使用方面，数据库的出版方更是责无旁贷，应不断加大专业学术培训及学术营销活动的工作力度，让更多师生了解数据库、使用数据库。以皮书数据库为例，2018 年 4 月，皮书数据库在安徽客户中就已做了两场题为"如何通过皮书数据库做教学科研"的学术培训。安徽国际商务职业学院全校 200 多名教师参与，安徽行政学院近 50 名教师参与，均取得比较好的效果，很多教师表示对皮书数据库是"相见恨晚"。

（二）皮书数据库的作用之二：轻松完成项目申报

皮书数据库收录的资源，不仅在内容主题方面与国家社科基金申报方向一致，而且在内容学科分布方面与国家社科基金的研究主题分布一致。所以，引用皮书数据库的资源研究的成果申报国家社科基金项目的通过率会很高，也会轻松完成申报工作。

（三）皮书数据库的作用之三：数据支持与服务

皮书数据库在数据管理与数据可视化方面做得非常专业，依托权威智库机构一手调研数据、原创评价评级指标体系等，提供中国经济社会宏观微观领域数据的管理、查询、对比分析及可视化服务。

四　我们的用户

社会科学文献出版社皮书数据库的用户主要包括机构用户、个人用户及海外用户。其中机构用户类型主要为高校、政府、党校、军警、研究机构、社科院系统、海外机构等。

从数据上看，国内试用用户已达 2141 家、正式用户 219 家；海外试用用户已达 130 家，正式用户 22 家。海外正式用户跨越 6 个国家，分别是美国、加拿大、英国、德国、澳大利亚、日本，包括 18 家高校图书馆、3 家政府机构、1 家公共图书馆。

五 融合发展业务

社会科学文献出版社是业内开拓融合发展业务的第一家出版机构，融合了社内社外、传统出版和数字出版等各方面的资源，融合发展业务涉及编辑工作委员会、信息化工作委员会和市场营销工作委员会的社级工作委员会。融合发展的内容部门由数字出版分社、国别区域分社、集刊分社、编辑业务部门、国际出版分社构成；融合发展的数字职能部门包括融合发展办公室和信息中心两个部门。成功案例如，与中山大学合作建设的中国非物质文化遗产保护数据库、中国俗文学文献数据库，并在数据库建设过程中积累了如发掘项目申报蓝海、促进成果多元化呈现等方面的丰富经验。

研创规范与评价

皮书研创要坚持
"新、远、融、实、效"[*]

李闽榕[**]

摘　要：以党的十九大召开为标志，中国特色社会主义建设进入新时代，要求中国智库必须加快构建系统完善、科学规范、运行高效的中国特色新型智库。皮书作为经济社会发展各领域年度权威研究报告的图书类型，是智库机构发布权威报告的一种重要形式，体现了中国特色新型智库建设的成效和水平。建设中国特色新型智库，要求智库研究人员必须坚持从"新、远、融、实、效"五个方面着力，不断提升皮书研创的质量和水平。

关键词：中国智库　智库成果　皮书研创

---

　　[*]　本文根据福建师范大学教授李闽榕在第十九次全国皮书年会（2018）上的讲话录音整理而成。

[**]　李闽榕，福建师范大学教授、博士生导师，中智科学技术评价研究中心理事长、主任。研究方向：宏观经济、区域经济、科技评价。

党的十八大后，党中央高度重视中国智库建设，多次强调要建设中国特色新型智库。智库研究成果是衡量评价中国特色新型智库的重要标准，党的十九大报告将智库列入建设社会主义文化强国的重要内容，对建设中国特色新型智库提出了新的更高要求。皮书是智库机构发布权威报告的一种重要形式，也是检验中国特色新型智库建设的成效和水平的重要标志。加快建设中国特色新型智库，智库研究人员必须深入分析新时代、新形势对皮书研创提出的新要求，全面提升皮书创研的质量和水平，不断为新时代中国特色社会主义建设提供高质量智库咨询成果。

一　建设中国特色新型智库要求智库必须持续推出高质量研究成果

党的十八大以后，党中央高度重视中国智库建设，多次强调要建设中国特色新型智库。党的十九大报告将智库列入建设社会主义文化强国的重要内容，也是首次将智库建设写入党的全国代表大会报告，具有重要的历史意义，同时也对中国智库建设提出了新的更高要求。

一是要求中国智库必须加快构建系统完善、科学规范、运行高效的中国特色新型智库。党的十九大报告将智库列入建设社会主义文化强国的重要内容，要求中国智库必须认清历史使命，牢固树立以人民为中心的智库发展新理念，坚持以"中国""特色""新型"为发展导向和价值定位，不断完善国家治理体系，提升治理能力现代化水平，引领国际话语权，增进国际社会对中国的了解，构建系统完善、科学规范、运行高效的中国特色新型智库，为实现中华民族伟大复兴做出积极贡献。

二是要求中国智库必须深入研究和及时提出坚决战胜一切困难和挑战的理论认识和政策建议。以党的十九大召开为标志，中国进入建设中国特色社会主义的新时代。新形势、新任务要求中国智库必须深刻认识新时代伟大斗争的历史新特点和进行伟大斗争的长期性、复杂性、艰巨性，深入研究和及时提出加快实现中华民族伟大复兴的理论、路径和举措，紧紧围绕经济社会发展中存在的深层次问题和人民群众关注的热点、焦点问题，提出具有前瞻性的战略建议，不断夺取伟大斗争的新胜利。

三是要求中国智库必须切实提高能力水平、不断推出新的高质量智库研究成果。打铁还需自身硬，在新时代加快建设中国特色新型智库，要求中国智库必须切实加强自身建设、提高能力水平，不断学习和应用新的科学研究方法，坚持实事求是、独立客观的态度，秉持科学精神，找准研究对象、研究内容，练"内功"、做"长线"，围绕专业方向深耕厚植、精钻细研，努力打造"拳头产品"、旗舰产品，不断推出高质量的智库研究成果，及时为各级党委政府提供科学的决策咨询依据。

二 皮书体现了智库研究成果的质量和水平

实践是检验真理的唯一标准，研究成果的数量和质量是检验中国特色新型智库的基本标准。在新时代加快建设中国特色新型智库，要求中国智库必须不断推出高质量的智库研究成果。皮书作为经济社会发展各领域年度权威研究报告的图书类型，是智库机构发布权威报告的一种重要形式，体现智库建设的成效和水平，具有工具书、权威性、公信力、国际化等鲜明特征。一部高质量的皮书，是智库研究者付出艰辛努力深入研创的结果，新时代对中国特色新型智库提出的新要求，必然要体现在智库的研究成果上，特别是体现在皮书的研创上。

一是要求皮书的编纂、出版要创新研究理念，不断加强对全局性、战略性、前瞻性的研究。皮书不同于智库的其他研究报告，作为经济社会发展各领域年度权威研究报告，要求皮书研创者必须站在全国大局的高度，从世界发展的宏观视野，全方位来审视、研究各产业、行业持续健康发展的问题，努力为国家思谋新发展、为发展探索新路径、为解决难题提出新对策，特别是善于从宏观层面提出具有前瞻性的战略建议，为政府、企业、公众提供高质量、高水准服务。

二是要求皮书的研创要综合应用现代科学技术的多种方法，进行系统、科学的研究。皮书作为经济社会发展各领域年度研究报告，权威性强、科技含量高，具有显著的系统性、科学性、精准性和可比性。现代科学技术的快速发展为社会科学研究提供了新的研究工具和成果，使皮书研创工作能够应用智能、技术等新手段和新经验进行系统、科学的研究。这就要求研创皮书的智库，一方面要综合应用现代科学技术的多种方法，特别是要重视应用大数据、专业数据和独立采集数据，对研究对象、研究模式、成果推送方式、成果类型等深入挖掘，进行系统科学的研究；另一方面，要推进研究方法、政策分析工具和技术手段创新，努力学习、掌握和应用新的科学评价方法，真正做到研创方法科学，研究成果靠谱，皮书研创结果被社会各界充分认可。

三是要求皮书的研创要善于应用大数据提高皮书的科学性，

获得原创性发现、做出原创性的贡献。在科学技术飞速发展的当今时代，除了自然资源和人力资源两大战略资源外，还存在着第三大战略资源——大数据资源。与此同时，对大数据资源进行开发应用的大数据工具也应运而生并广泛应用。皮书作为年度权威研究报告，要求其研创要善于应用大数据提高皮书的科学性，运用大数据工具进行科学分析，形成功能完备的信息采集分析系统，获得原创性发现、做出原创性的贡献，不断创造具有国际先进水平的皮书独创产品，使所研创的皮书政策影响力、社会影响力、学术影响力和成果转化力得到显著提升。

四是皮书的研创要具有国际视野，应不断提升皮书成果的国际化水平。建设中国特色新型智库，为实现中华民族伟大复兴提供政策咨询服务，要求中国智库不仅要为各级党和政府提供决策咨询依据，为企业、公众提供高质量、高水准服务，而且还要向世界发出中国"声音"，增进国际社会对中国的了解。新型智库负有这种国际责任，要求皮书的研创要具有国际视野，积极发出"中国声音"、提出"中国倡议"，提供"中国方案"，传递中国的思想和主张，引领国际话语权，不断提升皮书成果的国际化水平。

三 皮书研创要在"新、远、融、实、效"上下功夫

要实现新时代对皮书研创提出的新要求，需要在"新、远、融、实、效"五方面下功夫，多出符合高质量发展要求的皮书产品。

1."新"

所谓"新"，就是皮书研创要坚持不断创新，以新制胜，不断推出新的皮书成果。皮书研创必须要明确新定位、形成新思路、提出新举措、实现新突破。皮书研创还应以创新求突破，并找准创新的突破口，已经形成品牌的皮书都应当坚持不断创新，力争每年有新成果，有新亮点。例如，自 2005 年以来，《中国省域经济综合竞争力发展报告》已经发布了 13 部。编写组每年都结合国家经济社会发展的新变化，提炼新主题、列出新专题、充实新内容，既保持工具书的连续性，又具有鲜明的创新性和时代感，使读者在对宏观经济发展趋势持续了解的同时，又对新形势的要求和变化发展有新的了解。

2."远"

所谓"远"，就是皮书研创要坚持定位高远，具有国际视野，掌握中国话语权。中国经济社会持续快速发展和国际地位的显著提升，迫切要求中国智库积极参与国际交流与合作，发出中国"声音"，传递中国的思想和主张。同时，还要求智库积极参与长期以来被西方发达国家垄断的国际评价，对世界经济社会发展进行"中国评价"，掌握"中国话语权"。近年来，中智科学技术评价研究中心和福建师范大学等各发起方相继在国际上推出了《全球环境竞争力报告》《世界创新竞争力发展报告》《二十国集团（G20）国家创新竞争力发展报告》《金砖国家创新竞争力发展报告》《世界茶业发展报告》等皮书报告，形成了良好的国际影响。

3."融"

所谓"融"，就是皮书研创要突破不同学科研究方式的限制，善于将社会科学和自然科学的研究成果融合起来，将地面数据、卫星数据、空间数据融合，形成新的皮书研究成果。中智科学技术评价研究中心和中国科学院遥感与数字地球研究所，连同国资委下属的机械工业经济管理研究院共同编纂出版的《中国可持续发展遥感监测报告》，就是编写组首次将自然科学技术成果应用于社会科学的皮书成果。中智科学技术评价研究中心大量的统计数据都属于地面数据，遥感是空间大数据，二者的结合为皮书研创提供更翔实的数据依据。在此基础上对全国各省区市的可持续发展变化情况进行客观评价形成的皮书成果，引起了中央和国家部门、社会各界的高度重视。

4."实"

所谓"实"，就是皮书研创要符合实际、数据翔实、客观展现。皮书作为智库提供的智慧产品，必须来源于实践，"实"是智库立身和存亡之本。皮书作为为政府和社会提供服务的产品，必须符合中国和当地的实际，反映经济社会发展的现实和趋势，符合经济社会发展的规律。同时，皮书还应对经济社会发展的现状、趋势进行客观分析评价；总结经验、提出问题、不避讳敏感问题；在深入分析原因的基础上，提出能够操作、实施的对策建议和举措。皮书研创要"实"，数据和资料翔实是基础，数据化、标准化是关键。皮书出版已经形成了标准，但标准建设无论是在自然科学领域，还是在社会科学领域，仍然是中国的薄弱环节。当今科技评价的依据标准，以及国家认证的标准大部分都是国外标准。这就要求皮书研创不但要创立国家标准，还要争取让中国标准更多的成为国际标准。

5. "效"

所谓"效"，就是皮书研创要言之有物，皮书成果要切实有效。皮书研创是将理论与实践相结合的过程，皮书成果理应对实践有指导意义，能够产生社会物质财富。这就要求皮书研创必须坚持求真务实的科学精神，既要客观展示和评价经济社会的现状，能够提出问题、分析问题，又要善于提出解决问题的咨询对策建议，及时向各级决策部门和社会提出最接"地气"、最便于实际操作、最能取得实效的思路、规划、方案和对策建议，从而有效指导实践，产生巨大的社会和物质财富。

党中央判断我国经济发展已进入高质量发展的新阶段，经济社会的高质量发展要求皮书研创也必须高质量发展，不断为经济社会的高质量发展做出高质量的贡献。作为长期从事皮书研创的智库工作者，中智科学技术评价研究中心皮书研创团队时刻牢记新时代赋予的历史新使命，愿意为不断提高皮书研创质量和推出高质量的皮书成果而不懈努力、持续奋斗。

参考文献

李闽榕：《努力赢得政府信任、社会认可、市场投入　进一步加强社会智库自身建设》，《人民日报》2017年6月18日。

李闽榕：《打造新时代中国智库的国际影响力》，《中国社会科学报》2017年3月8日。

李闽榕：《完善中国特色新型智库评价体系》，《中国社会科学报》2017年3月31日。

"京津冀蓝皮书"研创前瞻性的几点思考[*]

叶堂林[**]

摘　要：提高蓝皮书研创的前瞻性有利于实现皮书的学术影响力、决策影响力和社会影响力。"京津冀蓝皮书"按照科学性、权威性、前瞻性、原创性、实证性等要求，以打造学术品牌和标志性成果为使命，聚焦首都圈、不断深化研究进而形成自身的特色和优势，组建"京津冀大数据研究中心"提升服务国家战略和区域发展的核心竞争力，形成了"课题研究—咨询服务—学术论坛"互动模式，多项研究成果获国家领导人及北京市领导重要批示，取得了很好的成效。

关键词：京津冀蓝皮书　前瞻性　皮书研创

---

* 本文根据首都经济贸易大学教授叶堂林在第十九次全国皮书年会（2018）上的讲话录音整理而成，收录时有删改。

** 叶堂林，首都经济贸易大学教授、博士生导师，特大城市发展研究院执行副院长。研究方向：首都圈及京津冀协同发展。

"京津冀蓝皮书"自 2011 年开始研创，2012 年出版第 1 部，到目前为止已经出版 7 部。仅站在研创前瞻性角度上，可以提炼出以下几点思考。

一 持续性研究——聚焦首都圈，不断深化研究，形成自身的特色和优势

"京津冀蓝皮书"研创团队（以下简称"研创团队"）以研究京津冀协同发展为重点，将其置于国家战略格局、京津冀协同发展的宏观背景下来研究，以重大问题为导向，不断拓展研究广度和深度。研创团队就京津冀协同发展的理论脉络与历史沿革、资源环境承载力状况、协同发展进展测度、协同发展的新形势与新进展、协同发展的机制与模式等以每年一个主题的形式开展研究。同时，研创团队还对京津冀城市群规模结构与空间结构、产业结构转型升级、生态环境共建共享以及交通、产业、城镇、生态、公共服务、体制机制的协同创新等进行了全方位、多视角的系统研究，形成了自身的研究特色和优势。

二 树立品牌——以研创蓝皮书为抓手，注重打造标志性品牌

自 2012 年以来，研创团队重点打造"京津冀蓝皮书"等智库产品，按照科学性、权威性、前瞻性、原创性、实证性等要求，联合京津冀三地专家，协力攻关，打造学术品牌，已陆续出

版了 7 部"京津冀蓝皮书",分别是《京津冀发展报告（2012）——区域一体化》《京津冀发展报告（2013）——承载力测度与对策》《京津冀发展报告（2014）——城市群空间优化与质量提升》《京津冀发展报告（2015）——协同创新研究》《京津冀发展报告（2016）——协同发展指数研究》《京津冀发展报告（2017）——协同发展的新形势与新进展》《京津冀发展报告（2018）——协同发展的新机制与新模式》，均产生了巨大的社会影响。

在获奖方面，研创团队先后获得第五届"优秀皮书报告奖"一等奖、第六届"优秀皮书奖"一等奖、第七届"优秀皮书奖"二等奖、第八届"优秀皮书奖"一等奖、第八届"优秀皮书报告奖"三等奖、第九届"优秀皮书奖"二等奖。

目前，"京津冀蓝皮书"已成为国内外研究京津冀的重要参考文献，并被译成英文，在海外出版发行。

三 服务决策——多项研究成果获国家领导人及北京市领导重要批示

"京津冀蓝皮书"研究成果成为政府决策的重要参考依据，主要体现在以下三个方面。

1. 为京津冀协同发展上升为国家战略提供智力支持

京津冀协同发展上升为国家战略之前（2013 年），研创团队承担了中央研究机构委托的重要课题。其间重点做了三件事：2012 年，研创团队就开始对京津冀资源环境综合承载力（包括人口、水、土地、生态、交通、公共服务等）状况进行全面系统研究，探讨了如何提高京津冀区域承载力的有效路径，出版了《京津冀发展报告（2013）——承载力测度与对策》，研究成果直接提交给国务院办公厅；受中央财经办、中国发展研究基金会委托，完成了"京津冀资源环境承载能力的综合评价"课题，为中央研究机构起草习总书记"2·26"讲话、将京津冀协同发展上升为国家战略提供了重要的决策参考；承担了北京市委研究室委托的关于"京津冀协同发展战略研究"课题，为北京市委市政府迎接习总书记对北京市考察做了重要的准备工作。为此，北京市委研究室特发来感谢信。

京津冀协同发展上升为国家战略之后（2014年），研创团队在重要报刊上发表系列文章，对这一国家重大战略进行政策解读。其间重点做了两件事：一是研究了京津冀城市群如何实现空间优化与质量提升，出版了《京津冀发展报告（2014）——城市群空间优化与质量提升》；二是基于前期研究，配合形势需要，研创团队先后在《经济日报》、《北京日报》、《人民论坛》、《前线》、人民网、新华网等重要媒体上发表了一系列文章，重点解读这一战略的重大意义及发展思路。

《京津冀协同发展规划纲要》出台前（2015年），研创团队的研究重点放在了如何推进京津冀协同发展，重点研究了"协同创新"问题，并组建了京津冀大数据研究中心。研创团队出版了《京津冀发展报告（2015）——协同创新研究》，从交通、产业、科技、生态、城镇、公共服务、人口、制度保障等多个领域，探讨了如何通过协同创新来促进协同发展。

2. 研究成果和政策建议为政府决策提供了重要参考

2013年，研创团队对京津冀地区的人口、生态环境、交通设施、公共服务等状况进行了测度分析，认为水资源是京津冀区域承载力的最大"短板"、大气污染与水环境已成"软肋"，并针对京津冀资源环境的突出"短板"，探讨了如何围绕"增能、减压"来提升京津冀区域承载力的具体路径。研创团队撰写的"建设节水型产业体系，以虚拟水战略缓解北京水危机"刊登在北京市社科规划办 2013 年第 20 期的《成果要报》上。

2014 年，研创团队对京津冀城市群进行了深入研究，指出京津冀城市群城镇人口分布呈"倒金字塔"型，城镇规模结构呈"哑铃"型，区域内城镇发展极不平衡，并探讨了如何优化空间结构、提升质量的具体路径。

2015 年，研创团队对京津冀协同创新进行了深入研究，重点探讨了交通、科技、产业、生态、公共服务、体制机制等领域的协同创新具体路径。

3 年来，研创团队提出的基本观点和政策建议，引起中央及地方政府领导的关注和重视，如研创团队阐述了推进京津冀协同发展的"五大战略意义"，提出了推进京津冀协同发展，关键要处理好"四大关系"，并探讨了推进京津冀协同发展的突破口和路径等；提出北京在京津冀协同发展中可从四个方面发挥核心、引领、带动作用，即在瘦身中强体，在合作中增能，在输出中带动，在整合中引领；提出完善治理机制是京津冀生态环境共建的关键，指出政府在战略推动、规划引领、监测监管、政策调控等方面的引导作用不可替代。而通过生态资源有偿使用、排放权交易、专项基金、税收奖惩、政府购买等，则是实现生态补偿的基本方式和有效路径。研创团队基于大数据分析，对京津冀协同发展最新进展做出分析和判断，如北京对津冀地区的投资呈现加速态势，说明北京非首都核心功能疏解速度正在加快；北京在津冀地区的投资集中于五个行业，其中制造业和建筑业的投资偏向河北，而服务业的投资偏向天津，并提出尽快建立京津冀协同发展监测平台的具体建议。这些分析、判断、观点和建议，引起中央及地方领导的关注和重视，多次获得批示。

3. 多项研究成果获国家领导人及北京市领导重要批示

研创团队在《人民日报》内参上发表的"对京津冀44个市区县企业协同发展情况的调查""完善治理机制是京津冀生态环境共建的关键""从大数据看北京对津冀投资情况及相关对策建议""对推进京津冀协同发展情况的调查与思考""专家认为京津冀生态补偿亟待调整"等五篇要报，获时任中央政治局常委、国务院副总理、京津冀协同发展领导小组组长张高丽重要批示。

又如研创团队在北京市哲学社会科学规划办公室《成果要报》上发表的"北京在推进京津冀协同发展中应发挥核心引领带动作用""完善治理机制是京津冀生态环境共建的关键"等两篇文章，获时任中央政治局委员、北京市委书记郭金龙的重要批示。文章"京津冀与长三角、珠三角企业发展对比研究及政策建议"获时任北京市市长王安顺的重要批示。

此外，研创团队还有些研究成果获时任天津市委书记孙春兰的批示，以及时任北京市人大常委会副主任牛有成的批示，并提交至国务院办公厅。

四 提升核心竞争力——组建"京津冀大数据研究中心",服务国家战略和区域发展

1. 组建京津冀大数据研究中心

《京津冀协同发展规划纲要》明确指出要整合区域信息资源,研究建立区域大数据中心。京津冀协同发展是国家重大战略之一,要落实京津冀协同发展规划和战略,需要政府的政策调控和引导,进而需要及时监测京津冀协同发展进程以及准确把握其发展趋势。科学决策需要科学的技术手段支持。在信息化、数字化和网络化时代,大数据是最重要的战略资源。谁掌握了大数据,谁就掌握了新一代信息技术的制高点和发展的主动权。组建京津冀大数据研究中心,有利于在采用常规统计数据监测的基础上,对海量大数据进行深度挖掘,可以发现一些用传统手段发现不了的重大现象和问题,更有效地监控京津冀协同发展的进程,更好地为政府科学决策提供数据支持和决策依据。可以说,组建京津冀大数据研究中心,正是落实《京津冀协同发展规划纲要》的一个重要举措。

2015 年 4 月,首都经济贸易大学北京市经济社会发展政策研究基地与龙信数据(北京)有限公司共建了京津冀大数据研究中心,这是建设以首都新型智库为目标的产学研紧密结合创新共同体的一种有益尝试。龙信数据(北京)有限公司是中关村大数据领域的领跑企业,作为数据智库的倡导者和践行者,专注于政府大数据挖掘研究,拥有技术、资本、市场、人才等多方面优势。此外,公司还拥有覆盖全国超过 3100 万个企业全量数据

资源 44.7 亿条，拥有深耕多年的信息捕获渠道，数千个指标维度，1000 多个细分行业，7×24 小时数据更新机制，截至目前，数据范围仍在持续扩展。值得一提的是，首都经济贸易大学首都圈研究团队拥有多年深厚的研究基础、三地专家研究团队以及一定的社会影响力等优势。特别是连续出版的"京津冀蓝皮书"已产生巨大的社会影响，成为国内外研究京津冀发展的重要参考文献。首都高校与大数据企业的紧密结合，对推进京津冀协同发展定会产生积极的影响。

2. 积极探索搭建京津冀协同发展监测平台及长期监测点

2015 年，为配合工信部的《京津冀协同发展规划纲要》的出台和宣传，受工信部委托，研创团队与工信部合作共同编制了《京津冀产业协同发展导引》手册，并提交了"关于京津冀产业协同发展监测要报"。在摸清京津冀 9 大产业、30 个重点园区发展底数的前提下，研创团队运用大数据对京津冀投资动向及其产业发展态势进行了深入分析，发现了一些新情况与新动向。如三地互投逐步加速，跨区域投资合作日趋活跃；北京辐射外溢作用显现，非首都功能疏解取得积极进展；滨海新区及唐廊石保成为北京对津冀投资的热点地区；津冀投资互动频繁，产业协作持续加强；京津冀产业转型升级步伐加快，其监测报告已提交政府相关部门。2016 年，研创团队受工信部委托，将依托京津冀大数据研究中心，为工信部定期提供京津冀产业协同发展的监测报告。

同时，研创团队应张家口市社科联、唐山高新区、沧州渤海新区等政府机构及园区管委会的要求，拟与上述单位合作共建监测基地、研究基地或咨询基地，在这些产业合作示范园区、生态共建共享示范基地建立长期的监测点，充分发挥双方的信息数据及研究力量的整合优势，从典型案例研究入手，总结经验，探索规律，为政府决策、企业发展和理论研究提供咨询服务。

五 凝聚领军人才——共建京津冀协同发展联合创新中心，形成"课题研究—咨询服务—学术论坛"互动模式

在凝聚领军人才方面，研创团队主要进行了以下两方面的工作。

1. 与北京大学、中国社会科学院等合作，共建京津冀协同发展联合创新中心

2015 年 9 月 17 日，在研创团队的努力下，由北京大学牵头，南开大学、清华大学、河北经贸大学和首都经济贸易大学联合成立的京津冀协同发展联合创新中心在北京大学举行揭牌仪式。此基地还作为合作单位之一，与中国社会科学院共建了京津冀协同发展智库。2016 年 1 月 6 日，在保定举行的第四届中国工业发展论坛上，中国社会科学院京津冀协同发展智库挂牌成立。时任北京政策研究基地主任、首都经济贸易大学校长王稼琼出席了由中国社会科学院主办、保定市人民政府承办的"京津冀协同发展智库"成立仪式，并在大会上做了主题演讲。

2. 以研创团队为核心，形成"课题研究—咨询服务—学术论坛"互动模式

"京津冀蓝皮书"课题组根据研究发展需要不断探索，逐步形成了以研创团队为依托，以课题研究为核心，以咨询服务和学

术论坛为助推器，三者有机结合、相互促进的运作模式。

这一互动模式的具体构成如下。

第一，研创团队是基础和依托。在团队打造上强调开放式（三地、四方专家合作攻关），坚持"不为我所有、但为我所用"的建设思路，即在核心成员相对稳定的基础上，根据每年研究重点和研究选题的不同，对专家学者队伍进行适时调整。

第二，课题研究是基地发展的核心任务和重要载体。通过课题研究和蓝皮书研创，提升学术影响力，为研究成果的应用转化奠定基础。

第三，咨询服务是基地发展的使命和价值所在，也是智库建设的重要内容，是提升决策影响力和社会影响力的重要途径。研创团队注重采用新技术和新手段进行研究，用大数据手段服务于课题研究，用大数据成果服务于政府决策。

第四，学术论坛是扩大学术影响力的催化器，也是推进课题研究、咨询服务的助推器。到目前为止，研创团队已经连续举办了11届首都圈发展高层论坛，通过学术论坛来交流研究成果，碰撞思想火花，扩大研究成果的影响力。

人工智能助力皮书研创

——社会科学多语言科研辅助解决方案*

田　亮**

摘　要： 人类进入数字时代，传统出版业的内容生产、传播以及消费方式都发生了颠覆性的变化，出版行业一直面临着如何向现代出版转型的问题。社会科学文献出版社坚持走学术产品的系列化、规模化、市场化经营道路，充分借助先进的、成熟的人工智能技术不断提供具有影响力和实用性的数字化产品和服务。可以预见的是，新译科技人工智能翻译技术和社科出版的深度结合，智能编辑平台的构建以及多语传播平台的布局，为"人工智能＋出版"树立典型，开启引导行业规范，为中国文化的"走出去"、传播中国声音添砖添瓦。

关键词： 传统出版业　智能翻译　人工智能　智能编辑平台　多语传播平台

---

*　本文根据新译科技首席执行官田亮在第十九次全国皮书年会（2018）上的讲话录音整理而成。

**　田亮，新译科技首席执行官。研究方向：自然语言处理，数据挖掘。

一 人工智能行业概况

2006 年以来，以深度学习为代表的机器学习算法在机器视觉和语音识别领域取得了极大的成功，识别准确性大幅提升，使人工智能再次受到学术界和产业界的广泛关注。云计算、大数据等基础层技术在提升运算速度，降低计算成本的同时，也为人工智能发展提供了丰富的数据资源，协助训练出更加智能化的算法模型。事实上，人工智能不仅仅涉及语音、图像的领域，还包括文本方向。人工智能文本方向中两个典型的应用是搜索引擎和机器翻译，搜索引擎已经造就了谷歌、微软、Naver、百度和搜狗等巨头，当前机器翻译被认为是人工智能下一个最能落地的技术（见图 1）。

从定义上讲，人工智能（Artificial Intelligence，简称 AI）是指使用机器代替人类实现认知、识别、分析、决策等功能，其本质是对人的意识与思维的模拟，是一门综合了计算机科学、生理学、哲学的交叉学科。从发展阶段讲，人工智能技术仍然处于早期阶段。作为一种基础技术，人工智能不但被应用在各个基础行业（如 AI + 金融、AI + 医疗、AI + 传统制造业等），而且也有如机器人这样具体应用行业的概念。从人工智能发展规模看，当前主要集中在数据标记、语音识别、语义识别、计算机视觉等技术领域以及安防、医疗、金融等应用场景，而智能翻译技术及应用还处于爆发应用的前夜，是未来一段时间必争的技术点和创业点。

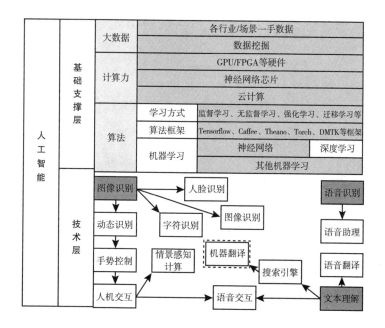

图1　人工智能图谱

（一）机器翻译和智能翻译

机器翻译是指，把一种源语言通过计算机翻译成另外一种目标语言。智能翻译现今并没有一个明确的定义，但是智能翻译更加强调的是一个体系。

近年来，人工智能的发展模式也从过去追求"用计算机模拟人工智能"，逐步转向以机器与人结合而成的增强型混合智能系统，用机器、人、网络结合成新的群智系统，以及用机器、人、网络和物结合成的更加复杂的智能系统。

所谓的智能翻译就是充分利用计算机语言学、人工智能和数理逻辑学科技术通过特定的计算机程序将一种书写形式或声音形式的自然语言，翻译成另一种书写形式或声音形式的自然语言，并通过机器、参与的人和互联网构建出一个智能的生态系统。

通过机器翻译技术演变史来预测，未来 5～10 年内属于稳定螺旋状发展阶段。机器翻译技术经历了基于规则、实例、统计和当前神经网络的发展阶段，每一个彻底更换阶段都有 20～30 年的发展时间。可以预见的是，随着技术的不断发展，以神经网络技术为基础的机器翻译技术将会不断迭代更新，不至于刚投入就进行彻底的更新换代（见图 2）。

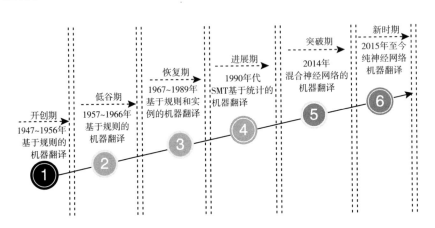

图 2 机器翻译技术历史发展历程时间跨度

（二）智能翻译是国家政策支持的产业技术

2012 年末，习近平总书记在视察广东重要讲话中提出了殷切希望：广东要努力发展成为中国特色社会主义的排头兵、深化改革开放的先行地、探索科学发展的实验区，为率先全面建成小康社会、率先基本实现社会主义现代化而奋斗。事实上，广东省历来是国家经济、文化等创新性政策的试验首选点，而广东省正在推进建设粤港澳大湾区并一直以国际化省份作为发展目标，近年来又不断加大人工智能人才的培养和产业规划的力度。在可以预见的未来，人流、资本流、货物流在广东省继续汇聚并辐射亚欧大陆以及海上丝绸之路的沿线地带，而沟通是这一切发生的基础。

智能翻译是促成沟通这一过程必不可少的基础，又是自然语言处理技术的典型应用，学术界普遍认为"自然语言处理技术，是人工智能领域皇冠上的明珠"。虽然自然语言处理技术历经了几十年的研究，但直到2016年，智能翻译的质量才逐渐被接受。经过一年的发展，2017年起，我国相继出台相应的政策，正式把智能翻译提升到国家建设层面。

1. 《新一代人工智能发展规划》

2017年7月20日，国务院印发了《新一代人工智能发展规划》。明确提出大力发展人工智能新兴产业，研究图像识别、语音识别、机器翻译、智能交互、知识处理等智能系统解决方案。

2. 《促进新一代人工智能产业发展三年行动计划（2018～2020年）》

2017年12月13日，工业和信息化部印发的《促进新一代人工智能产业发展三年行动计划（2018～2020年）》明确指出培育"智能翻译"。推动高精准智能翻译系统应用，围绕多语言互译、同声传译等典型场景，利用机器学习技术提升准确度和实用性。到2020年，多语种智能互译取得明显突破，中译英、英译中场景下产品的翻译准确率超过85%，少数民族语言与汉语的智能互译准确率显著提升。

二 媒体、社科出版等现状

（一） 全球媒体传播发展趋势

当今全球媒体传播趋势主要有以下四个方面。第一，世界用户增速快。2018 年社交媒体用户数达 27.1 亿人，相当于全球人口的 31%，较 2017 年增幅 10%。第二，媒体网络化。网络已成为人们获取新闻的第一媒体，且 35 岁以下的人群视网络为最具价值的新闻平台。第三，资讯阅读新体验。"视听 +"、跨屏、分享成为获取媒体资讯的主流方式。第四，传播方式多样化。目前的传播方式为跨国、跨领域的资讯融合，加速走向无国界的传播趋势。

提及现在的媒体、社科出版行业（统称为媒体行业）的现状，就当前主流的媒体来说，其出版都融入了新内容，其数量增加的趋势也越来越明显，且逐渐面向国际。这是媒体的网络化、数字化以及咨询阅读发展的体现。当今媒体不再局限于一些传统模式，而是逐渐朝传播多元化的方向发展。

（二） 国家主流媒体政务现状和欧美媒体现状

我国主流的地方媒体的传播通常是以中文为主、英文为辅，相辅相成逐渐扩展。但其弊端是缺少多语种传播，尤其体现在缺少"一带一路"沿线国家语种的传播。并且，地方媒体的网络架构设计大多不符合外文读者的阅读习惯，多语种内容上线大多也不够及时，译文质量水平尚有提升空间。与此相对应，欧盟网站的特点则是以一语定稿、多语传播的模式为主，构建大量的语言资产，将各种各样的翻译文稿、声音都记录下来，这些都具有很大的经济价值和学术研究价值。其网站架构为多语切换，而不是独立网站，且语言资产积累较方便，可以用在教育、语言现象科研、大数据挖掘等方面，节省了大量编辑成本。

时下，我国媒体积累了大量的可比较语料库，即单语语料库和双语语料库。这些语料库都有巨大价值，但是更令人关注的是双语语料库的构建和完善，因为它能够为智能翻译提供一些基础的训练源泉，推动多语智库传播，提高其时效性和传播广泛性。

三 智能翻译在社科出版行业中的应用

（一）智能编辑平台

互联网的迅速发展使跨语言的网络资源不断呈几何级数增长，迅速改变着信息传播的方式，极大地刺激了全球智能翻译产业的发展。随着产品技术的进步，人们对智能翻译的可接受度在迅速提高，同时也越来越清楚智能翻译能够做什么，以及如何去做才能发挥智能翻译效能。智能翻译和媒体出版的结合是个自然的趋势。

尽管当前智能翻译的准确度达到可读的程度，但是仍然与能够出版的级别有些差距，所以在真实的落地场景过程中，需要对快速编辑的内容区别对待。对于创意性语言体裁的内容，像诗歌、小说这一类，智能翻译并不擅长，当前阶段更多的起到的是辅助作用。但是像描述性语言，诸如管理学、金融、医学、法律等内容，就可以通过文本编辑平台实现一语多译，达到快速传播。

简单地讲，如图 3 所示，智能编辑平台就是构建内容生产商和制作方之间的工作衔接平台。通过平台的控制和分配，把翻译的内容快速地借助机器翻译实现人机交互式的编译，进而把积累的数据，再次反馈至机器翻译系统，不断地提升某一垂直领域机器翻译的质量，降低后期人工干预的过程。媒体运营人员借由这部分素材，再进行下一步的操作，即借助于各种各样的自然语言处理技术进行多语内容或者智库平台的建设。

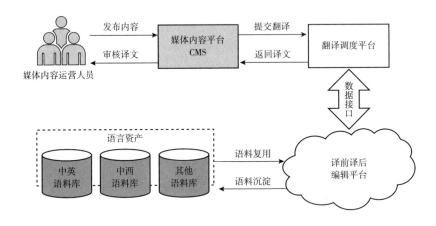

图 3　智能编辑平台

（二）多语传播平台

在中国影响力与日俱增的背景下，文化传播应该凸显生命体验，挖掘本土话语资源，积极地融入世界的话语体系中，从而讲好中国故事，推动中国文化在异域的传播。如果说智能编辑平台是内部的生产工具的话，那么多语传播平台就是多语生产后的呈现（见图 4）。

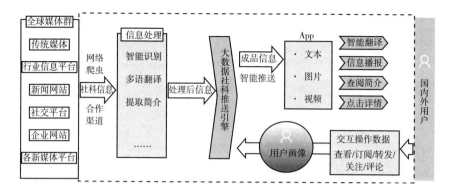

图 4　多语传播平台

多语传播平台由四个部分构成，分别是：第一，采集平台。构建实时的数据采集工具，对与社科出版等相关的主流媒体、出版社、社交媒体等实时采集相关数据。第二，信息处理平台。对于实时采集的数据，要对多语种信息不断分析，包括机器翻译、文档摘要、分类聚类等，进而为更加实用的摘编和后续模块服务。第三，智能编辑平台实时编辑修正。对含金量高的数据，随时进行人工编辑，导入智能编辑平台，逐渐形成垂直行业自身数据资产。第四，多语种传播，积累智库素材。为媒体行业提供自然语言处理底层技术，形成自动写作、智能翻译和语音交互等最新技术的自然语言处理平台。借助语音、图像、文本等途径，把信息传播到特定的群体中。

多语传播平台凭借这四个组成部分发挥着重要的作用，它既能对非结构化数据进行智能分析，又能够为用户提供最新多语数据分析。并且，它还能站在全球角度研究最新的技术、教育、医学、经济、人才培养等领域的信息并推动社科出版行业向数字化、网络化、智能化、多语化方向发展。

四　结语

以人工智能（AI）为代表的新科技，以消费升级为代表的新理念，以实体经济、"一带一路"倡议为代表的新政策，正在深刻改变中国创业创新的方向和内涵，当前人工智能技术正在与场景不断结合探索实际的应用。

从经济规律来看，无论是科技互联网，还是人工智能技术，都要以服务实体经济为出发点。人工智能（AI）逐渐会成为基础设施，成为"人工智能＋"或"＋人工智能"。

2017 年起，人工智能发展被列为国家层面的战略高度，无论是人工智能公司，还是线下实体经济公司，要加速向对方学习和融合，只有携手才有未来。智能翻译＋出版的尝试将聚焦人工智能、大数据等先导性行业创新，优势互补形成协同效应，共同打造面向人文社会科学领域的专家、学者及有关机构的人文社科多语学术服务平台，促进人文社会科学成果推广和传播，为出版业数字化转型升级注入新动能。

2017 年版皮书媒体影响力
结果分析报告

白　云[*]

摘　要： 皮书媒体影响力评价工作由社会科学文献出版社皮书研究院成果评价中心组织完成。本文首先介绍了皮书媒体影响力评价的发展历程；其次就媒体影响力评价的意义及指标采集方法做了详细介绍；最后分别从传统媒体影响力、新媒体影响力等各项指标重点分析了 2017 年版皮书媒体影响力评价结果以及存在的问题。

关键词： 皮书　媒体影响力　评价指标

一　皮书媒体影响力及评价指标发展历程

媒体影响力是传播学领域中研究最多的一个主题，国内外学者认为影响力是伴随着传播产生的，是传播者对受众所产生的作

---

[*] 白云，社会科学文献出版社皮书研究院成果推广中心主管、编辑。

用力。《中华新闻报》记者华文认为，"媒介的影响力是媒介（或媒体）为了达到某种传播效果，而借助某种传播手段向受众传递某种信息而对社会所发生作用的力度"。因而，对受众的影响力应该是媒体影响力的主要成分。

社会科学文献出版社皮书研究院通过皮书媒体影响力评价，掌握皮书的舆情动态，为进一步扩大皮书影响力提供决策参考及分析依据。媒体影响力及其评价指标，是对皮书媒体影响力和社会关注度进行监测分析，从皮书的传统媒体影响力、新媒体影响力、学术期刊影响力等方面全面考察皮书的媒体影响力。社会科学文献出版社皮书研究院经过探索和实践，不断对媒体影响力评价指标体系进行优化和调整，进一步完善媒体评价流程，在皮书研创方面起到了推动作用。皮书媒体影响力评价指标体系及各项指标含义见表1。

表1　2017年版皮书媒体影响力评价指标体系

一级指标	二级指标	权重（分）	评分标准
传统媒体影响力	传统媒体曝光率	45	①国际媒体、全国性一类媒体进行报道,每篇加2分;本皮书所涉领域的专业媒体或区域类皮书所涉及的地方媒体进行报道,等同于一类媒体报道,每篇加2分 ②其他媒体进行报道,每篇加1分 ③纸媒四开版面整版或对开版面半版(以同一家媒体同日报道3篇以上或字数达到3000字为准)进行专题报道的,每篇加3分
	网页检索量	10	百度"新闻"检索数量,每10条加1分,不足10条按10条计算
	视频检索量	10	①网络媒体播放发布会视频或文字,每篇加2分 ②进行文字访谈,每篇加3分 ③接受采访视频,每篇加3分 ④进行文字加视频访谈,每篇加5分

续表

一级指标	二级指标		权重(分)	评分标准
新媒体影响力	微博传播能力	微博公众号运营能力	5	①开设与皮书内容相关的微博公众号,加 1.5 分 ②统计期内每周至少更新一次与皮书有关的内容,或统计期内更新与皮书有关的信息总量超过 50 条,或统计期内有转发量超过 1000 条与皮书有关的微博,满足三者其一,加 3.5 分
		微博检索量	10	微博检索情况(新浪微博检索情况)
	微信传播能力	微信订阅号运营能力	2.5	①开设与皮书内容相关的微信订阅号,加 1 分 ②统计期内每周至少更新一次与皮书有关的内容,或统计期内更新与皮书有关的信息总量超过 50 条,或统计期内有转发量超过 1000 条与皮书有关的微信,满足三者其一,加 1.5 分
		微信群运营能力	2.5	①开设与皮书内容相关的微信群,加 1 分 ②微信群内成员的数量及活跃程度,加 1.5 分
		微信检索量	10	微信检索情况(搜狗微信检索情况)
学术期刊影响力	皮书报告期刊发表情况		5	被皮书收录的研究报告,在皮书出版发布后,主要数据或主要结论(20%)又被学术期刊刊发的,每篇加 2.5 分
总计			100	

备注:全国性一类媒体包括以下媒体:《人民日报》(人民网)、《光明日报》(光明网)、《经济日报》(中国经济网)、《中国青年报》(中青网)、《求是》杂志、新华社(新华网)、中央广播电视总台(央视网)、中新社(中新网)、中国国际广播电台(国际在线)、中央人民广播电台(中广网)、凤凰网、《解放军报》、《21 世纪经济报道》、《南方周末》、《经济观察报》、《经济参考报》、《中国改革报》、《中国新闻周刊》、《财经》(财经网),《第一财经》、《中国经济导报》、《中国经济时报》、《解放日报》(解放牛网)、《文汇报》、《北京日报》(京报网)、《新京报》、中国网、千龙网、新浪、搜狐、腾讯、网易、《中国改革报》(改革网)。

二 媒体影响力评价的意义及指标采集方法

（一）媒体影响力评价的意义

只有当受众接触了媒体内容、信任媒体内容并受到其影响，媒体才获得了"影响力"这一产品，其意义在于媒体通过自身的行为对受众在思想和行动上所起到的直接或间接的控制能力，它包括了政治、经济、文化等各方面有形、无形的表现。

（二）指标采集方法

1. 传统媒体曝光率

（1）采集网站

搜索传统媒体影响力的网站主要有四家，分别是百度新闻、搜狗新闻、360 新闻、必应网。

（2）采集方法

①在百度新闻中输入"丛书名 \ 书名 \ 丛书名 + 书名"，点击右上角按焦点排序 \ 按时间排序。

②计算搜集媒体报道的时间段。皮书研究院进行媒体监测的时间：召开发布会的皮书在开完发布会之后的 15 天进行初评，第 3 个月复核，如《农村绿皮书：中国农村经济形势分析与预测（2016～2017）》召开发布会时间为 2017 年 4 月 21 日，因此需要搜集 2017 年 4 月 21 日～7 月 21 日的媒体报道情况；未召开发布会的皮书在出版之后的 2 个月内初评，第 3 个月复核，如《信托市场蓝皮书：中国信托业市场报告（2016～2017）》未召开发布会，版权页时间为 2017 年 1 月，因此可搜集 2017 年 1 月 1 日～4

月 1 日的所有媒体报道。

③在确定的时间段内，按顺序依次点击每一个标题，判断是否为本皮书的媒体报道情况，并按照"国际媒体、全国性一类媒体进行报道""本皮书所涉领域的专业媒体或区域类皮书所涉及的地方媒体进行报道""其他媒体报道"在相应的得分依据栏中将截图或链接附后。

2. 网页检索量

（1）采集网站

采集网页检索量的网站主要是百度新闻，也可使用搜狗新闻、360 新闻完善网页检索量的采集情况。

（2）采集方法

在"百度新闻"中，以"丛书名"为关键词，搜索报道时间在皮书出版时间（或召开发布会时间）之后三个月内的网页新闻数量，计为 A；以"书名"为关键词，搜索报道时间在皮书出版时间（或召开发布会时间）之后三个月内的网页新闻数量，计为 B；以"丛书名 + 书名"为关键词，搜索报道时间在皮书出版时间（或召开发布会时间）之后三个月内的网页新闻数量，计为 C；最终的"百度新闻"检索数量为 A + B – C。特殊情况说明：某些情况 A + B – C 得到的数值要小于 A、B 甚至 C，故此时以最高值计算最后得分。

3. 视频检索量

（1）采集网站

百度视频、中国皮书网视频、搜狗视频、360 视频、爱奇艺视频、优酷视频、酷 6 视频、土豆网视频、56 网视频、蛙趣视频、必应网视频。

（2）采集方法

在各大视频网站以"丛书名＼书名＼丛书名＋书名"为关键词进行检索，得出皮书相关内容的视频报道，在相应的得分依据栏中将截图和链接附后。

①视频检索内容应为当年度的皮书报道。

②由于百度视频有过滤功能，因此无法检索到更多皮书的相关报道，可按照采集网站所列举的视频网站逐一检索。

4. 微博传播能力

（1）微博公众号运营能力

微博公众号开通及运营情况由皮书课题组提供。统计期为当年1月1日~12月1日。统计时间为12月份。

（2）新浪微博检索量

①采集网站：新浪微博。

②采集方法：在新浪微博中输入"丛书名＼书名＼丛书名＋书名"，查找本皮书的相关微博，将截图附在依据后。

5. 微信传播能力

（1）微信订阅号运营能力

微信订阅号开通及运营情况由皮书课题组提供。统计期为当年1月1日~12月1日。统计时间为12月份。

（2）微信群运营能力

微信群开通情况及活跃度由皮书课题组提供。统计期为当年1月1日~12月1日。统计时间为12月份。

（3）搜狗微信检索量

①采集网站：搜狗微信。

②采集方法：在搜狗微信中输入"丛书名＼书名＼丛书

名＋书名"，查找本皮书的相关微信，将截图附在依据后。

6. 学术期刊影响力

学术期刊影响力由皮书课题组提供。在皮书出版发布后，主要数据或主要结论（20%）又被学术期刊刊发。课题组以扫描文件形式将所刊载的期刊封面和被引用的报告全文发至皮书研究院工作邮箱，或快递原件（复印件）至皮书研究院。

三 皮书媒体影响力结果分析

1. 皮书媒体影响力结果年度比较（2015～2017 年）

由表 2 可以看出，经济类皮书连续三年平均分最高，地方发展类皮书连续三年平均分最低。

经济类皮书得分高有三个原因：第一，发布会召开的频率高。2017 年有 47 种皮书参评，其中 40 种召开了发布会；2016 年有 37 种皮书参评，其中 31 种召开了发布会；2015 年有 35 种皮书参评，其中 27 种召开了发布会。第二，如表 5 所示，有三项指标达到 2017 年版皮书媒体影响力单项指标的最高平均分，分别是传统媒体曝光率、网页检索量、微博传播能力。其中，传统媒体曝光率平均分为 37.10 分，远高于及格分（27 分）。第三，从经济类皮书连续三年媒体影响力各项指标平均分可以看出（见表 3），各指标在 2016 年达到峰值，表现突出，传统媒体曝光率更是达到 37.81 分，远超及格分（27 分），媒体影响力平均得分也高达 71.14 分。

地方发展类皮书得分低有三个原因：第一，地方发展类皮书有 150 种，其中 47 种皮书媒体得分在 10 分以下，占比达 32%，

且均未召开发布会。第二，68 种皮书媒体得分在 60 分以下，占
比达 46%，其中有 50 种皮书未召开发布会。第三，传统媒体曝
光率平均分为 28.89 分，略高于及格分（27 分），网页检索量、
微博传播能力、微信传播能力三项指标为 2017 年版皮书媒体影
响力单项指标的最低平均分（见表 5）。

表 2　2017 年、2016 年与 2015 年皮书媒体影响力结果统计（按类别）

单位：分

类别	2017 年版平均分	2016 年版平均分	2015 年版平均分
经济	62.28	71.14	61.13
社会政法	54.74	57.03	59.50
文化传媒	52.34	58.83	43.41
行业	54.33	56.02	49.74
地方发展	48.61	42.56	40.52
国际问题	61.78	54.13	51.72
总平均分	53.81	52.26	48.98

表 3　经济类皮书连续三年媒体影响力各项指标平均分统计

单位：分

年份	传统媒体曝光率	网页检索量	视频检索量	微博传播能力	微信传播能力	皮书报告期刊发表情况	媒体得分
2017 年	37.10	5.15	3.30	7.96	8.35	0.43	62.28
2016 年	37.81	11.03	4.68	15.59*		2.03	71.14
2015 年	34.54	7.54	4.94	11.81*		2.29	61.13

　＊2017 年媒体影响力单项指标中的"微博传播能力""微信传播能力"等同于
2016 年和 2015 年媒体影响力单项指标中的微博/微信检索量。

2. 2017 年版皮书已开与未开发布会媒体影响力得分分析

由表 4 可知，2017 年版已召开发布会的 265 种皮书媒体影响力平均分为 72.22 分，较总平均分 53.81 分高出很多。因此，发布会依然是提升皮书媒体影响力的重要手段。

表 4　2017 年版皮书已开与未开发布会的媒体影响力平均分对比

项目	品种（种）	百分比（%）	平均分（分）
出版总量	374	100	53.81
已开发布会	265	71	72.22
未开发布会	109	29	9.05

3. 2017 年版皮书媒体影响力各项指标统计结果比较

由表 5 得知，经济类皮书有三项指标达到 2017 年版皮书媒体影响力单项指标的最高平均分，地方发展类皮书有三项指标达到 2017 年版皮书媒体影响力单项指标的最低平均分。经济类皮书平均分为 62.28 分，远高于总平均分（53.81 分），地方发展类皮书平均分为 48.61 分，低于总平均分（53.81 分）。

经济类皮书单项指标得分高有如下五个原因：第一，经济类皮书有 47 种，其中 40 种召开了发布会，频率相当高。第二，传统媒体曝光率达到了 2017 年版皮书媒体影响力单项指标的最高平均分（37.10 分），远高于此项指标均值（31.74 分）。第三，在召开发布会的 40 种皮书中，有 37 种皮书传统媒体曝光率这一指标达到满分（45 分）。由此可见，课题组较注重传统媒体的宣传，较好地把握了发布会这一提升皮书影响力的重要宣传手段，扩大了皮书的社会影响力。第四，网页检索量达到了 2017 年版皮书媒体影响力单项指标的最高平均分（5.15 分），略高于此项指标均值（4.07 分）。说明课题组较为重视网络媒体宣传，该项指标表现良好，但依然存在提升的空间。第五，微博传播能力达到了 2017 年版皮书媒体影响力单项指标的最高平均分（7.96 分），略高于此项指标均值（7.12 分）。从此项指标得分情况来看，47 种皮书中，大部分皮书的三级指标——微博检索量拿到了满分（10 分），但多数皮书课题组均未开通微博账号，因此丢失了该项指标的分值（5 分）。说明课题组较为重视微博宣传，但在开通单本皮书的微博账号方面表现欠佳，今后还应加强微博公众号的运营能力。

地方发展类皮书单项指标得分低有三个原因：第一，地方发展类的 150 种皮书中，网页检索量为 0 ~ 3 分的皮书高达 94 种，占比为 63%，达到了 2017 年版皮书媒体影响力单项指标的最低平均分（3.23 分），也略低于此项指标的均值（4.07 分）。说明课题组就传统媒体、网络媒体的宣传和重视度远远不够。第二，微博传播能力达到了 2017 年版皮书媒体影响力单项指标的最低平均分（6.60 分），略低于此项指标均值（7.12 分）。从此项指标得分情况来看，150 种皮书中，81 种皮书的三级指标——微博检索量拿到了满分（10 分），占比为 54%，其中，只有 23 种皮书开通了微博账号，占比仅为 16%。由此可见，课题组应加大微博宣传的力度，在开完发布会 15 天内多发与皮书相关的微博，提升影响力。除此之外，课题组还应重视单本皮书微博账号开通和相关的运营能力，此项指标还有待提高。第三，微信传播能力达到了 2017 年版皮书媒体影响力单项指标的最低平均分（6.80 分），略低于此项指标均值（7.65 分）。其中，有 34

种皮书微信传播能力得分为 0 分，占比达 23%，仅有 35 种皮书分别开通了微信订阅号、建立了微信群，占比为 24%。由此得知，课题组就微信这一新兴传播渠道还不够重视，今后在这一指标上还需加大投入力度，制定明确的宣传策略以提升微信传播能力。

表 5 2017 年版皮书媒体影响力各项指标平均分统计（按类别）

单位：分

类别	传统媒体曝光率	网页检索量	视频检索量	微博传播能力	微信传播能力	皮书报告期刊发表情况	媒体平均得分
产业经济/宏观经济/区域经济	37.10	5.15	3.30	7.96	8.35	0.43	62.28
社会政法	30.72	4.85	3.33	7.58	7.84	0.43	54.74
文化传媒	28.54	3.68	3.40	7.14	8.38	1.20	52.34
行业及其他	32.90	4.62	1.78	6.95	7.89	0.20	54.33
地方发展	28.89	3.23	2.78	6.60	6.80	0.32	48.61
国别/国际问题与全球治理	37.10	4.37	2.74	7.79	8.90	0.87	61.78
各项指标均值/总平均分	31.74	4.07	2.78	7.12	7.65	0.45	53.81

4. 连续两年皮书媒体影响力 60 分及以上得分比较

从表 6 可以看出，2017 年版皮书媒体影响力得分在 60 分及以上的皮书占 62%，较 2016 年版 60 分及以上皮书占比的 59% 呈上升趋势。

表 6　2017 年、2016 年皮书媒体影响力 60 分及以上得分分布

分值	2017 年版（种）	占比（%）	2016 年版（种）	占比（%）
60 分及以上	232	62	193	59
60 分以下	142	38	139	41

通过分析对比 2017 年、2016 年 60 分及以上皮书媒体影响力单项指标得分情况（见表 7），得知 2016 年皮书媒体影响力的单项指标平均分均高于 2017 年。因此，2017 年 60 分及以上皮书媒体影响力总平均分要比 2016 年低了近 5 分。相同之处是，2017 年和 2016 年皮书媒体影响力视频检索量、皮书报告期刊发表情况两项指标均未达到及格分。

**表 7　2017 年、2016 年 60 分及以上皮书媒体影响力
单项指标得分分布统计**

单位：分

类别	2017 年 60 分及以上平均分	2016 年 60 分及以上平均分
总平均分	77.62	82.15
传统媒体曝光率	44.97	44.98
网页检索量	6.02	11.20
视频检索量	4.46	5.39
微博传播能力	10.52	18.86
微信传播能力	10.97	
皮书报告期刊发表情况	0.68	1.71

注：2017 年媒体影响力单项指标中的"微博传播能力""微信传播能力"等同于 2016 年媒体影响力单项指标中的"微博/微信检索量"，2017 年此两项指标权重分别为 15 分，2016 年该项指标权重为 20 分；2017 年"网页检索量"指标权重为 10 分，2016 年为 15 分；2017 年"皮书报告期刊发表情况"指标权重为 5 分，2016 年为 10 分。

5. 2017 年版院内和院外创新工程皮书项目媒体影响力得分对比

由表 8 得知，2017 年版院内创新工程皮书媒体影响力平均分为 77.67 分，远远高于院外创新工程皮书媒体影响力平均分（68.24 分），并且，38 种院内创新工程皮书全部召开了发布会。由此可见，院属单位组织编撰皮书的课题组重视媒体宣传，在此方面表现较为突出，在皮书出版后积极组织召开发布会。[①]

表 8　院内和院外创新工程皮书项目媒体影响力得分

项目	数量（种）	平均分（分）
院内	38	77.67
院外	53	68.24

6. 2017 年版皮书媒体得分前 50 名统计情况

由表 9 得知，2017 年版媒体得分排名前 50 位的皮书平均值为 87.90 分，远高于总平均值（53.81 分）。传统媒体曝光率、网页检索量、视频检索量、微博传播能力、微信传播能力 5 项指标均高于及格分。媒体得分排名前 50 位的皮书平均值如此之高有以下三个原因：第一，50 种皮书全部召开了发布会。第二，50 种皮书的传统媒体曝光率指标全部达到满分（45 分），33 种视频检索量指标达到满分（10 分），26 种网页检索量指标达到满分（10 分），20 种微博传播能力指标达到满分（15 分），15 种微信传播能力指标达到满分（15 分），18 种皮书报告期刊发

---

① 院内创新工程皮书项目是指进入中国社会科学院哲学社会科学创新工程学术出版资助项目的皮书，院外创新工程皮书项目是指使用"中国社会科学院创新工程学术出版项目"标识的皮书。

表情况指标达到满分（5分）。第三，90分及以上的皮书达到12种。综上所述，课题组充分意识到了皮书宣传的重要性和紧迫性，能够很好地利用纸质媒体和新媒体，进一步扩大了皮书的社会影响力。但是，整体上相对于传统媒体曝光率、视频检索量和网页检索量三项指标而言，课题组在微博传播能力、微信传播能力以及皮书报告期刊发表情况三项指标上还有提升的空间。

表9　2017年版媒体影响力排名前50名皮书得分统计

单位：分

传统媒体 曝光率均值	网页检索 量均值	视频检索 量均值	微博传播 能力均值	微信传播 能力均值	皮书报告期刊 发表情况均值	媒体得分 均值
45	7.90	8.32	12.42	12.35	1.90	87.90

7. 2017年版皮书媒体影响力排名前50位的研创机构地域分析

对2017年版皮书媒体影响力排名前50位的研创机构的地域进行分析，如表10所示，研创机构大多集中在北京，这与北京市拥有较多媒体资源关系较为密切。排在第二位的是广州市，上海市和昆明市并列第三位。

表10　2017年版皮书媒体影响力排名前50位的研创机构地域分析

单位：家

排名	地域	数量
1	北京	28
2	广州	6
3	上海	3
3	昆明	3

排名	地域	数量
5	福州	2
5	天津	2
5	郑州	2
8	成都	1
8	贵阳	1
8	沈阳	1
8	武汉	1

8. 2017 年版皮书媒体影响力排名前 50 位的研创机构类型分析

对 2017 年版皮书媒体影响力排名前 50 位的研创机构的类型进行分析，如表 11 所示，中国社科院、地方社科院、高校系统的数量位列前三，三者加起来多达 34 家，占比达 68%。由此得知，皮书的主要研究力量集中在社科院系统和高校系统。

表 11 2017 年版皮书媒体影响力排名前 50 位的研创机构类型分析

单位：家

排名	类型	数量
1	中国社科院	15
2	地方社科院	10
3	高校系统	9
4	其他	6
5	企业及企业智库	5
6	政府及其智库	3
7	行业协会或研究机构	2

9. 2017 年版皮书媒体影响力排名前 10 位的研创机构分析

如表 12 所示，2017 年版媒体影响力排名前 10 位的研创机构中，有 2 种是院内创新工程皮书，有 4 种是院外创新工程皮书。首先，从地理空间分布来看，排名前 10 位的研创机构中有 4 家位于北京，这与北京作为首都汇聚了丰富的学术资源、媒体资源是密切相关的；并列第 2 位的是广州市和昆明市，分别有 2 家研创机构入围前 10 名；并列第 4 位的是上海市和武汉市，分别有 1 家研创机构入选。其次，从研创机构的隶属背景来看，排名前 10 位的研创机构多数拥有雄厚的学术资源背景和丰富的媒体资源，它们或是如新闻与传播研究所依托中国社会科学院，拥有丰厚的学者资源和媒体资源，或是如同济大学德国研究中心依托名校的学术资源，抑或是人民网研究院依托《人民日报》的强大采编能力和媒体影响力。

表 12　2017 年版皮书媒体影响力排名前 10 位的研创机构统计分析

排名	书名	研创机构	类型	地理位置
1	中国新媒体发展报告（No. 8·2017）	中国社会科学院新闻与传播研究所	中国社科院	北京
2	中国移动互联网发展报告（2017）	人民网研究院	企业智库	北京
3	德国发展报告（2017）	同济大学德国研究中心	高校系统	上海
4	中国文化发展报告（2017）	湖北大学高等人文研究院、中华文化发展湖北省协同创新中心、湖北文化建设研究院	高校系统	武汉

续表

排名	书名	研创机构	类型	地理位置
5	广州经济发展报告（2017）	广州市社会科学院	地方社科院	广州
6	中国法治发展报告（No. 15·2017）	中国社会科学院法学研究所	中国社科院	北京
7	北京经济发展报告（2016~2017）	北京市社会科学院经济所	地方社科院	北京
8	中国文化消费需求景气评价报告（2017）	云南省社会科学院文化发展研究中心	地方社科院	昆明
9	中国文化产业供需协调检测报告（2017）	云南省社会科学院文化发展研究中心	地方社科院	昆明
10	中国广州科技创新发展报告（2017）	广州大学广州发展研究院	地方社科院	广州

四　2017 年版皮书媒体影响力存在问题分析

1. 未召开发布会的皮书媒体影响力得分均较低

从目前的统计数据看，2017 年评价的 374 种皮书，共计 265 种召开了发布会，占比达 71%。其中，媒体影响力得分低于 10 分的 89 种皮书，均未召开发布会。由表 13 可知，低于 10 分的地方发展类、文化传媒类皮书数量最多，分别占比 32% 和 28%。建议统一加强皮书发布会管理，地方类皮书课题组积极组织召开发布会。

表 13　2017 年版皮书媒体影响力得分低于 10 分的皮书（按类别）

类别	数量（种）	占比（%）
地方发展	47	32
国别/国际问题与全球治理	5	12
行业及其他	11	18
产业经济/宏观经济/区域经济	7	15
社会政法	12	26
文化传媒	7	28

2. 出版时间滞后影响媒体影响力评价结果

2017 年版皮书评价的截止时间是 2018 年 1 月，而在 2017 年 12 月和 2018 年 1 月出版的 2017 年版皮书多达 64 本，对于跨年出版尤其是出版时间与评价时间接近的皮书，皮书研究院不能及时的监测到相关报道，媒体得分相对较低。建议皮书在当年出版，并固定出版时间，以保证每本皮书得到更好的宣传。

3. 加强皮书视频宣传力度

从 2017 年版皮书媒体影响力各项指标的统计结果看（见表 14），只有传统媒体曝光率这一指标表现尚可，其均值（31.74 分）既超过了及格分（27 分），又超过了 2016 年均值（29.14 分），其余五项指标均未达到及格分数。其中，视频检索量、网页检索量指标得分较其他指标偏低，其均值分别为 2.78 分和 4.07 分，且两项指标均低于 2016 年均值（3.14 分和 6.83 分）。建议各皮书课题组可针对皮书内容制作课题组编撰人员访谈视频，再上传至优酷、搜狗、爱奇艺等各大热门视频网站，以增强皮书的媒体影响力；此外，皮书课题组、各大主流媒体以及出版社媒推广人员还应加强皮书的宣传力度，扩大皮书在各大门户网站的影响力。

4. 加强皮书新媒体宣传力度

由表 14 得知，微博传播能力和微信传播能力指标得分较 2016 年也有下降，两项指标均值分别为 7.12 分和 7.65 分，均未达到及格分数（9 分），而 2016 年微博＼微信检索量指标得分为 12 分，刚好达到及格分数。由此可见，课题组应加强新媒体宣传的力度，在开完发布会半个月内发布与皮书相关的微博和微信，提升新媒体影响力，除此之外，课题组还应重视单本皮书微博＼微信账号开通和相关的运营能力，以此提升微博＼微信传播能力。

表 14　2017 年、2016 年皮书媒体影响力单项指标平均值、权重、及格分统计

单位：分

项目	2017 年媒体影响力单项指标平均值	2017 年媒体影响力单项指标权重	2017 年媒体影响力单项指标及格分	2016 年媒体影响力单项指标平均值	2016 年媒体影响力单项指标权重	2016 年媒体影响力单项指标及格分
传统媒体曝光率	31.74	45	27	29.14	45	27
网页检索量	4.07	10	6	6.83	15	9
视频检索量	2.78	10	6	3.14	10	6
微博传播能力	7.12	15	9	12.00*	20	12
微信传播能力	7.65	15	9			
皮书报告期刊发表情况	0.45	5	3	1.16	10	6
2017 年媒体影响力总平均分	53.81			2016 年媒体影响力总平均分	52.26	

＊2017 年媒体影响力单项指标中的"微博传播能力""微信传播能力"等同于 2016 年媒体影响力单项指标中的"微博/微信检索量"。

5. 课题组活跃程度分析（2016～2018 年）

由表 15 可知，2016 年皮书课题组就媒体评价反馈的情况为：有反馈的课题组 95 个，无反馈的课题组 237 个；2017 年反馈情况：有反馈的课题组 76 个，无反馈的课题组 298 个；2018 年反馈情况：有反馈的课题组 83 个，无反馈的课题组 343 个。2016～2018 年都有反馈的课题组有 54 个。从活跃度占比来看，2016 年最高，为 29%；2017、2018 年持平，均为 20%。说明课题组就皮书研究院的媒体评价反馈积极度不够，还望各皮书课题组能够充分重视评价结果，实时跟进媒体评价的反馈情况，加强与皮书研究院的互动，在每次收到评分反馈的邮件后，能做到积极、主动地为媒体评价结果提供补充材料并给予建议。

表 15　2016～2018 年课题组就媒体评价反馈的活跃程度分析

单位：个，%

年份	2016 年	2017 年	2018 年	2016～2018 年*
有反馈的课题组	95	76	83	54
无反馈的课题组	237	298	343	/
活跃度占比	29	20	20	/

* 2016～2018 年：此三年间均有反馈的课题组共有 54 个。

6. 学术期刊影响力的发表周期问题

由于学术期刊影响力有发表周期，并且高质量的文章审稿周期一般较长（半年左右），因此一些出版时间较晚的皮书在皮书报告期刊发表情况这一指标的得分会受影响。建议课题组在当年尽早出版皮书。具体情况请参见表 16。

表 16　2017 年版皮书学术期刊影响力发表情况

篇数（篇）	数量（种）	占比（%）
≥2	29	77
1	9	23

参考文献

冯锐、李闻：《社交媒体影响力评价指标体系的构建》，《现代传播》2017 年第 3 期。

华文：《媒介影响力经济探析》，《国际新闻界》2003 年第 1 期。

蓝燕玲：《解析"媒体影响力"：内涵、价值与提升》，《新闻界》2013 年第 23 期。

何春晖、毛佳瑜：《媒体影响力的量化指标》，《新闻实践》2006 年第 10 期。

蔡继辉、张静鸥：《皮书 2012：价值与评价》，《中国图书评论》2013 年第 2 期。

社会科学文献出版社皮书研究院编《皮书手册：研创、编辑、出版、评价》（2015 版），内部操作手册。

齐聚温州　汇集智慧　共商提升
行业类皮书研创质量

—— 第四期皮书研创高级研修班（2018）会议综述

吴丹　白云[*]

2018 年 11 月 26 ~ 28 日，由社会科学文献出版社、温州市委党校联合主办的第四期皮书研创高级研修班在温州市委党校隆重召开。此次研修班以"行业类皮书与行业智库建设"为主题。围绕行业类产业类皮书的出版情况分析、行业类皮书评价指标体系解读和行业类皮书如何发挥智库作用等议题进行学术演讲并展开学术研讨。

一　开班典礼隆重热烈，讲师学员共同探讨
新时代行业皮书新任务新要求

11 月 26 日上午，开班典礼举行。社会科学文献出版社社长

---

* 吴丹，社会科学文献出版社皮书研究院执行院长；白云，社会科学文献出版社皮书研究院成果推广中心主管、编辑。

谢寿光、中共温州市委党校常务副校长、温州市社会科学院院长洪文滨代表主办方分别致辞，澳门科技大学社会和文化研究所所长林广志作为讲师代表发言，北京中医药大学中医药文化研究与传播中心主任毛嘉陵作为主编代表发言，黑龙江省社会科学院副院长吴海宝、中共温州市委党校科研处处长王健出席开班典礼。开班典礼由社会科学文献出版社副总编辑、皮书研究院院长蔡继辉主持。

社会科学文献出版社社长谢寿光在致辞中指出，从 1998 年起，皮书作为一种中国特色的智库产品，开始进行全方位的设计和运营，已经打造成为中国最具影响力的智库平台和出版品牌。经过 20 多年的努力，它的学术影响力、社会影响力、国际影响力已得到决策部门和社会的广泛认可。皮书有准入制度，也有退出机制，每本皮书都有能证明自己身份的序列号，截至 2018 年，社会科学文献出版社正式注册的皮书序列号已超过 800 本。目前每本皮书涵盖 20 篇左右的智库报告，每年发布的智库报告在 15000 篇左右，皮书数据库中涵盖的智库报告超过 17 万篇，涉及经济、社会、政治、文化、生态文明、对外关系等多个领域。作为皮书出版者，作为皮书平台的打造者，每一本皮书的出版，每篇报告的撰写和发布，社会科学文献出版社丝毫不敢懈怠。应看到，在众多皮书中，行业类皮书由于涉及面宽，而且起步比较晚，其总体质量和水平有待进一步提升，所以此次研修班将研讨如何做好产业类、行业类的皮书。本次研修班邀请了研创皮书最优秀的专家（也是学术界卓有成就的教授）与大家共同交流。讲师是经过精心选择的，相信大家会有所收获。

中共温州市委党校常务副校长、温州市社会科学院院长洪文滨代表主办方对各位学员的参会表示欢迎。洪校长提出，温州是一座神奇之城，也是一座激情跃动的传奇之州。当前温州致力于打造集自然美、经济美、城乡美、生活美、人文美于一体的"五美"城市。温州作为改革开放的先行区，在改革开放的伟大历史进程中，一直扮演探路者的角色。温州人把敢为天下先，敢吃天下苦，敢闯天下难的精神发挥到了极致。改革开放以来，温州人为中国市场经济的发展做出了贡献。温州创造了一个个鲜活的改革样本，具有特殊的历史意义和时代价值。在改革开放 40 周年的起点上，如何续写温州新的传奇故事是摆在温州面前的一道新的时代课题，非常值得期待。

希望在座的专家、学者多多关注温州，一同研究、探讨和见证温州新时代改革发展。改革使温州出名，改革创新精神也不断地推动温州党校事业的发展，温州党校敢为人先，在全国地市级党校中率先组织编纂了"温州蓝皮书"系列。截至 2018 年，"温州蓝皮书"已出版 12 本，蓝皮书持续研究了温州经济社会发展的形势，记录见证了温州改革开放的历程。10 多年来，"温州蓝皮书"的影响力、知名度在不断地提升，逐渐成为温州领导以及社会各界了解温州的一个重要窗口，也成为市委党校一个标志性的智库品牌。研修班是一个非常好的研创交流平台，可以进一步提高皮书编纂的质量和水平，提升皮书的学术影响力和社会影响力。本期研修班以推动行业智库建设为主题，具有十分重要的意义。

澳门科技大学社会和文化研究所所长林广志作为讲师代表发言。林教授在发言中指出，皮书在某种程度上来说是记录这个时代，记录这个行业，我们做的是历史的作品。历史作品的第一个效应是记载历史、记录历史。皮书编撰者应持有一种严谨的态度来看待皮书中的每一篇报告。正因为皮书是历史，所以必须要真实，从行业皮书的角度看，若想要真实，则应离现实更近一些，这点较难做到。如何离现实更近是皮书研创者现阶段面临的首要任务。如果一部作品比较真实地记录了某个行业或某个过程，其实并不意味着记录，皮书研创者应考虑如何评价所处行业所发生的、正在发生的以及将要发生的一些重要的事件，评价涉及对行业的感悟和感知，应具备一定的理论水平。对行业类皮书进行评价不但提高了皮书研创者的理论水平以及对行业的认知，而且还提高了研创者对皮书本身操作规范的认识。

北京中医药大学中医药文化研究与传播中心主任毛嘉陵作为主编代表发言。毛主任主要讲了三点对皮书的认识。第一，有五种人适合从事皮书研究。第一种是愿意摆事实讲道理的人，这也是皮书的主线，用事实和数据说话。第二种是重视数据思维和逻辑思维的人，拥有真实的数据是很重要的基础。第三种是善于思考的人，紧随时代发展。第四种是敢于讲真话的人，有了数据依据后，勇于发声。第五种是皮书人所具备的共同点——有情怀、追求梦想、不求名利的人。第二，通过参加第一次皮书研创高级研修班，本人有四个方面的收获。一是皮书的收获；二是观念的收获，大家相互交流、开阔眼界；三是思维方式和经验方面的收获；四是编写技巧的收获。行业类皮书如何为智库建设服务，"中医文化蓝皮书"今后的发展方向等都是本人最近一直思考的问题。第三，皮书的研创和发布是一项充满希望的事业和具有发展前途的产业。"中医文化蓝皮书"的发布增强了中国的话语权，为中国文化向世界传播做出了努力。习近平总书记对我国中医药事业发展极为重视，在多个重要场合推介、宣传我国的中医药文化。他认为，"中医药学是中国古代科学的瑰宝，也是打开中华文明宝库的钥匙。"本人此次参加在温州举办的研修班，与各界同仁交流、探讨，期待有更大的收获。

二 课程设置主题集中，全方位研讨提升 行业类皮书研创质量

本次研修班邀请了六位讲师，分别从如何提升行业皮书研创出版质量，中国的产业发展中存在的重大问题，"旅游绿皮书"的编撰经验，如何发挥行业类皮书的智库作用，"邮轮绿皮书"的研创经验以及行业类皮书的出版、评价、评奖及存在的问题等方面进行授课。

社会科学文献出版社社长谢寿光以"提升行业皮书研创出版质量、助推行业高质量发展"为题，首先介绍了行业类皮书的特性与功能。谢社长指出，皮书已成为权威的话语平台，每一种行业类皮书的研创出版的质量，不仅影响行业智库的研究水平，而且事关皮书整体的质量和皮书的品牌效应。同时，谢社长以"旅游绿皮书""药品流通蓝皮书"等作为优秀案例，列举了行业类皮书研创出版的现状。接着，谢社长阐述了行业类皮书在内容质量、数据获取、发布推广等方面存在的问题。最后，谢社长就如何改进行业类皮书研创、出版工作提出了几点建议。他认为，要充分利用好社会科学文献出版社最大的皮书出版和传播知识服务的平台，构建适应本行业发展特点的皮书研创机制，建立和完善符合行业特点的皮书出版、发布机制。明确定位，全面提

升皮书意识。

中国社会科学院工业经济研究所研究员张其仔围绕中国的产业发展问题展开了讲述。张老师指出，很多国家在进入中等收入行列后都落入了中等收入陷阱。从产业角度来讲，中国会面临中等收入陷阱的严峻挑战。中国产业竞争力的特点是仍处于新旧动能转换期，产业发展的总体态势是，传统的优势有所弱化，新的优势正在形成和聚集。张老师强调，"一带一路"倡议是以构建人类命运共同体理念塑造全球治理体系的重大举措，"一带一路"沿线大多数国家处于全球产业链分工中的中低端环节。此外，他还提出了以人类命运共同体理念拓展与"一带一路"沿线国家的贸易与产业合作的五点建议。中美贸易战中，抢占先机的关键就是提高学习的能力。在未来的发展中，学习能力是最关键的。资本的学习能力越强，获得的回报就越丰厚。"产业蓝皮书"研创的关键是坚持问题导向，要抓住重大的问题，背后还有顶层设计。通过"产业蓝皮书"使我们的理论与实践结合得更好。

中国社会科学院旅游研究中心主任宋瑞以"旅游绿皮书"为例，从国内和国际两个层面介绍了"旅游绿皮书"的研创历程和其在政策、行业、研究、社会等方面产生的影响力。宋老师指出，"旅游绿皮书"是旅游业的意见领袖。在编撰过程中，如何理解问题、如何定位风格、如何达到目的是需要研创团队思索的。拥有专业的研究能力和能够投入精力的主创团队是保证"旅游绿皮书"有权威性的基础。此外，研创团队还需具备明确、清晰的读者意识。宋老师认为，皮书的编撰要有研发意识，涵盖原创性、开拓性和整体性三个层面的含义。宋老师强调，

"旅游绿皮书"课题组在保持作者团队稳定的同时也会根据每年主题的变化注入新鲜活力。读者意识、研发意识和精品意识是课题组延续皮书研创所具备的三个素质。皮书不仅仅是一本书，更是一项事业，是要全身心投入的。最后，宋老师还就"旅游绿皮书"在出版流程把控、内容和形式创新以及扩大社会影响力等方面进行了补充。

社会科学文献出版社副总编辑兼皮书研究院院长蔡继辉分析了智库研究与学术研究的区别。他指出，学术论文重视的是"形式理性"，是"不具有任何价值色彩的事实"，而研究报告更强调"实质理性"，根据个人立场对某一特定问题做价值判断。蔡院长认为，皮书是从学者的视角体现其学术性的，它是一个很好的学术交流平台。此外，皮书也是学科建设和学术人才培养的重要平台和最佳途径，很多学者通过研创皮书，慢慢成长为该领域的专家。与此同时，皮书还是构建研究数据库的基础，是获取或积累一手数据的重要渠道，它的调查方法和数据能够影响政府决策。最后，蔡院长就当前智库研究（成果）存在的问题做了详细阐述并提出了解决方案。他指出，研究报告要关注经济社会发展中的重大问题、热点问题、战略性问题，不应为研究而研究。此外，研究报告还应以数据作为分析和立论的依据，对现状的分析、对问题的界定、所提出的对策建议都要与数据结合。蔡院长强调，应从主题、数据、调研、框架设计、学术规范等方面全面提升研究报告的撰写质量和影响力。

澳门科技大学社会和文化研究所所长林广志在授课中以"澳门绿皮书"为例，回顾了澳门简史，指出旅游、博彩是澳门支柱产业。研创"澳门绿皮书"是课题组作为一个时代的经历者，对于记载和分析所经历和发生的事情的一种职业习惯。通过皮书的方式，课题组系统梳理了澳门旅游休闲产业的方方面面。"澳门绿皮书"每年的结构安排保持了一贯的连续性，旅游休闲产业的现状、特征、趋势，旅客的结构、旅客的消费等都是旅游行业的基本要素，成为绿皮书撰写的基石。林老师指出，行业类皮书的撰写应在时间性、准确性、评价性和规范性方面加强把握。选择行业类皮书最重要的维度是价值，体现在行业本身的价值以及学术贡献上，专业性、资料储备、作者队伍的建设等因素都应考虑在内。最后，林老师强调，学界与业界应学会融洽相处，这种融洽的关系可使皮书的出版变得更为专业。

上海工程技术大学副教授叶欣梁以"邮轮绿皮书"为例，回溯了它的研创历程。"邮轮绿皮书"作为第一本针对中国邮轮产业发展正式连续出版的皮书系列研究报告，探究世界及中国邮轮产业发展规律，呈现邮轮研究最新成果，引领产业发展创新实践。叶教授从发展定位、编写团队、数据获取、内容创新、原创性、规范性等方面详细介绍了"邮轮绿皮书"的编撰历程，课题组比较好地抓住了时代发展的契机，确保主题内容与时俱进、内容研究不断创新、研究机构与日俱新。叶教授指出，"邮轮绿皮书"得到了政府部门以及邮轮相关企业和高管的肯定，成为邮轮行业数据的重要来源。其研究成果形成了专报，英文版也于每年 3 月在迈阿密举办的全球邮轮大会上发布，进一步提升了该皮书的国际影响力和关注度。最后，叶教授期待在未来的皮书研创中得到各位同仁的指点，分享成功的经验，进一步提升"邮轮绿皮书"的编写质量。

三　主编论坛交流踊跃，谢寿光社长全方位多角度答疑释惑

11月26日下午，主编论坛召开。作为本次研修班的特色项目，主编论坛在筹备阶段就收到了皮书主编们的踊跃报名，在召开过程中更是气氛热烈，交流活跃。

本次主编论坛的主题是行业类皮书与行业智库建设、行业类皮书研创方法。议程分为三部分，分别是谢寿光社长致辞、行业皮书主编做主题发言、自由讨论。论坛伊始，谢社长强调，2011年，由中国社会科学院主办的全国皮书研讨会在京召开，社会科学文献出版社在会上发布了《皮书主编工作条例》（以下简称《条例》）。《条例》的发布是对主编工作的一个非常积极的规定，皮书主编要对皮书负全责。此外，《皮书手册——写作、编辑出版与评价指南》（第三版）中对皮书的作者表述也做了更加详细的铺垫。

接着，谢社长补充，皮书是一个智库产品，说明发生的事件以及所涵盖的信息量，这是最为重要的标准，所以不可能靠一个人完成。其研究方法是经验研究，用数据说话。其写作方法是归纳法，不需要推论。此外，皮书还是一个平台，主编就是平台的掌舵人，起着导航和控制全程的作用。皮书总报告还需注意两个方面。第一，总报告是皮书的官方观点。如果一本皮书没有总报告，就等于没有了灵魂。最多是一本研究报告的合集。因此，皮书研创者要给予总报告充分的重视。第二，总报告不是一篇报告的摘要汇总，不能与下文重复。每年各行各业会发生很多

事情，总报告需要反映全年总体行业的基本状况、变化以及所取得的突出亮点。而各类专题报告则可以按照自身的标准、理念来撰写。

最后，谢社长对皮书主编提出了期许。皮书主编在每年举办的研修班上相互交流，分享各自的经验和体会是非常重要的。大家可以进一步就主编的责任感、职业能力感达成共识。社会科学文献出版社也会进一步规范主要研创者的介绍，对于那些未履行主编职责的人建议不作为主要研创者体现在编委会中。

论坛第二阶段是行业皮书五位主编分别做主题发言。趣学车副总裁、"驾培行业蓝皮书"副主编刘文海说道，趣学车是一家互联网公司，利用新的技术和新的观念开办了一所驾校。驾校不仅教授学员驾驶汽车，而且提倡文明驾驶及安全驾驶行为，可谓人命关天。驾培属于政府管制比较强的产业，正逐步走向市场化。从投资人的角度看，"驾培行业蓝皮书"作为行业的全局性研究的文件，可以使从业者多方位了解驾培行业的规模、竞争程度以及区间占用，其已被社会科学文献出版社列为全国重点蓝皮书，从业者普遍认为拥有行业荣誉感。此外，"驾培行业蓝皮书"还面临着三大挑战，分别是权威性不够、话语权较弱、结合度待完善。最后，谢社长就"驾培行业蓝皮书"的数据来源问题做了回应。谢社长认为，掌握数据就等于拥有话语权，当务之急是建立蓝皮书的基础数据库。除此之外，好的服务质量决定好的口碑，驾培学校还要建立一套评价体系和专家评审制度，以及设置互联网平台的公众投票机制。

北京市社会科学院城市问题研究所研究员谭日辉介绍了《北京蓝皮书：中国社区发展报告》的出版情况以及存在的问

题。蓝皮书无论从权威性还是专业性来讲，都是有一定地位的。作者群是一个比较专业化的队伍，涵盖高校系统、社科院系统、民政系统的专家或地方官员，并且依托北京社区研究基地。目前，《北京蓝皮书：中国社区发展报告》尚有四个方面待改善。第一，做好定位。第二，重新进行队伍建设。第三，做好学风建设和规范化建设。第四，调整考核机制。谢社长也就谭日辉研究员提出的问题进行了反馈，他指出，社区研究应以专题形式展现，并无其他出路。应集中精力就某一项治理进行评价，评估其成效，做好定位。

北京中医药大学中医药文化研究与传播中心主任、"中医文化蓝皮书"主编毛嘉陵认为，中医是重要的生态资源，皮书研创人员通过树立其在国际上的形象，讲好中医故事。此外，"中医文化蓝皮书"课题组可以考虑编撰"养生绿皮书"。目前最困惑的问题是如何建立行业数据库，此项工程难度较大。自1949年后，医药卫生方面的数据全部由国家统计局、卫生部掌控，课题组较难获取，而其他机构发布的数据不够全面。因此，课题组所获取的数据未必靠谱，很多数据无法在当年获取，只能等到第二年获取。鉴于目前网络上流传有误差的中医药数据，课题组下一步会实施两个规划，分别是建设数据库和发布城市养生指数。皮书研究院院长蔡继辉提到，通过毛嘉陵主编的介绍，可以体会到数据尚有巨大的探讨价值，其对蓝皮书的重要性不言而喻。最后，谢社长补充了皮书系列三种颜色的含义，蓝皮书属于非官方性质，它是专业学术机构、第三方独立机构发布的研究报告，占据皮书90%的比例。绿皮书则与民生、环境、生态、可持续发展相关。黄皮书是国际、国别类问题的研究报告。

　　中国气象局高级工程师、"气候变化绿皮书"编委王朋岭讲述了他作为绿皮书参与者的几点感触。王朋岭就"气候变化绿皮书"的发展历程、取得的成效、面临的挑战三个方面进行了阐述。他指出，气候变化不仅是科学问题，而且是发展问题，更是政治问题。2009 年 6 月，中国社会科学院、中国气象局联合成立了气候变化经济学模拟联合实验室。2016 年 9 月 3 日，全国人大常委会批准中国加入《巴黎气候变化协定》（以下简称《巴黎协定》），中国成为第 23 个完成批准协定的缔约方。"气候变化绿皮书"课题组坚持推动《巴黎协定》的落实，面对国际气候出现的不稳定因素、全球经济存在的不和谐因素，课题组会就最新的国际气候治理形势和发展趋势，做出一个科学的研判，第一时间为中方代表团贡献中国智库的力量。与此同时，课题组还会关注促进绿皮书发展的政策，继续向人文社会科学靠拢，尝试研发低碳建设的评价指标体系，把自然科学与人文社会科学做个紧密交叉。

　　随后，王朋岭讲述了"气候变化绿皮书"在研创过程中面临的困难。一是时效性不强，二是审图周期长，三是年度工作创新性待完善。通过 10 年的努力，"气候变化绿皮书"在为国家应对气候变化的内生动力方面提供了有针对性的科技支撑，有效地发挥了智库窗口和平台的作用。另外，中国作为发展中的大国，"气候变化绿皮书"可以为推动中国在未来作为全球生态文明建设的参与者、贡献者、引领者发挥重要的作用。这项工作真正体现了自然科学与人文社会科学的充分交叉、融合。与此同时，皮书研创者还应增强相互之间的交流和互动，加强合作共享，鼓励交叉合作，增强皮书之间的优势互补。最后，谢社长就

"气候变化绿皮书"课题组如何更好地发挥中国在气候变化谈判中的智库作用提出了三点建议。一是召开实名总结会，总结绿皮书所做的贡献。二是进一步创新，简化报告篇幅，完善与高校的合作机制。三是落实建立基础数据库事宜。

深圳大学文化产业研究院学术研究部副主任、"文化科技蓝皮书"副主编徐天基就"文化科技蓝皮书"的特点谈了几点体会。深圳大学文化产业研究院授课教师均有文化研究、文艺理论、产业经济学等相关学科背景。"文化科技蓝皮书"最显著的特点是起到很好的连接作用，重视文化政策和产学研合作，创作背景多元化。深圳是创新之都，也是科技之都。这里科技公司云集，但数据的对外开放性并不强。此外，文化产业包含很多内容，旅游产业、博物馆产业、影视产业、游戏产业、数字经济、创意经济等都与文化科技密切相关。"文化科技蓝皮书"的编辑需要审读专业性强、技术性强的 IT 领域文章，既要对文字进行编辑，又要了解文章所具有的真正的技术含量。

"文化科技蓝皮书"有一个配套机制，每年举办主题不同的文化科技论坛，通过此论坛筛选优秀论文作为蓝皮书的来源文章，还会针对特别板块约稿。值得一提的是，"文化科技蓝皮书"课题组十分重视皮书评价，每年举办发布会，提升媒体影响力。此外，课题组还面临着选稿方面的问题，如何保证稿源质量是当下需要与出版同行探讨的问题。接着，皮书研究院院长蔡继辉就学术期刊论文和蓝皮书发表做了探讨。第一，蓝皮书的内容严格讲无法放在其他论文中发表，其他论文放到皮书中也不合适，因为性质不一样。论坛文章、学术会议文章与皮书研究报告不同，在放入皮书前要修改。科技领域目前较热，"文化科技蓝皮书"可以稍加设计、改进，全面反映文化科技发展，将来会有更好的发展。此外，如何通过社会科学研究体现行业的特殊性并统一数据需要业界共同探讨。第二，增加蓝皮书的篇幅。智库研究与学术研究有很大的差异，从蓝皮书中提炼学术论文，需要从理论方面概括并总结。

大家的热烈讨论，让论坛结束时间一再后推。在此过程中，谢社长给各位主编"把脉诊断"，不断开出良方，就主编提出的各类问题逐一进行了指导和释惑。最后，谢社长在总结致辞中指出皮书最核心的问题是两个字：坚持。皮书人遇到磨难应该坚持，享受解决困难的过程，因为对岸就是一片新的天地。经过20多年的实践证明，正因为有了皮书人孜孜的追求和坚持，皮书的健康可持续发展是可以实现的。

四　结业仪式圆满结束，皮书互动交流平台坚持内涵深挖式发展

11月28日下午，研修班结业仪式圆满举行。社会科学文献出版社副总编辑兼皮书研究院院长蔡继辉代表主办方做会议小结。蔡副总编辑指出，此次研修班以"提升行业类皮书研创质量"为主题，邀请了知名专家授课，相信大家都学有所获。随后，蔡副总编辑和中共温州市委党校副校长洪文滨为学员们颁发了结业证书。结业仪式上，"驾培行业蓝皮书"主编刘文海、大国医道中医药发展论坛组委会秘书长黄铭、北京第二外国语学院中国"一带一路"战略研究院助理研究员白雪、黑龙江省社会科学院经济研究所研究员孙浩进、北京印刷学院教师刘统霞代表

各小组分享了三天的学习体会，他们对本次专题研修班的课程设置及安排给予了充分肯定，为将来各地区、各行业皮书编撰工作有更高质量的发展奠定了一个好的基础。

本次研修班取得预期效果。通过此次学习，各位学员既掌握了思考问题的方法，又体会了皮书研创者所肩负的使命、责任、担当与挑战。课程结束后，学员们踊跃地提交参加研修班的心得体会，表示会将学习成果融入下一年的皮书研创中。

2018年版皮书评价暨第十届优秀皮书报告奖复评会会议综述

丁阿丽　党　琳[*]

2019年3月7~8日，"2018年版皮书评价暨第十届优秀皮书报告奖复评会"在京召开。相关领域学者、行业专家、核心期刊编辑、资深媒体人等32位评委出席了本次评审会。依据《中国社会科学院皮书管理办法》的相关规定，按照同行评审的要求，本着科学、客观、公正的原则，评委们对426种2018年版皮书以及参评"第十届优秀皮书报告奖"的407篇候选报告进行了复评。中国社会科学院科研局局长马援、社会科学文献出版社社长谢寿光出席评审会开幕式并致辞，社会科学文献出版社副总编辑、皮书研究院院长蔡继辉主持评审会。

中国社会科学院科研局局长马援指出，皮书不仅是中国社会科学院的重要学术品牌，同时也是中国智库成果走出去的重要代

---

[*] 丁阿丽，社会科学文献出版社皮书研究院院长助理兼成果评价中心主任；党琳，社会科学文献出版社人文分社编辑。

表。社会科学文献出版社在中国学术出版成果评价标准与流程方面，尤其在皮书评价评奖组织方面，做了许多积极的探索。马援局长结合 2019 年两会上李克强总理的讲话，对皮书的管理提出两点要求。第一，李克强总理在 2019 年全国两会上强调"要充分尊重和信任科研人员，赋予创新团队和领军人才更大的人财物支配权和技术路线决策权。进一步提高基础研究项目间接经费占比，开展项目经费使用'包干制'改革试点，不设科目比例限制，由科研团队自主决定使用。完善科技成果评价机制。"这体现了国家对科研工作的支持，同时也对成果评价提出了更高的要求。因此，作为学术链条中的生产者或管理者，也需要思考如何完善、优化评价标准，使得高质量的学术成果脱颖而出。第二，2018 年皮书的出版规模已超过 400 种，影响力与日俱增。针对如此大规模的皮书成果，建议出版社在皮书年会之外，组织一些面向社会、面向决策层的皮书成果集中发布会或研讨会，充分发掘每本皮书中最精华的内容。

社会科学文献出版社社长谢寿光在致辞中指出，作为优秀的智库成果，皮书的价值在于通过对某一问题或领域进行延续性的研究，为相关领域的学者研究提供数据支持。在大数据和互联网时代，作为一家学术出版机构，要将最优质的信息精准地服务于每一位受众，离不开一批专门做学术成果评价的专家。学术成果评价工作不仅包含宏观数据的分析，更需要来自学术共同体的评价。对于皮书评价工作的目标，谢社长强调，面对每年几万篇报告和 400 多种皮书，皮书评价体系所评选出来的优秀皮书、优秀报告必须是经得住检验的。皮书评价工作自 2008 年开始启动，从流程上来说，复评工作扮演着至关重要的角色。因此，希望本届皮书评审专家本着高度负责的精神，对 2018 年版皮书的主观指标进行评审打分，在此基础上评选出第十届优秀皮书报告奖候选报告。

社会科学文献出版社副总编辑、皮书研究院院长蔡继辉介绍了皮书出版、评价和本届评委的基本情况。2018 年共有 426 种皮书参与评价，较 2017 年增加了 52 种，如果将少量延后出版的皮书计算在内，2018 年版皮书品种数预计达到 450 种左右。作为重要的智库成果，皮书对我国经济社会的发展起到积极的推动作用，甚至在某些公共政策的制定中扮演了关键角色。目前，很多单位已将皮书评价与评奖的结果作为考核与奖励的重要参考。而专家在评价过程中所指出的问题及相关的建议也得到皮书主编、作者的广泛认可与接受，并对他们的皮书研创工作起到了促进作用。蔡继辉副总编辑指出，2018 年有 32 位专家参与此次评价（复评）工作，其中，14 位专家系首次参与皮书评价工作，11 位参与了 2017 年的评价工作，另有 7 位专家曾参与往届评价工作。另外，32 位专家中包含了 9 位皮书主编或副主编，希望他们在回避制度的前提下，基于对皮书特点、性质、价值等较为深入的认识，为皮书的质量进行把关，并对评价、评奖工作提出相应的指导意见和建议。

本次参会评委按专业分为宏观经济＋区域与城市经济＋产业经济组，行业及其他组，社会政法组，地方社会组，文化传媒＋地方文化组，地方经济组，国别与区域＋国际问题与全球治理组共 7 个组别，评委均按其研究领域对应分组，少量参与皮书研创的评委实行回避原则。

会议按照"皮书综合评价指标体系"对 2018 年版皮书研究

主题的价值与意义、科学性、前沿性、规范性、时效性、应用性（仅限国际问题与全球治理、国别与区域类皮书）、创新性等主观指标进行评审打分并对初评的部分客观指标得分进行复核。

会议对"第十届优秀皮书报告奖"进行了复评。此前，皮书研究院组织了"第十届优秀皮书报告奖"的初评工作，依据内容质量、学术规范性（社会调查不够规范、数据陈旧或没有数据支持、对策建议空泛、篇幅短）和形式要件规范性（缺少中英文摘要、中英文关键词、作者信息及简介等要件）等客观标准，对797篇报告进行了初步审核，共筛选出候选报告407篇进入复评。经过专家匿名投票，共有40多篇报告作为候选优秀报告进入最后的终审。

闭幕式上，评审专家对皮书评价工作已取得的成果给予了充分肯定，普遍认为学科分组、评委构成、评审标准、评价流程、指标设置以及权重设定等评价环节存在较强的科学性与合理性。与此同时，各位专家也指出了皮书发展与皮书评价体系中存在的问题，并提出了中肯的意见与建议。

宏观经济+区域与城市经济+产业经济组的宋丙涛院长、孙发平院长以及袁红英院长基于评审工作，指出了2018年版皮书存在的三点问题。其一，个别皮书在分页上所列课题数目多达六个，并且上网查询后发现，这六个课题与之并无明显关联。其二，产业类报告存在两种倾向，一种是写作风格接近报告文学，缺乏必要的数据支撑，反映的主观想法过多；另一种是风格接近技术报告，作者多是工程师，内容重技术、轻分析，与社会、经济联系较少。其三，个别皮书虽选题新颖但体例极不规范，数据呈现以文字列举为主而非统计表格。在今后的皮书研创过程中，上述三项问题需要引起作者的重视。

社会政法组的王文军主任针对皮书质量与评审流程提出以下十点意见与建议。第一，时效性方面。皮书评审过程中发现，有关时效性的评分标准可能不完全适用于上年度 12 月底出版的皮书，因为部分数据的采集和使用存在明显的滞后性。对此，社会政法组在评审过程中制定了一个统一的标准：凡使用 2016 年数据的概不扣分，使用 2015 年之前的数据，每一年度进行一个适当的减分，如若 2018 年的报告或者 2017 年的报告使用 2013 年以前的数据，则该项目不得分。第二，数据质量方面。需要对数据的样本性和规范性进行考察，并应区分政府工作报告类的数据和科研型的数据，了解科研数据具有的研究和解读的价值。第三，内容方面。一部分皮书在性质上可能不能称之为研究报告型皮书，结构上存在明显的系统性、逻辑性缺陷。要么缺少核心问题意识与解题思路，要么在分报告和总报告之间缺乏呼应关系，无法回应皮书主题。此外，一些皮书仅包含数据收集与整理，缺乏深入的分析，只能称之为统计报告而不是研究型报告。第四，实证性方面。实证性是评价皮书质量的重要指标，实证性评分规则的科学性应发挥到最大程度。目前采用的比重算法，可能导致报告越多的皮书得分越低。以《中国民族发展报告（2018）》和《中国慈善发展报告（2018）》为例，前者是工作报告，内容比较单薄，各分报告的实证性得分均不高，而《中国慈善发展报告（2018）》是系统论述型的研究报告，内容相对丰富，部分分报告的实证性得分较高，但个别报告的得分比较低。在现行的比重算法下，反而是前者的整体得分高于后者，但无论从数据质量、报告质量以及皮书的总体质量来看，后者却明显更胜一筹。

对此，社会政法组建议在实证性评价标准方面进行一些优化。第五，前沿性方面。前沿性的评分标准包含两个部分，即是否对国家和地区进行了对比、是否关注国际前沿，尽管权重不高，但是部分皮书受主题所限，可能完全不涉及这两个得分项。因此，以后在设置该项评分标准时，可能需要进行相应的调整。第六，部分皮书内容过于单薄。以《中国社会智库发展报告（2018）》为例，它仅仅罗列了社会智库的一些基本信息，类似于一个智库的访问页，缺乏深入的分析和预测研判，并没有回答社会智库的发展背景、经费来源、研究主题的孕育过程等核心问题。第七，主要撰稿人是否为专家学者这一指标的权重过高。皮书主编身份包括专家、学者、行业领袖、部门领导等多种类型，两分的权重可能导致全部得分或全部不得分从而形成较大的分数差异，对此，建议调整该项的得分权重。第八，应规范皮书总报告的撰写规范。其一，要求在总报告中明确界定相关概念，说明本书亟待解决的问题和研究思路，避免出现内容单薄、结构空散的总报告，从而影响皮书的权威性。其二，总报告的抽样方法应当予以规范。目前，部分总报告的抽样样本距离一般统计要求相去甚远。第九，关于选题管理。国家层面应提高对智库、智库成果课题管理的规范程度。未必适合做成皮书的选题应当具体问题具体分析，可能涉及敏感题材、比较容易产生负面影响的选题不宜采用。第十，关于计分方法。建议用手机客观打分系统代替现行的手工计分方式，使得各位评审专家在打分时能够查看到其他专家的实时打分数据，避免所有评审专家的分数分布过于分散。

地方经济组的张耀军院长认为皮书在现阶段的发展过程中存在三项突出的问题。第一，研究方法的科学性不足，或类似于工作总结，或类似于统计报告。第二，规范性问题。具体表现为：个别皮书缺少总报告；引用领导人讲话时加引号却未引述原话；用口语化的表达代替书面用语。第三，逻辑性问题。其一，目录分类不合理，一些皮书的目录分类纵向交叉，缺乏统一标准。其二，内容体系的编排不合理，例如，研究主题为中国开发区，但其中却包含了印度开发区的内容。这些问题的存在会使读者对皮书的印象大打折扣。

国别与区域 + 国际问题与全球治理组的陈志瑞教授表示，对地方院校或地方社会科学院系统的成果采取更多扶持、鼓励的态度是国别与区域、国际问题与全球治理组在总报告、分报告的评审过程中所秉持的一个态度。2018 年版国际类皮书的整体水准较之往年更加均衡，这与皮书研究院在皮书规范性方面所做出的努力是密不可分的，但是从皮书的架构、设计方面来看，仍然存在改善的空间。第一，部分国别与区域类皮书存在脱离研究主题的倾向。例如《印度洋地区发展报告（2018）》并没有对印度、巴基斯坦、马尔代夫等国家和地区的基本情况以及该地区内部的战略合作进行详尽的描述，反而将印太战略作为讨论的侧重点。部分国际问题类皮书的作者已经意识到这个问题，比如"非洲黄皮书""拉美黄皮书"往年也曾将中非关系、中拉关系甚至是中非能源合作作为主题，但 2018 年也都回归到对地区基本情况与地区内部合作的讨论。结合国际问题类皮书目标读者群体的需求，在其内容构成方面，关于对象国、对象地区基本情况的描述与分析是必不可少的，在此基础上，还需具备独到的视野、加入独特的思考，从而突出其研究属性。如何平衡两者间的关系，是皮书研创过程中需要思考的问题。第二，部分国际问题类皮书的作者团队研发力量薄弱。诸如《印度尼西亚经济社会发展报告（2018）：趋势与挑战》《东北亚发展报告（2017～2018）》等新的皮书架构，尽管在篇幅上也撑起了几十万字，但受作者自身能力所限，对于本年度的重要事件、重要研究对象把握不够精当。对此，建议皮书研究院考虑采取某种方式，通过引入相关的专家团队来为皮书主创人员提供相应的支持、指导，从而避免其在研创过程中遗漏重要的论题。第三，皮书分类问题。按照起初的分类标准，"渝新欧蓝皮书""北部湾蓝皮书""世界创新竞争力黄皮书""G20 国家创新竞争力黄皮书"等多种皮书被归入国别与区域＋国际问题与全球治理组，但在实际评审的过程中，则被调整到地方经济组。国际问题研究的一个重要特性在于其研究趋向中必须体现出国际政治性，然而上述几本皮书却并不具备这一特性。

文化传媒＋地方文化组的邓炘炘教授发现，一些连续多年出版的皮书虽然有很好的基本框架，但质量上中规中矩，后期新意不足，作者团队缺乏进一步努力和提高的动力。如何促使这类皮书在今后的研创活动中不断提升质量，或许是一个值得思考的问题。文化传媒类皮书的作者基本来自国家层面的精英学术团队，而地方文化类皮书的研创团队则包含一些其他的类型。受研创团队自身水平所限，不少地方文化类皮书质量欠佳，存在两项突出的问题。其一，尽管也包含情况描述、分类整理、数据信息等要素，但缺乏对问题进行深入的分析，风格体例上更接近年鉴。其二，在研究问题尚未明确的前提下就提出建议，而且建议的内容也非常空泛，放之四海而皆准。皮书最大的特点在于智慧性、启发性，但很多地方文化类皮书在发现问题、提供咨政性建议方面的透视力比较差。作者往往做了很多调研，但仍无法解释现象间的复杂关系，而且对策建议分类不清晰，无法给出智慧性、启发性的建议。

地方社会组的贠杰主任表示，地方社会组在评审过程中发现的问题大概有以下六点。第一，挂名主编的现象。部分地方社会类的皮书有中国社会科学院挂名的主编，但书的质量却并未因此而提高，所以提倡更多皮书采取实际主编的方式。第二，部分皮书结构的逻辑性、合理性不足。很多皮书依照"总报告—分报告"的模式展开，但总报告与分报告之间，以及各分报告之间却缺乏必要的内在联系。结构之间的逻辑性与合理性是反映皮书质量的一个很重要的指标，但大部分皮书研创人员对此不够重视。第三，皮书的风格定位问题。皮书不同于专著以及一些带有一定宣传性的书籍，评审过程中发现，在内容方面，部分皮书更接近专著的风格定位，而另外一些皮书的宣传性则过强。第四，评审过程中鲜有令人眼前一亮的皮书。很多皮书缺乏问题意识，如何引导这类皮书突出其亮点是一个比较重要的问题。第五，建议通过加入区域间比较来增强皮书的内容深度。国别类、经济类、社会政法类皮书可适当借鉴地方类皮书的结构框架，加入有关区域间比较的内容。很多连续出版的皮书，如果仅仅聚焦于某个领域的某个问题，其内容往往会缺乏新鲜感，而增加区域间的比较，可能会增加其报告的深度。因此，在今后的皮书评价过程中，或许可以在这方面进行一些引导。第六，作者队伍的稳定性可能是保证皮书质量的一项重要因素。作者团队频繁地进行大规模调整意味着，不同年度的皮书团队都是在重新理解的基础上研创的，因此质量差异也就相对明显。

行业及其他组的梁启东院长在发言中强调，组内所有专家通过参与此次复评会普遍体会到，皮书评价的分组与评委构成越来越合理，而且，评审的标准、流程、指标设置以及权重分配也都越来越科学。但是，在对行业及其他组的 75 本书进行评审过程中，发现仍然存在一些不足之处。第一，选题方面不够精准，行业类皮书经常出现文不对题的现象。皮书出版的过程中应该提醒作者着重把握选题精准性，突出反映年度特点、年度特别事件，以及年度发生的新变化的关键词。第二，研究问题的针对性不足，缺乏令人耳目一新的作品。首先是选题的针对性，研创既要强调创作，也要强调研究。而如何体现针对性，一方面要突出年度的变化，另一方面还得反映工作中所体现出的规律、经验和问题。其次是研究工具的针对性。根据不同的研究主题采用不同的研究工具，比如，自行调查并设置相应的指标体系，或是直接利用统计方法，抑或是建立数学模型进行研究。第三，部分研究报告内容结构的编排类似期刊论文。适当采用统计汇报的方式是可取的，但是，在一些报告中，数学模型构成了 80% 的篇幅，结论部分占 10%~20%，对策部分仅占 5% 甚至是 0，这类论文式的报告难称其为严格意义上的报告。模型的引入无可厚非，但其在整体篇幅中所占的比重以及如何对模型进行处理，是需要课题组仔细斟酌的。第四，皮书不同于年鉴、工作总结报告、统计分析报告以及学术论文集，皮书的专业性需要进一步突出，对于行业类皮书来说尤为如此。当然，强调专业性的同时，也不宜忽视其可读性。第五，如何突出比较性。纵向的比较是指今年相比于去年的环比变化。横向比较指的是报告当中所应涉及的国际对比。当然，研究中国问题的皮书无法进行国际对比，但是诸如"一带一路"等涉及国外的主题，是可以引入国际比较的。行业及其他组的评审专家针对皮书未来的发展与提升，有以下四点建议。首先，行业类皮书报告的对策建议部分要突出其针对性、对策性与可操作性。其一，皮书的作者应避免使用"提高认识""加强领导""增加投入"等空泛的表述。其二，作者们还应注重扩充自身阅读量，多读政府公开文件以及领导讲话，以免将各级政府文件已下达的政策措施作为研究报告的对策建议。其三，报告的对策建议需要囊括政策建议与非政策建议两个维度，而政策建议则需包含三个层次，即针对省和地方以上的建议、针对本领域和本行业的建议、针对基层的建议。其次，相较于宏观经济类、社会政法类、地方社会类皮书而言，行业及其他类的皮书缺乏统一的标准，建议对该类图书的作者、编辑团队进行一些特殊的指导、培训，并出台相应的行业类皮书规范。再次，建议明确界定总报告、分报告、专题报告、工作报告、统计数据分析的类别差异及相互关系。此外，总报告需要注意几个结构上的问题。其一，每本皮书的总报告不可或缺但也不宜过多。其二，总报告应以精干的总结、概括或借鉴为特征。其三，有关现状的探讨需包含两个层面，分别是中央、地方出台了哪些政策，落实在具体实践中这些政策是如何执行的以及达到了怎样的实施效果。其四，强调对研究问题的深度阐释，避免只重视结论梳理而忽视问题分析。其五，对策分析与建议是研究报告必不可少的组成部分。最后，不能背离皮书的研创宗旨，无论是总报告、专题报告，还是分报告，行业类皮书的研究报告必须包含对某一行业发展的展望和预测。

行业及其他组的刘益东研究员补充指出，作为智库成果，皮书的发展进步是有目共睹的，2018 年出版的种类已超过 400 种，

400 余种皮书的水平参差不齐，而且优秀的、负责任的学者毕竟只是少数，因此长期内还将延续这种状况。一本书中，与众不同、见解独到并能给人以启迪的内容也就几句话，要求所有的皮书作者都对其研究问题具有真知灼见是不恰当的。但是，如果将400 余种质量方面参差不齐的皮书纳入同一个智库产品的框架又明显缺乏合理性。针对这个问题，行业及其他组的一个建议是：对皮书进行分级分类管理。可以尝试将所有皮书分为两类，即智库类皮书和非智库类皮书。智库类皮书是有数据、有分析、有洞见、有前瞻的研究型皮书，能够切实反映具体行业、专业的发展现状并能对其产生引领作用。非智库类皮书受作者水平所限，难以有效提升质量。对于这类皮书，需要着重强调其规范性，比如，数据的引用必须完整准确、研究工具的选择必须恰当合理。简而言之，高水平的皮书强调其研究性并被纳入智库产品体系，而相对低水平的皮书则强调其规范性。

经过两天紧张的评审，各位评委认真负责、高质高效地完成了2018 年版皮书内容评价和"第十届优秀皮书报告奖"的复评工作，为本年度皮书评价、评奖工作的顺利完成迈出了坚实的一步。

2019 年5 月，召开了第五届皮书学术委员会第二次会议暨第十届优秀皮书奖评审会，由中国社会科学院皮书学术委员会对复评结果进行终评，评价结果报中国社会科学院批准后将在2019 年8 月召开的第二十次皮书年会上公布。

附 录

皮书大事记（1989~2019 年）

1989 年

1989 年，经济学家刘国光、李京文采用经济模型对中国经济运行状况进行分析，将研究成果用蓝色封面装订成册，在内部传阅，并得名"蓝皮书"。

1991 年

1991 年，按照江泽民总书记等中央领导接见中国社会科学院领导和部分专家学者时对社会科学院科研工作的指示精神，"中国经济形势分析与预测"课题组成立，李鹏总理从总理预备金中拨付专项经费支持研究工作。

1991 年 11 月，《1992 年：中国经济形势分析与预测》首次以公开出版物的形式发行，开启皮书出版之路。"中国经济形势分析与预测"课题组的研究成果在国内外产生了重大影响，为中央宏观经济决策提供了科学的参考依据。

1996 年

1996 年 11 月，《1997 年：中国经济形势分析与预测》正式由社会科学文献出版社出版发行。

1997 年

1997 年 9 月，谢寿光调入社会科学文献出版社，任副社长兼副总编，主持日常工作，开启了皮书市场化、专业化、品牌化运作之路。

1998 年

1998 年 12 月，《1998 年：中国经济形势分析与预测》被中国书刊发行业协会评选委员会评选为第十一批全国优秀畅销书（经济类）。

1999 年

1999 年 1 月，社会科学文献出版社公开出版发行的皮书达 10 种。

2000 年

2000 年 8 月，由社会科学文献出版社主办，辽宁社会科学院、中共葫芦岛市委、葫芦岛市政府承办的"首次全国皮书工作会议"在辽宁省葫芦岛市召开，首开皮书工作研讨会先河。本次会议以"规范皮书原创，维护皮书品牌"为主题，"皮书"作为一个名词正式确立，开始从社会科学文献出版社内部使用的工作词语上升为一个专门的概念，作为一种学术成果出版形态进入公共话语体系。

2000 年 12 月，社会科学文献出版社出版的《2000 年：中国经济形势分析与预测》《2000 年：中国社会形势分析与预测》等 5 种图书被中国书刊发行业协会评选委员会评选为第十三批全国优秀畅销书。其中，《2000 年：中国经济形势分析与预测》荣登全国十大社科类优秀畅销书第七名。

2001 年

2001 年 8 月，"第二次全国皮书工作会议"在山东泰安举行。

2001 年，皮书形成"分析与预测""发展报告""学术前沿报告"三大产品系列，成为社会科学文献出版社的标志性产品之一。

2002 年

2002 年 8 月 10～11 日，"第三次全国皮书工作会议"在浙江省湖州市举行。会议主要对 2002 年全国经济社会形势进行分析与预测，总结、交流各省市蓝皮书编撰工作经验并讨论全国蓝皮书编撰工作的合作机制。中国社会科学院学术委员会委员陆学艺，中国社会科学院数量经济与技术经济研究所所长汪同三、国务院发展研究中心社会发展部部长丁宁宁分别对 2002 年的中国社会、经济形势做了分析与预测报告。

2002 年 11 月，社会科学文献出版社成立皮书事业部，专门负责皮书的编辑与出版。

2003 年

2003 年 9 月，由社会科学文献出版社主办、上海社会科学院承办的"第四次全国皮书工作会议"在上海召开，会议的主题是"探讨皮书的特征和特性问题以及如何进一步科学规范皮书"。"中国经济形势分析与预测"课题组负责人、中国社会科学院数量经济与技术经济研究所所长汪同三，"中国社会形势分析与预测"课题组负责人、中国社会科学院学术委员会委员陆学艺等专家分别就 2003 年前 8 个月的经济运行态势、社会发展状况，以及当前经济是否过热、当前社会中存在的突出矛盾等问题做了专题演讲。在本次会议上，谢寿光社长首次对皮书的定义进行了阐释。

2003 年 12 月，皮书首次开发出版数据库光盘（SSDB），光盘首先随 2004 年"经济蓝皮书"和"社会蓝皮书"免费赠送，此后每册皮书均免费附带光盘。该光盘实现了不同年份皮书的智能累加与检索，大大提高了皮书使用的便捷性。皮书系列的数字出版之路开启。

2004 年

2004 年 7 月 17～19 日，由社会科学文献出版社主办、黑龙江省社会科学院联合承办的"第五次全国皮书工作会议"在黑龙江省哈尔滨市召开。"中国经济形势分析与预测"课题组负责人、中国社会科学院数量经济与技术经济研究所所长汪同三，"中国社会形势分析与预测"课题组负责人、中国社会科学院研究员陆学艺、李培林等，在会上分别就 2004 年前 6 个月的经济运行态势、社会发展状况，以及当前经济是否过热、当前社会中存在的突出矛盾等问题做了专题演讲。

2005 年

2005 年 5 月 19 日，中国社会科学院党组向中共中央常委汇报工作时，将社会科学文献出版社的皮书作为值得提及的贡献，皮书成为中国社会科学院的学术品牌。

2005 年 7 月，社会科学文献出版社重组皮书事业部，成立皮书出版中心。

2005 年 8 月 15～17 日，由社会科学文献出版社主办、河南省社会科学院承办的"第六次全国皮书工作会议"在河南省郑州市举行。会议围绕如何进一步提升皮书的内在质量，如何明确皮书的内容特色和出版编辑的技术规范进行了研讨。中国社会科学院数量经济与技术经济研究所所长汪同三和中国社会科学院社会学研究所所长李培林分别就当前中国经济和社会的状况及运行态势做了专题报告。在本次会议上，皮书的定义有了较为完整的表述：皮书是一种以年度为时间单元，关于某一门类、地域或领域的社会科学资讯类连续出版物。

2005 年 12 月，中国皮书网（www.pishu.cn）开通，为皮书的编创、出版、信息发布、媒体报道、读者查询购买等提供了一个全方位的服务平台。

2006 年

2006 年 2 月，皮书 LOGO 以及"经济蓝皮书""社会蓝皮书"等皮书名称在国家工商行政管理总局商标局登记注册，社会科学文献出版社合法拥有了其商标专用权。自 2007 年版皮书起，皮书开始刊登保护商标专用权的法律声明。

2006 年 8 月 12～14 日，由社会科学文献出版社主办、西北大学承办的"第七次全国皮书工作会议"在陕西省西安市召开。会议围绕如何进一步提高皮书的质量，如何提升皮书品质，树立皮书品牌，增强皮书在国内外的影响力进行了研讨。同时，与会专家对由社会科学文献出版社起草的《皮书系列图书准入标准》《皮书技术标准及体例规范》《皮书系列准入标准若干说明》进行讨论，并提出修改、补充意见。本次皮书工作会议首次由高校承办。

2006 年 8 月，社会科学文献出版社和具有 330 年历史的荷兰博睿学术出版社签订协议，由该公司出版英文版皮书。

2006 年 8 月，社会科学文献出版社公开出版发行的皮书达 50 种。

2006 年 10 月 13～15 日，谢寿光社长在新闻出版总署举办的"中国数字出版年会"上做了《专业出版是数字出版的突破点》的主题演讲，引起与会领导及同行对我社数字出版的高度关注。新闻出版总署柳斌杰副署长在年会上对皮书系列 SSDB3.0 产品给予了高度赞赏。

2006 年 12 月，社会科学文献出版社组建皮书文稿编辑室，负责皮书的编辑工作。皮书文稿编辑室隶属于皮书出版中心。

2007 年

2007 年 1 月，社会科学文献出版社公开出版发行的皮书达 100 种。

2007 年 5 月，在上海市"第八次图书节"期间，上海市图书馆专门举办了为期一个月的"皮书展"。

2007 年 5 月，社会科学文献出版社第 1 本英文版皮书——《环境绿皮书：中国的环境危局与突围（2005）》由荷兰博睿学术出版社出版，并在全球公开发行。该书的出版标志着我社的国际化战略步入快速发展时期。

2007 年 7 月，皮书数据库个人用户版建成发布，数据库雏形初具。

2007 年 8 月 24～26 日，由社会科学文献出版社主办、深圳市社会科学院承办的"第八次全国皮书工作会议"在广东省深圳市召开。本次会议的主题是"皮书的功能及社会影响"。深圳市委宣传部副部长吴忠、深圳市社会科学院院长乐正、中国社会科学院数量经济与技术经济研究所所长汪同三、中国社会科学院社会学研究所所长李培林出席了会议。在本次会议上，《皮书操作手册》正式发布，以此来规范皮书的编撰格式和装帧设计。会议提出，皮书系列已经成为一种新的出版形态。

2007 年 8 月 30 日，社会科学文献出版社与荷兰博睿学术出版社在中国国际展览中心联合签署了"框架合作协议"与"合作出版协议"，与我社以"中国社会科学院年度报告系列丛书"为总名合作出版皮书系列英文版。这不仅是我社在"走出去"的道路上迈出的成功一步，也标志着"皮书"系列将带着中国发展改革过程中的最真实数据，走到世界读者面前。

2007 年 11 月，在 CSSCI 指导委员会第七次会议上，经过引文数据的定量评价和专家、学者的定性评价，"社会蓝皮书"成来源集刊。

2008 年

2008 年 4 月，社会科学文献出版社出版的《人口与劳动绿皮书：中国人口与劳动发展报告 No.8》入选新闻出版总署第二届"三个一百"原创图书出版工程。

2008 年 5 月，中国社会科学院常务副院长王伟光听取了社会科学文献出版社关于进一步加强皮书系列编写、出版工作的报告后指出，要把皮书系列品牌建设纳入中国社会科学院哲学社会科学创新体系建设的一个重要组成部分，把皮书系列打造成一个国家工程，为发挥社会科学院的"智囊团""思想库"作用开辟更广阔的路径，并鼓励开展皮书评奖活动。

2008 年 8 月，社会科学文献出版社与荷兰博睿学术出版社合作出版的《环境绿皮书：中国的环境危局与突围（2005）》（英文版）荣获由国际合作出版工作委员会、中国出版科学研究所、中国出版工作者协会、《出版参考》杂志社联合颁发的"2007 年度输出版优秀图书奖"。

2008 年 9 月 19～20 日，由社会科学文献出版社主办、广西社会科学院承办的"第九次全国皮书工作会议"在广西壮族自治区南宁市召开。本次会议的主题是"加强皮书品牌化建设，规范皮书编写出版"。中国社会科学院数量经济与技术经济研究所所长汪同三、中国社会科学院社会学研究所所长李培林、广西壮族自治区党委宣传部部务委员李海荣以及中国社会科学院吕余生院长等领导和专家出席了会议。会议正式颁布了皮书系列准入标准。

2008 年 10 月 15 日，社会科学文献出版社第 1 本韩文版皮书——《中国房地产发展报告（2007～2008）》由韩国数字媒体中心出版，并在韩国发行。

2008 年 10 月，在由中国出版工作者协会、中国出版科学研究所组织的"2008 全国出版业网站年会"中，中国皮书网荣获"最具商业价值网站奖"。

2008 年，为了更好地服务机构用户，社会科学文献出版社推出了皮书数据库机构版。同年，随着皮书数据库产品建设日趋成熟并逐步进入销售市场，随书附赠的电子光盘被面值 100 元的皮书数据库阅读卡取代。

2009 年

2009 年 1 月，皮书评价研究中心成立，这是出版业内成立的首家对一个图书品牌进行日常评价与发展研究的部门。主要从事皮书的评估、研究及组织皮书年度学术研讨会等工作，负责制定全社皮书出版的长期计划和年度计划。

2009 年 5 月 15 日上午，皮书数据库（机构用户版）网络版在第五届深圳文博会期间举行的"中国社会科学院皮书数据库发布会"上正式发布。

2009 年 7 月 9 日，皮书数据库在第三届中国数字出版博览会上荣获"2008～2009 年度数字出版·知名品牌"奖。

2009 年 8 月 14～16 日，由社会科学文献出版社主办、辽宁社会科学院承办的"第十次全国皮书工作会议"在辽宁省沈阳市和丹东市召开。本次会议的主题是"中国皮书发展十年：品牌与创新之路"。这是继第一届之后，皮书工作研讨会又一次在辽宁召开。中国社会科学院副院长李扬、辽宁省委宣传部常务副部长马祥图、中国社会科学院数量经济与技术经济研究所所长汪同三、中国社会科学院社会学研究所所长李培林等领导和专家出席了会议。中国社会科学院领导首次参加皮书工作会议。

2009 年 8 月首届"优秀皮书奖"颁发。"农村经济绿皮书""经济信息绿皮书"获得"最佳经济类皮书奖"，"法治蓝皮书""教育蓝皮书"获得"最佳政法社会类皮书奖"，"世界经济黄皮书""越南蓝皮书"获得"最佳国际类皮书奖"，"区域蓝皮书""辽宁蓝皮书"获得"最佳区域类皮书奖"，"城市竞争力蓝皮书""中国省域竞争力蓝皮书"获得"最佳影响力奖"，"经济蓝皮书""社会蓝皮书"获得"最佳品牌奖"，《2009 年中国大学生就业报告》《中国经济发展和体制改革报告 No. 1》《中国商业发展报告（2008~2009）》获得"2009 年度皮书创新奖"。

2009 年 10 月，由德国阿登纳基金会、社会科学文献出版社、荷兰博睿学术出版社共同主办的中国著名学者汪同三、蔡昉学术演讲活动在法兰克福书展中国主题馆举行，皮书英文版参与展示。这是皮书系列作者向海外学术界及海外读者介绍中国经济发展与中国学术思想的一次重要活动。

2009 年 12 月，从"经济蓝皮书"开始的 2010 年度皮书系列中，每本纸质皮书附赠的产品从先前的电子光盘变为更具价值的皮书数据库阅读卡。

2009 年，社会科学文献出版社第 1 本俄文版皮书——《2008 年中国经济形势分析与预测》由俄罗斯科学出版社出版，并在俄罗斯发行。

2010 年

2010 年 5 月，中国皮书网正式改版上线。中国皮书网作为皮书系列出版物数字化的支持平台、皮书信息的发布和展示平台、与各皮书课题组开展互动交流的网络平台，在皮书系列的宣传和推广上发挥了重要作用。

2010 年 9 月 10 日，社会科学文献出版社成立了皮书学术委员会，王国刚等 17 位知名专家受聘担任第一届学术委员会委员，对全国的皮书进行指导，进一步规范皮书的准入标准，不断完善皮书的评价指标和评估。

2010 年 9 月 18～19 日，由社会科学文献出版社主办，福建师范大学、福建省政府发展研究中心承办的"第十一次全国皮书工作会议"在福建福州举行。本次会议的主题是"皮书价值的实现：皮书出版的创新与转型"。中国社会科学院副院长高全立，福建省人民政府副省长张志南，福建省政协副主席、省社会科学院院长张帆，国家新闻出版总署出版管理司处长洪勇刚，中国社会科学院社会学研究所所长李培林，全国哲学社会科学规划办公室原主任、中国文化软实力研究中心主任张国祚，社会科学文献出版社社长谢寿光，福建省人民政府发展研究中心主任李闽榕，福建师范大学党委书记罗萤等领导和专家出席会议。

2010 年，比较完整的皮书内容质量评价指标初步建立，包括原创性、实证性、前沿性、时效性、权威性，这是人文社会科学类应用性研究成果评价的初步探索。同时，皮书的媒体影响力评价指标也初步完善，包括国内主要媒体的报道情况，地方皮书在当地电视台和电台、本省主要日报、都市报和晚报的报道情况，百度检索网页数量等。

2011 年

2011 年 2 月，由中国社会科学院主办的"2011 年全国皮书研讨会"在北京京西宾馆举行。本次研讨会以"皮书研创、出版、发布的规范与创新"为主题，围绕贯彻落实中国社会科学院院长陈奎元和常务副院长王伟光关于加强皮书研创、出版和发布的指示精神，中国社会科学院领导、各皮书课题组、出版社就全面规范皮书的研创、出版和发布工作，大力提高皮书内容质量，强化皮书系列的整体品牌效应等方面达成了共识。这是由中国社会科学院首次主办的全国皮书研讨会。会议通过了《皮书主编工作条例》和《皮书编辑出版工作条例》。这次会议标志着皮书及皮书研创出版从一个具体出版单位的出版产品和出版活动上升为由中国社会科学院牵头的国家哲学社会科学智库产品和创新活动。

2011 年 3 月，整合个人用户版、机构用户版的皮书数据库（二期）上线运营，在产品建设理念、技术平台建设方面取得了质的飞跃。

2011 年 3 月，《皮书主编工作条例》和《皮书编辑出版工作条例》正式颁布实施，成为皮书研创、编辑的重要操作规范之一，为皮书内容质量的提升起到积极推动作用。

2011 年 5 月，社会科学文献出版社公开出版发行的皮书达200 种。

2011 年 8 月 26～27 日，由中国社会科学院主办，社会科学文献出版社、安徽省合肥市政协、安徽省社会科学院共同承办的"2011年全国皮书年会暨第二届优秀皮书奖颁奖大会"在合肥举办。本次会议的主题是"皮书研创出版的结构优化和分类管理"。中国社会科学院副院长李扬、安徽省委宣传部副部长、安徽省社会科学院院长陆勤毅、中共合肥市市长吴存荣、中国社会科学院社会学研究所所长李培林、社会科学文献出版社社长谢寿光等领导和专家出席了会议。本次皮书工作会议首次升格为由中国社会科学院主办，并决定自2011年起，将往届会议名称"全国皮书工作会议"正式更名为"皮书年会"。

2011年8月，第二届"优秀皮书奖"颁发，《经济蓝皮书：2010年中国经济形势分析与预测》《世界经济黄皮书：2010年世界经济形势分析与预测》等10种皮书获得"优秀皮书奖"，《农村经济绿皮书：中国农村经济形势分析与预测（2009～2010）》《人口与劳动绿皮书：中国人口与劳动问题报告No.11》等20种皮书获得"优秀皮书奖·提名奖"。

2011年11月，在中国出版协会和中国新闻出版研究院主办的"2011年第五届全国新闻出版业网站年会"上，中国皮书网在2011年全国新闻出版业网站荣誉评选中荣获"2011最具商业价值网站"。社会科学文献出版社新版英文网站获得"2011年出版业最具发展潜力网站"的荣誉称号。

2011年12月，皮书系列正式列入新闻出版总署"十二五"国家重点出版规划项目，并有"经济蓝皮书""社会蓝皮书"等40余种精品皮书入选由中国社会科学院承担的"国家哲学社会科学创新工程"项目。

2011年，社会科学文献出版社颁布实施《皮书主编工作条例》《皮书编辑出版工作条例》《皮书研创手册》《皮书操作手册》等皮书规范。

2011 年，皮书评价的媒体影响力指标进行调整，细分为媒体报道覆盖率、媒体报道形态类型和时续性三项指标。

2012 年

2012 年 4 月，社会科学文献出版社与荷兰博睿学术出版社联合组织邀请中国社会科学院欧洲研究所所长、"欧洲蓝皮书"主编周弘，中国社会科学院社会学研究所所长、"社会蓝皮书"主编李培林在荷兰莱顿大学进行专题演讲。

2012 年 4 月，在伦敦书展期间社会科学文献出版社发布了《中国金融发展报告》《应对气候变化报告》《全球政治与安全报告》等英文版皮书，并举办了"全球经济失衡与中国发展"为主题的学术活动。中国社会科学院副院长李扬出席会议并发表了题为"全球经济失衡与中国经济发展"的主题演讲，中国社会科学院社会学研究所所长李培林、中国社会科学院财经战略研究院院长高培勇、中国社会科学院世界经济与政治研究所所长张宇燕等专家参加了活动。

2012 年 6 月，社会科学文献出版社第 1 本繁体版皮书《香港发展报告（2012）》由和平图书有限公司（香港）出版，并在港澳台地区发行。

2012 年 9 月，社会科学文献出版社成立了"第二届皮书学术委员会"，进一步规范皮书的准入标准，不断促进皮书的研创质量。

2012 年 9 月，社会科学文献出版社公开出版发行的皮书达

300 种。

2012 年 9 月 21~22 日，由中国社会科学院主办，社会科学文献出版社和江西省社会科学院共同承办的"第十三次全国皮书年会（2012）"在江西南昌隆重举行。本届年会的主题是"皮书的内容创新与学术规范"。中国社会科学院常务副院长王伟光，江西省委常委、常务副省长凌成兴，中国社会科学院副院长李扬，全国哲学社会科学规划办公室副主任赵川东，江西省社会科学院院长汪玉奇，中国社会科学院社会学研究所所长李培林，社会科学文献出版社社长谢寿光等领导和专家出席了会议。与会课题组代表围绕"皮书的内容创新与出版规范"这一主题进行热烈讨论，并取得了丰硕的研讨成果。

2012 年 9 月，继 2009 年、2011 年颁发"优秀皮书奖"后，第三届"优秀皮书奖"首次对皮书中的单篇报告进行了评选。本次评奖工作是经皮书主编或课题组推荐，从 2009~2011 年出版的 436 种皮书、8000 篇报告中推选出 356 篇参与评奖。其中《加速转型中的中国城镇化与城市发展》《全国省域经济综合竞争力总体评价报告》《中国经济形势分析与预测——2010 年秋季报告》等 11 篇报告获得一等奖，《中国的低生育水平及有关认识问题》《西部经济十年发展报告及 2009 年经济形势预测》等 22 篇报告获得二等奖。

2012 年 12 月，《中国社会科学院皮书资助规定（试行）》颁布执行。

2012 年 12 月，在由中国出版协会、中国新闻出版研究院主办的"2012（第六届）全国新闻出版业网站年会"上，中国皮书网在 2012 年全国新闻出版业网站系列荣誉评选中荣获"出版业网站百强"。

2012 年，社会科学文献出版社第 1 本日文版皮书——《低碳经济发展报告（2011）》由日本密涅瓦出版社出版，并在日本发行。

2012 年，皮书评价研究中心在实践的基础上，对皮书内容质量评价指标不断进行摸索和修正，修改后的评价指标包括：研究主题价值与意义、编写体例、内容质量（科学性、实证性、前沿性、时效性、专业性）、评价评级加分、重复率减分。实现指标分级、皮书分类评价，并将重复率评价引入强调学术道德。皮书评价研究中心针对皮书的特点开始差异化评价。

2013 年

2013 年 3 月，为进一步加强皮书学术规范，提升皮书质量，维护好皮书品牌，社会科学文献出版社制定并颁布了《关于严格控制皮书内容重复率的规定》。该规定指出，皮书内容重复率合格标准为，整本皮书和单篇报告中引用政府公文、媒体报道、他人论文、著作，作者本人已发表或部分发表报告的字数占该报告总字数的百分比不超过 15%。

2013 年 3 月 22 日，社会科学文献出版社与荷兰博睿学术出版社在美国共同举办了"中国研究视角系列图书的发布会暨招待会"，发布了"人口与劳动绿皮书""环境绿皮书""教育蓝皮书"等书的英文版。

2013 年 6 月，由中国社会科学院科研局主办的"2013 年度中国社会科学院皮书工作会议"在京举行。中国社会科学院副秘书长、科研局局长晋保平，科研局副局长朝克，科研局成果处处长薛增朝，美国研究所、农村发展研究所、社会学研究所、宗教研究所等获得皮书资助的皮书主编和所属研究所科研处领导，以及社会科学文献出版社皮书相关领导近 80 人参加了本次会议。晋保平副秘书长、薛增朝处长、谢寿光社长以及部分皮书主编围绕皮书资助、成果发布、出版管理等内容进行了发言。会议公布了 2013 年拟资助的 40 种皮书名单。

2013 年 7 月，在第五届中国数字出版博览会上，皮书数据库荣获"2012～2013 年度数字出版·优秀品牌"奖。

2013 年 8 月 24～25 日，由中国社会科学院主办，甘肃省社会科学院、社会科学文献出版社共同承办的"第十四次全国皮书年会（2013）"在甘肃省兰州市隆重召开。本次会议的主题是"皮书研创与智库建设"。中国社会科学院副院长李扬、李培林，国家新闻出版广电总局副局长邬书林，甘肃省委常委、宣传部部长连辑，国家哲学社会科学规划办公室副主任姜培茂，中国社会科学院副秘书长、科研局局长晋保平，甘肃省委宣传部副部长、甘肃省社会科学院党委书记范鹏，甘肃省社会科学院院长王福生，社会科学文献出版社社长谢寿光等领导和专家出席了会议。与会课题组代表围绕皮书研创与智库建设、一流智库建设与皮书研创、地方智库创新与皮书研创、高校智库功能与皮书研创、智库影响力与皮书研创、文化大繁荣与智库影响力等主题进行热烈讨论，就如何研创高质量的皮书，建设一流智库达成了高度的共识，各皮书课题组将加强合作，共同推动全球智库交流和推广平台的建立。

2013 年 8 月，第四届"优秀皮书奖"颁发，《社会蓝皮书：2012 年中国社会形势分析与预测》《温州蓝皮书：2012 年温州经济社会形势分析与预测》等 9 种皮书获得一等奖；《新媒体蓝皮书：中国新媒体发展报告 No. 3 （2012）》《广州蓝皮书：2012年中国广州社会形势分析与预测》等 15 种皮书获得二等奖；《河南经济蓝皮书：2012 年河南经济形势分析与预测》《拉美黄皮书：拉丁美洲和加勒比发展报告（2011～2012）》等 12 种皮书获得三等奖。

2013 年 8 月，为了进一步提高皮书的质量，扩大影响，把中国社会科学院关于皮书科研管理和科研创新的机制推广到院外皮书的研创出版中，应广大院外皮书课题组的要求，《院外皮书使用中国社会科学院创新工程学术出版项目标识的规定（试行）》于 2013 年 8 月 9 日正式颁布实施，择优、分批分步在院外皮书上标注"中国社会科学院创新工程学术出版项目"字样。

2013 年 8 月，《气候变化绿皮书：中国应对气候变化的政策与行动》（英文版）荣获由中国出版协会、国际合作工作委员会、中国新闻出版研究院、《出版参考》杂志社联合颁发的"2012 年度输出版优秀图书奖"。

2013 年，皮书数据库荣获"第三届中国出版政府奖·网络出版物奖"提名奖。

2013 年，皮书评价的媒体影响力指标进行了再次调整，相对完善。按照媒体的性质分为传统媒体影响力、新媒体影响力、学术期刊影响力三项指标。

2014 年

2014 年 1 月，"食品安全绿皮书""全面小康蓝皮书"等 44种首批淘汰皮书名单公布。此后，为加强皮书的日常化管理，出版社将根据皮书评价结果、皮书连续出版情况，定期公布皮书淘汰名录。

2014年1月，"2013（第七届）全国新闻出版业网站年会"在北京举办，本届年会以"战略制胜 管理创新"为主题。中国皮书网获"最具商业价值网站"。

2014年1月，在皮书评价研究中心的基础上成立了皮书研究院，将全面统筹皮书学术规范、评价评奖、品牌发展等管理工作。

2014年3月28日，社会科学文献出版社与福建师范大学、联合国大学在美国纽约联合国大厦共同举办了"利用创新：培育国家创新竞争力以推动全球发展"国际学术研讨会。会上发布了由福建师范大学经济学院研创、社会科学文献出版社和施普林格出版集团联合出版的《世界创新竞争力发展报告》（英文版）。联合国副秘书长大卫·马龙博士出席并主持了会议开幕式。来自联合国机构、部分国家驻联合国使团、一些国家高校和著名智库、中国社会科学院、福建师范大学等人员参加了本次研讨会。

2014年3月28日，社会科学文献出版社联合荷兰博睿学术出版社和美国东方瞭望信息服务集团公司在美国共同举办了"2014年社会科学文献出版社外文出版物发布暨招待会"，发布了"人口与劳动绿皮书""低碳发展蓝皮书""社会蓝皮书""环境绿皮书""教育蓝皮书""气候变化绿皮书"等书的英文版。

2014年4月，出台《社会科学文献出版社关于加强皮书编审工作的有关规定》《社会科学文献出版社皮书责任编辑管理规定》《社会科学文献出版社关于皮书准入与退出的若干规定》，为严格把关皮书质量，提高皮书的专业性提供了规范。

2014 年 5 月，全面升级完善的新版皮书数据库上线。新版皮书数据库基于学术研究脉络构建子库产品，追踪社会热点推出学术专题，依托皮书研创力量建设学术共同体，提供以满足用户需求为目标的文献查询和知识服务。

2014 年 6 月，社会科学文献出版社与北京报刊发行局签订合同，将部分重点皮书纳入邮政发行系统。2015 年起，《经济蓝皮书：2015 年中国经济形势分析与预测》《社会蓝皮书：2015 年中国社会形势分析与预测》等 65 种皮书正式进入全国邮发征订目录。此举不仅有利于出版社构建完整的图书发行综合服务平台，更好地服务公共文化传播和文化产业发展，而且能够及时有效地向读者传递我国经济、社会、文化传媒、行业及国别与地区发展的最新动态，进一步扩大皮书的品牌影响力。

2014 年 6 月，《中国社会科学院皮书管理办法》正式颁布实施。《中国社会科学院皮书管理办法》对中国社会科学院创新工程皮书资助、院外皮书使用创新工程标识、皮书成果发布等进行了规范。

2014 年 6 月，社会科学文献出版社公开出版发行的皮书达 400 种。

2014 年 7 月 22 日，第三届皮书学术评审委员会成立仪式暨第五届"优秀皮书奖"评审会在京召开。中国社会科学院副院长李扬、副院长李培林、国家新闻出版广电总局原副局长、中国出版协会常务副理事长邬书林、中国社会科学院科研局局长马援等领导参加了本次会议。本届优秀皮书奖首次同时评选优秀皮书和优秀皮书报告。经分学科评审和大会汇评，最终匿名投票评选出第五届"优秀皮书奖"和"优秀皮书报告奖"各 39 个。此外，该委员会还根据《中国社会科学院皮书管理办法》，审议并投票评选出 2014 年纳入"中国社会科学院创新工程学术出版资助项目"的皮书和 2015 年使用"中国社会科学院创新工程学术出版项目"标识的院外皮书。

2014 年 8 月，"私营企业蓝皮书""宜居城市蓝皮书"等 27 种第二批淘汰皮书名单公布。

2014 年 8 月 15～16 日，由中国社会科学院主办，贵州省社会科学院、社会科学文献出版社承办的"第十五次全国皮书年会（2014）"在贵州省贵阳市隆重召开。本次会议的主题是"大数据时代的皮书研创"。中国社会科学院副院长李扬，贵州省副省长何力，贵州省政协副主席孔令中，国家新闻出版广电总局原副局长、中国出版协会常务副理事长邬书林，全国哲学社会科学规划办公室副主任姜培茂，社会科学文献出版社社长谢寿光，贵州省社会科学院党委书记金安江，贵州省社会科学院院长吴大华，中国社会科学院科研局副局长陈文学，国家新闻出版广电总局出版管理司副巡视员袁越伦等领导和专家出席了会议。会议围绕"大数据时代的皮书研创"进行了充分的讨论。

2014 年 8 月，第五届"优秀皮书奖"颁发。自本届开始，"优秀皮书奖"每年同时评选优秀皮书和优秀皮书报告。《经济蓝皮书：2013 年中国经济形势分析与预测》《北京蓝皮书：北京公共服务发展报告（2012～2013）》等 8 种皮书获得"优秀皮书奖"一等奖；《亚太蓝皮书：亚太地区发展报告（2013）》《反腐倡廉蓝皮书：中国反腐倡廉建设报告 No.3》等 13 种皮书获得"优秀皮书奖"二等奖；《宏观经济蓝皮书：中国经济增长报告（2012～2013）》《华侨华人蓝皮书：华侨华人研究报告（2013）》等 18 种皮书获得"优秀皮书奖"三等奖；《推进农业转移人口市民化的总体战略》《从高速增长转向高效增长：经济转型和供给机制改革》等 8 篇报告获得"优秀皮书报告奖"一等奖；《前景广阔的中国移动互联网》《工资上涨的两难：干预市场还是矫正市场》等 13 篇报告获得"优秀皮书报告奖"二等奖；《我国社会信用体系建设的总体分析》《积极应对人口老龄化成为中央的战略部署》等 18 篇报告获得"优秀皮书报告奖"三等奖。

2014 年 10 月，皮书数据库和列国志数据库双获由北京市新闻出版广电总局颁发的"音像、电子、网络出版物奖励扶持专项资金"。

2014 年 10 月 27 日，中国社会科学院 2014 年度纳入创新工程后期资助名单正式公布，相关资助措施进一步落实。《社会蓝皮书：2014 年中国社会形势分析与预测》等 42 种皮书纳入 2014 年度"中国社会科学院创新工程学术出版资助项目"。

2014 年 12 月，在皮书出版中心的基础上成立皮书出版分社，全面负责我社皮书品牌维护及策划、管理工作。

2015 年

2015 年 3 月 27 日，社会科学文献出版社联合荷兰博睿学术出版社和美国东方瞭望信息服务集团公司在美国共同举办了"2015 年社会科学文献出版社外文出版物发布暨招待会"，发布了"社会蓝皮书""气候变化绿皮书"等书的英文版。

2015年4月28日，第三届皮书学术评审委员会第二次会议暨第六届"优秀皮书奖"评审会在京召开。中国社会科学院副院长李培林、蔡昉出席会议并讲话，国家新闻出版广电总局原副局长、中国出版协会常务副理事长邬书林等30位委员出席本次会议。经分学科评审和大会汇评，最终匿名投票评选出第六届"优秀皮书奖"和"优秀皮书报告奖"书目。此外，该委员会还根据《中国社会科学院皮书管理办法》，审议并投票评选出2015年纳入"中国社会科学院创新工程学术出版资助项目"的皮书和2016年使用"中国社会科学院创新工程学术出版项目"标识的院外皮书。

2015年8月7～8日，由中国社会科学院主办，社会科学文献出版社和湖北大学共同承办的"第十六次全国皮书年会（2015）"在湖北省恩施州召开。本次会议的主题是"皮书研创与中国话语体系建设"。中国社会科学院副院长李培林，国家新闻出版广电总局原副局长、中国出版协会常务副理事长邬书林，湖北省委宣传部副部长喻立平，中国社会科学院科研局局长马援，国家新闻出版广电总局出版管理司副司长许正明，中共恩施州委书记王海涛，社会科学文献出版社社长谢寿光，湖北大学党委书记刘建凡等领导和专家出席了会议。

2015年8月，第六届"优秀皮书奖"颁发。《法治蓝皮书：中国法治发展报告No.12（2014）》《京津冀蓝皮书：京津冀发展报告（2014）》等8种皮书获得"优秀皮书奖"一等奖；《房地产蓝皮书：中国房地产发展报告No.11（2014）》《日本经济蓝皮书：日本经济与中日经贸关系研究报告（2014）》等13种皮书获得"优秀皮书奖"二等奖；《教育蓝皮书：中国教育发展报告（2014）》《上海蓝皮书：上海经济发展报告（2014）》等18 种皮书获得"优秀皮书奖"三等奖；《城市化率达到50% 以后：拉美国家的经济、社会和政治转型》《国际人才在中国流动的壁垒与突破》等8 篇报告获得"优秀皮书报告奖"一等奖；《安徽社会阶层结构的现状与发展趋势》《社会文化价值观与社会现状感知》等13 篇报告获得"优秀皮书报告奖"二等奖；《科技背景下文化产业的业态裂变与跨界融合》《2013 年幸福感调查报告——基于中国11 个中心城市的调查》等18 篇报告获得"优秀皮书报告奖"三等奖。

2015 年11 月，《皮书手册：写作、编辑出版与评价指南》正式出版发行。该手册为皮书（智库报告）的写作、编辑、出版、评价提供了一整套通用规范，为皮书的读者、作者实现沟通提供了科学指导。

2015 年11 月3 日，中国社会科学院2015 年度纳入创新工程后期资助名单正式公布，《社会蓝皮书：2015 年中国社会形势分析与预测》等41 种皮书纳入2015 年度"中国社会科学院创新工程学术出版资助项目"。

2015 年12 月，社会科学文献出版社公开出版发行的皮书达500 种。

2015 年，社会科学文献出版社出版外文版皮书达100 余种，涉及英文、韩文、俄文、日文，以及繁体版等。

2015 年，皮书研究院对皮书内容质量评价指标进行再次调整，形成了一套比较完整的评价指标体系。调整后的评价指标包括：研究主题价值与意义、编写体例、内容质量（科学性、实证性、前沿性、时效性、专业性）、加分项（评价评级、社会调查、模型预测）、重复率减分、下载率。突出数据的原创性以及数据分析的复杂性，同时添加了文献计量指标。

2016 年

2016 年 3 月，皮书数据库荣获由中央网信办指导，人民网、新华网、中国网等联合举办的"搜索中国正能量 点赞 2015"科技创新奖。

2016 年 4 月 1 日，社会科学文献出版社联合博睿学术出版社和美国东方瞭望信息服务集团公司在美国共同举办了"2016 年社会科学文献出版社外文出版物发布暨招待会"，发布了与博睿学术出版社合作出版的英文版皮书——"人口与劳动绿皮书""环境绿皮书""气候变化绿皮书"。此外，社会科学文献出版社与美国东方瞭望信息服务集团公司合作出版的第 1 本英文版皮书"测绘地理信息蓝皮书"也在本次招待会上发布。

2016 年 4 月 20 日，第四届皮书学术评审委员会成立仪式暨第七届"优秀皮书奖"评审会在京召开。第四届皮书学术评审委员会近 30 位委员参加了本次会议。中国社会科学院副院长蔡昉出席会议并讲话。会议分别由中国社会科学院科研局局长马援、社会科学文献出版社社长谢寿光、中国社会科学院科研局副局长张国春主持。会议举行了第四届皮书学术评审委员会成立仪式。经分学科评审和大会汇评，最终匿名投票评选出第七届"优秀皮书奖"和"优秀皮书报告奖"书目。此外，皮书学术评审委员会还根据《中国社会科学院皮书管理办法》，审议并投票评选出 2016 年纳入"中国社会科学院创新工程学术出版资助项目"的皮书和 2017 年使用"中国社会科学院创新工程学术出版项目"标识的院外皮书。

2016 年 5 月 17 日，国家新闻出版广电总局发布通知，实施《"十三五"国家重点图书、音像、电子出版物出版规划》。皮书系列入选"十三五"国家重点出版规划项目，皮书数据库被列入电子出版物骨干工程。

2016 年 5 月 25 日，中国社会科学院 2016 年度纳入创新工程后期资助名单正式公布，《社会蓝皮书：2016 年中国社会形势分析与预测》等 41 种皮书纳入 2016 年度"中国社会科学院创新工程学术出版资助项目"。

2016 年 7 月 5 日，2017 年使用"中国社会科学院创新工程学术出版项目"标识的名单正式公布。《中国省域竞争力蓝皮书：中国省域经济综合竞争力发展报告》等 55 种皮书，自 2017 年 1 月 1 日起，使用该标识。

2016 年 8 月 5~6 日，由中国社会科学院主办，社会科学文献出版社、河南省社会科学院、河南大学共同承办的"第十七次全国皮书年会（2016）"在河南省郑州市、开封市召开。本次会议的主题是"专业化与规范性"。中国社会科学院副院长蔡昉，河南省委常委、宣传部部长赵素萍，中国出版协会常务副理事长邬书林，中国社会科学院科研局局长马援，国家新闻出版广电总局出版管理司副司长许正明，社会科学文献出版社社长谢寿光，河南省社会科学院党委书记魏一明、院长张占仓，河南大学常务副书记赵国祥等领导和专家出席了会议。与会代表围绕会议主题进行了热烈的讨论，就如何提高皮书的专业化与规范性进行充分交流，并提出了建设性的意见，会议取得了丰硕的成果。

2016 年 8 月，第七届"优秀皮书奖"颁发。《美国蓝皮书：

美国研究报告（2015）》《北京蓝皮书：北京公共服务发展报告（2014～2015）》等 8 种皮书获得"优秀皮书奖"一等奖；《城市蓝皮书：中国城市发展报告 No. 8》《日本蓝皮书：日本研究报告（2015）》等 13 种皮书获得"优秀皮书奖"二等奖；《金融蓝皮书：中国金融发展报告（2015）》《德国蓝皮书：德国发展报告（2015）》等 17 种皮书获得"优秀皮书奖"三等奖；《"十三五"时期中国人口发展战略研究》《广州青年就业发展研究报告》等 8 篇报告获得"优秀皮书报告奖"一等奖；《2014～2015 年西北地区经济社会发展形势分析与预测》《宏观经济紧缩的财政制度基础》等 13 篇报告获得"优秀皮书报告奖"二等奖；《浦东新区综合配套改革试点中的政府职能转变情况评估》《新常态下的社会体制改革——2014～2015 年黑龙江省社会形势分析与预测》等 18 篇报告获得"优秀皮书报告奖"三等奖。

2016 年 9 月，"煤炭市场蓝皮书""'两化'融合蓝皮书"等 46 种第三批淘汰皮书名单公布。皮书退出机制常态化。

2016 年 12 月 12～13 日，第一期皮书研创高级研修班开班典礼在广州隆重举行。中国社会科学院新闻与传播研究所所长唐绪军、中国社会科学院社会学研究所所长陈光金、中国社会科学院欧洲研究所编审沈雁南，以及大数据领域专家中国社会科学院社会发展战略研究院副研究员陈华珊作为讲师代表参加开班典礼。社会科学文献出版社社长谢寿光、广州大学广州发展研究院院长涂成林代表主办方、承办方出席并致辞。广州市委宣传部副巡视员贺忠出席开班仪式。开班典礼由社会科学文献出版社副总编辑、皮书研究院院长蔡继辉主持。皮书研创高级研修班的举办，是皮书质量管理前移、实现智库类成果精细化管理、探索智库机构合作新平台的一项举措。

2016 年 12 月 20 日，皮书研究院被授予"全国科普工作先进集体"称号。

2016 年 12 月，社会科学文献出版社公开出版发行的皮书达 600 种。

2017 年

2017 年 1 月，随着微博、微信等新媒体在提升皮书社会影响力中起到了越来越重要的作用，皮书媒体影响力指标做了最新调整，增加了新媒体运营能力这一指标，该项指标重点考察了课题组运营微博、微信以及微信群的能力，对皮书的影响力传播渠道不断进行了挖掘。

2017 年 4 月 12 日，第四届皮书学术评审委员会第二次会议暨第八届"优秀皮书奖"评审会在京召开。第四届皮书学术评审委员会主任、中国社会科学院副院长李培林出席会议并讲话。中国社会科学院国际研究学部主任张蕴岭、中国人民大学副校长贺耀敏、贵州省社会科学院院长吴大华、北京师范大学经济与工商管理学院院长赖德胜等 27 位委员参加了本次会议。经分学科评审和大会汇评，最终匿名投票评选出第八届"优秀皮书奖"和"优秀皮书报告奖"书目。此外，皮书学术评审委员会还根据《中国社会科学院皮书管理办法》，审议并投票评选出 2017 年纳入"中国社会科学院创新工程学术出版资助项目"的皮书和 2018 年使用"中国社会科学院创新工程学术出版项目"标识的院外皮书。

2017 年 5 月，《皮书手册：写作、编辑出版与评价指南》第二版正式出版发行。该手册在第一版的基础上，对皮书的写作、编辑、出版、评价进行了更为详细的指导。

为了实现皮书品牌的可持续发展，进一步提升皮书的学术影响力和社会影响力，搭建起皮书研创交流的新平台，推动中国特色新型智库建设，促进皮书类智库报告的研创、出版和传播，社会科学文献出版社于2017年5月举办了第二期皮书研创高级研修班，研修班侧重"皮书策划与智库平台建设"主题，邀请了长期参与和负责皮书研创的地方社会科学院系统、党校系统、高校系统专家，与55位学员和讲师面对面交流。

2017年，皮书在线投约稿平台建成，以此为基础，皮书数据库实现单篇智库报告的在线投约稿、编辑加工及在线优先出版。

2017年5月，随着"皮书"及LOGO进行商标注册的完成，社会科学文献出版社不断进行品牌保护，现保护类别已涵盖图书、数据库、出版服务等全品类。

为优化皮书稿件管理流程，2017年7月，社会科学文献出版社启动皮书预审预处理工作。预审工作是编辑出版的前提，要决定稿件取舍，为学术传播把关；要向作者提出修改意见，提高稿件质量；要向文稿编辑提出审稿重点。

2017年8月4~5日，由中国社会科学院主办，社会科学文献出版社、青海省社会科学院共同承办的"第十八次全国皮书年会（2017）"在青海省西宁市召开。中国社会科学院院长王伟光，青海省委副书记、省长王建军，国家新闻出版广电总局副局长吴尚之，青海省委常委、宣传部部长张西明，中国出版协会常务副理事长邬书林，国家哲学社会科学规划办公室主任佘志远，青海省人民政府秘书长、办公厅主任张黄元，中国社会科学院国际合作局局长王镭，社会科学文献出版社社长谢寿光，青海省社会科学院院长陈玮等领导出席开幕式。与会代表围绕"皮书专业化二十年"的主题进行深入研讨和交流。中国社会科学院副院长李培林、蔡昉等20余位学者被授予"皮书专业化二十年·致敬人物"称号。

2017年8月4日，第八届"优秀皮书奖"颁发。《美国蓝皮书：美国研究报告（2016）》《新媒体蓝皮书：中国新媒体发展报告No.7（2016）》等9种皮书获得第八届"优秀皮书奖"一等奖；《日本经济蓝皮书：日本经济与中日经贸关系研究报告（2016）》《德国蓝皮书：德国发展报告（2016）》等14种皮书获得第八届"优秀皮书奖"二等奖；《国际形势黄皮书：全球政治与安全报告（2016）》《俄罗斯黄皮书：俄罗斯发展报告（2016）》等19种皮书获得第八届"优秀皮书奖"三等奖。《2016年大选：美国内政外交风向标》《广州市民间信仰及其管理办法调研报告》等9篇报告获得第八届"优秀皮书报告奖"一等奖；《难民危机对于德国政治、经济与社会的影响》《中国企业在非洲：成就、问题与对策》等14篇报告获得第八届"优秀皮书报告奖"二等奖；《英国脱欧公投与英欧关系：进程、结果与影响》《2015年中亚形势及发展趋势》等17篇报告获得第八届"优秀皮书报告奖"三等奖。

2017年，皮书博物馆建成并对外开放。

2018 年

2018年3月15～16日，"2017年版皮书评价暨第九届优秀皮书报告奖复评会"在京召开。经济、行业、社会政法等相关领域学者、行业专家、核心期刊编辑、资深媒体人等 28 位评委出席本次评审会。会议依据《中国社会科学院皮书管理办法》，按照同行评审的要求，本着科学、客观、公正的原则，对 2017 年出版的 374 种皮书以及参评第九届"优秀皮书报告奖"的 332 篇候选报告进行了复评。中国社会科学院科研局局长马援、社会科学文献出版社社长谢寿光出席评审会开幕式并致辞，社会科学文献出版社副总编辑、皮书研究院院长蔡继辉主持评审会。

为推动国别和区域研究相关机构的智库建设，搭建全国性的国别和区域研究交流新平台，提高国别区域和全球治理类皮书研创单位及相关科研机构的建言咨政能力，2018 年 4 月 19～20 日，由社会科学文献出版社、河南省社会科学院联合主办的题为"智库参与全球治理与'一带一路'建设暨国别区域和全球治理类皮书的研创"的第三期皮书研创高级研修班在河南泓元大酒店隆重召开。社会科学文献出版社社长谢寿光、河南省社会科学院副院长袁凯声代表主办方分别致辞，河南省社会科学院原院长张占仓、云南民族大学党委副书记刘荣作为讲师代表发言，中国社会科学院郑州市人民政府郑州研究院常务副院长郑秉文、郑州大学副校长张倩红出席开班典礼。

2018 年 5 月 4 日，2017 年版皮书评价复核会在社会科学文献出版社金鼎召开，会议对部分皮书的研究主题的价值与意义、科学性、前沿性、出版时间、数据资料的时效性、加分项等主观指标，以及同一系列的 2016 年版皮书与 2017 年版评价得分差别较大的皮书进行复核，以保证皮书评价得分的准确性和科学性。

2018 年 6 月 8 日，第五届皮书学术委员会成立仪式暨第一次全体会议、第九届"优秀皮书奖"终评会在京召开。第五届皮书学术委员会主任、中国社会科学院副院长李培林，副院长蔡昉出席会议并讲话。中国社会科学院社会学研究所所长陈光金、西南政法大学校长付子堂、中国人民大学副校长贺耀敏等26位委员参加了本次会议。经分学科评审和大会汇评，最终匿名投票评选出第九届"优秀皮书奖"和"优秀皮书报告奖"书目。此外，皮书学术委员会还根据《中国社会科学院皮书管理办法》，审议并投票评选出2018年纳入"中国社会科学院创新工程学术出版资助项目"的皮书和2019年使用"中国社会科学院创新工程学术出版项目"标识的院外皮书。会上，中国社会科学院副院长李培林、中国社会科学院科研局局长马援、社会科学文献出版社社长谢寿光共同为皮书博物馆揭牌，标志着皮书博物馆实体馆正式对外开放。

2018年7月，《皮书手册：写作、编辑出版与评价指南》第三版正式出版发行。该手册对皮书的写作、编辑、出版、评价进行了更为详细的指导。

2018年8月3日，第十九次全国皮书年会（2018）在山东省烟台市召开，会议由中国社会科学院主办，社会科学文献出版社、山东社会科学院和鲁东大学联合承办，本次年会的主题是"新时代的皮书：未来与趋势"。中国社会科学院副院长、党组副书记王京清，山东省副省长孙继业，中国社会科学院副院长、党组成员蔡昉，中国出版协会常务副理事长邬书林，山东省政协副主席、山东社会科学院党委书记唐洲雁，中国社会科学院科研局局长马援，社会科学文献出版社社长谢寿光，鲁东大学党委书记徐东升等领导出席开幕式。年会共设置了7个分论坛，各分论坛围绕各自的主题进行深入研讨，为新时代皮书的研创和智库平台的建设提供了思路和方向。

2018 年 8 月 3 日，第九届"优秀皮书奖"颁发。《北京旅游绿皮书：北京旅游发展报告（2017）》《法治蓝皮书：中国法治发展报告（No. 15·2017）》等 10 种皮书获得"优秀皮书奖"一等奖；《城市蓝皮书：中国城市发展报告 No. 10》《德国蓝皮书：德国发展报告（2017）》等 15 种皮书获得"优秀皮书奖"二等奖；《安徽蓝皮书：安徽社会发展报告（2017）》《房地产蓝皮书：中国房地产发展报告（No. 14·2017）》等 24 种皮书获得"优秀皮书奖"三等奖；《2016～2017 年贵州法治发展现状及对策》《关注阶层心态，提高民众获得感》等 10 篇报告获得"优秀皮书报告奖"一等奖；《2016～2017 年"三农"互联网金融发展：回顾、总结与展望》《2017 年：山东省社会形势分析与预测》等 13 篇报告获得"优秀皮书报告奖"二等奖；《"安全文明"：非传统安全研究新视角》《2016～2017 年中国区域经济发展形势与展望》等 19 篇报告获得"优秀皮书报告奖"三等奖。

2018 年 11 月 26～28 日，第四期全国皮书研创高级研修班在中共温州市委党校开班。研修班的主题为：提升行业类皮书研创质量，搭建全国性的行业研究交流新平台，加强行业研究的平台建设与人才培养，促进各行业领域的基础研究、智库报告等成果的研创、出版和传播，推动行业智库建设，提高各行业研究中心的建言咨政能力。为更好地发挥皮书主编的主体责任，在第四期皮书研创高级研修班的课程前增加了皮书主编论坛，召集相关领域的皮书主编就智库建设、智库成果专业化进行一场思想的交锋。

2018 年 12 月，2019 年版皮书封面设计正式采用软精装。软精装是相对于硬壳精装而言的一种软面精装形式，工艺相对复杂，且装帧更具特色。采用圆脊软精装形式，封面相对柔软，且为锁线装订，书籍可以直接摊开阅读，阅读体验更佳。同时，增加了前、后勒口，使书籍不易变形，翘曲。这些需要一定的设备条件方可制作，仿造成本提高，增加了盗版及模仿的难度，皮书品牌的国际化程度进一步加强。

2019 年

2019 年 3 月 7 ~ 8 日，"2018 年版皮书评价暨第十届优秀皮书报告奖复评会"在京召开。相关领域学者、行业专家、核心期刊编辑、资深媒体人等 32 位评委出席了本次评审会。依据《中国社会科学院皮书管理办法》的相关规定，按照同行评审的要求，本着科学、客观、公正的原则，评委们对 426 种 2018 年版皮书以及参评第十届"优秀皮书报告奖"的 407 篇候选报告进行了复评。中国社会科学院科研局局长马援、社会科学文献出版社社长谢寿光出席评审会开幕式并致辞，社会科学文献出版社副总编辑、皮书研究院院长蔡继辉主持评审会。

2019 年 3 月 26 日，汽车类蓝皮书主编会议在我社蓝厅召开。谢寿光社长、蔡继辉副总编辑、汽车类蓝皮书课题组主编或代表、各部门汽车类蓝皮书项目负责人等 20 余人参加了会议。此次会议是第一次针对某一行业召开的专门讨论会议，旨在同各皮书课题组的主编们交流，共同商讨汽车类皮书的未来规划，提升汽车类蓝皮书的质量。会议就规范汽车相关蓝皮书品牌信息、对汽车相关蓝皮书实施分类管理、进一步探索不同类别蓝皮书的研创规范、搭建不同类别蓝皮书的合作平台等议题进行研讨。

2019 年 6 月 3 日，第五届皮书学术委员会第二次全体会议暨第十届"优秀皮书奖"终评会在京召开。中国社会科学院副院长蔡昉、高培勇，中国人民大学副校长贺耀敏、贵州省社会科学院院长吴大华等 28 位学术委员会委员参加了本次会议。第五届皮书学术委员会主任李培林出席会议并讲话。经分学科评审和大会汇评，最终匿名投票评选出第十届"优秀皮书奖"和"优秀皮书报告奖"书目。此外，皮书学术委员会还根据《中国社会科学院皮书管理办法》，审议并投票评选出 2020 年纳入"中国社会科学院创新工程学术出版资助项目"的皮书和 2020 年使用"中国社会科学院创新工程学术出版项目"标识的院外皮书。

第九届"优秀皮书奖""优秀皮书报告奖"获奖名单

第九届"优秀皮书奖"获奖名单

（按丛书名拼音排序）

第九届"优秀皮书奖"获奖名单（一等奖）

序号	丛书名	书名	主编	研创单位
1	北京旅游绿皮书	北京旅游发展报告（2017）	北京旅游学会	北京旅游学会
2	法治蓝皮书	中国法治发展报告（No. 15·2017）	李林、田禾	中国社会科学院法学研究所
3	广州蓝皮书	广州经济发展报告（2017）	张跃国、尹涛	广州市社会科学院

续表

序号	丛书名	书名	主编	研创单位
4	健康城市蓝皮书	北京健康城市建设研究报告（2017）	王鸿春、盛继洪	中国医药卫生事业发展基金会、北京市健康促进工作委员会、首都社会经济发展研究所、北京健康城市建设促进会、北京民力健康传播中心、北京健康城市建设研究中心
5	经济蓝皮书春季号	2017 年中国经济前景分析	李扬	中国社会科学院数量经济与技术经济研究所（经济学部）
6	农村绿皮书	中国农村经济形势分析与预测（2016～2017）	魏后凯、黄秉信	中国社会科学院农村发展研究所、国家统计局农村社会经济调查司
7	人口与劳动绿皮书	中国人口与劳动问题报告 No.18：新经济　新就业	张车伟	中国社会科学院人口与劳动经济研究所
8	社会蓝皮书	2017 年中国社会形势分析与预测	李培林、陈光金、张翼	中国社会科学院社会学研究所
9	世界经济黄皮书	2017 年世界经济形势分析与预测	张宇燕	中国社会科学院世界经济与政治研究所
10	新媒体蓝皮书	中国新媒体发展报告（No.8·2017）	唐绪军	中国社会科学院新闻与传播研究所

第九届"优秀皮书奖"获奖名单（二等奖）

序号	丛书名	书名	主编	研创单位
1	城市蓝皮书	中国城市发展报告 No.10：大国治霾之城市责任	潘家华、单菁菁	中国社会科学院城市发展与环境研究所
2	德国蓝皮书	德国发展报告（2017）：大选背景下的德国	郑春荣	同济大学德国研究中心

续表

序号	丛书名	书名	主编	研创单位
3	反腐倡廉蓝皮书	中国反腐倡廉建设报告No.7	张英伟	中国社会科学院中国廉政研究中心
4	广州蓝皮书	中国广州科技创新发展报告（2017）	于欣伟、陈爽、邓佑满	广州大学广州发展研究院
5	河南蓝皮书	河南经济发展报告（2017）：建设经济强省	张占仓、完世伟	河南省社会科学院
6	黑龙江蓝皮书	黑龙江社会发展报告（2017）	谢宝禄	黑龙江省社会科学院
7	教育蓝皮书	中国教育发展报告（2017）	杨东平	21世纪教育研究院
8	京津冀蓝皮书	京津冀发展报告（2017）：协同发展的新形势与新进展	祝合良、叶堂林、张贵祥	首都经济贸易大学
9	经济蓝皮书夏季号	中国经济增长报告（2016~2017）：供给侧结构性改革与迈向中高端	李扬	中国社会科学院经济研究所
10	连片特困区蓝皮书	中国连片特困区发展报告（2016~2017）：连片特困区扶贫开发政策与精准扶贫实践	游俊、冷志明、丁建军	吉首大学
11	旅游绿皮书	2016~2017年中国旅游发展分析与预测	宋瑞	中国社会科学院旅游研究中心
12	美国蓝皮书	美国研究报告（2017）：特朗普当选与政治生态变迁	郑秉文、黄平	中国社会科学院美国研究所、中华美国学会
13	山东蓝皮书	山东经济形势分析与预测（2017）	李广杰	山东社会科学院
14	上海蓝皮书	上海经济发展报告（2017）：推动供给侧结构性改革	沈开艳	上海社会科学院
15	移动互联网蓝皮书	中国移动互联网发展报告（2017）	余清楚	人民网研究院

第九届"优秀皮书奖"获奖名单（三等奖）

序号	丛书名	书名	主编	研创单位
1	安徽蓝皮书	安徽社会发展报告（2017）	程桦	安徽大学
2	房地产蓝皮书	中国房地产发展报告（No. 14·2017）	李春华、王业强	中国社会科学院城市发展与环境研究所
3	甘肃蓝皮书	甘肃县域和农村发展报告（2017）	朱智文、包东红、王建兵	甘肃省社会科学院、甘肃省统计局
4	甘肃蓝皮书	甘肃舆情分析与预测（2017）	陈双梅、张谦元	甘肃省社会科学院
5	广州蓝皮书	2017年中国广州社会形势分析与预测	张强、何镜清	广州大学广州发展研究院
6	贵州房地产蓝皮书	贵州房地产发展报告NO.4(2017)	武廷方	贵州财经大学贵州省房地产研究院
7	贵州蓝皮书	贵州社会发展报告（2017）	王兴骥	贵州省社会科学院
8	国际城市蓝皮书	国际城市发展报告（2017）：丝路城市走廊——构筑"一带一路"战略主通道	屠启宇	上海社会科学院
9	河南蓝皮书	2017年河南社会形势分析与预测：决胜全面小康 让百姓更有获得感	牛苏林	河南省社会科学院
10	华侨华人蓝皮书	华侨华人研究报告（2017）	贾益民、张禹东、庄国土	华侨大学华侨华人研究院
11	经济蓝皮书	2017年中国经济形势分析与预测	李扬	中国社会科学院数量经济与技术经济研究所(经济学部)
12	辽宁蓝皮书	2017年辽宁经济社会形势分析与预测	梁启东、魏红江	辽宁社会科学院
13	青海蓝皮书	2017年青海经济社会形势分析与预测	陈玮	青海省社会科学院

序号	丛书名	书名	主编	研创单位
14	日本经济蓝皮书	日本经济与中日经贸关系研究报告(2017)："特朗普冲击"与区域经济合作中的日本因素	张季风	全国日本经济学会、中国社会科学院日本研究所
15	陕西蓝皮书	陕西经济发展报告(2017)	任宗哲、白宽犁、裴成荣	陕西省社会科学院
16	上海蓝皮书	上海社会发展报告(2017)：共享发展	杨雄、周海旺	上海社会科学院
17	社会保障绿皮书	中国社会保障发展报告(No.8·2017)：社会保障反贫困	王延中	中国社会科学院民族学与人类学研究所
18	社会心态蓝皮书	中国社会心态研究报告(2017)：社会阶层与获得感	王俊秀	中国社会科学院社会学研究所社会心理学研究中心
19	世界能源蓝皮书	世界能源发展报告(2017)	黄晓勇	中国社会科学院研究生院国际能源安全研究中心
20	土地整治蓝皮书	中国土地整治发展研究报告(No.4)	国土资源部土地整治中心	国土资源部土地整治中心
21	温州蓝皮书	2017年温州经济社会形势分析与预测	蒋儒标、王春光、金浩	中共温州市委党校、中国社会科学院社会学研究所
22	文化建设蓝皮书	中国文化发展报告(2017)	江畅、孙伟平、戴茂堂	湖北大学高等人文研究院、中华文化发展湖北省协同创新中心、湖北文化建设研究院

续表

序号	丛书名	书名	主编	研创单位
23	新能源汽车蓝皮书	中国新能源汽车产业发展报告（2017）	中国汽车技术研究中心、日产（中国）投资有限公司、东风汽车有限公司	中国汽车技术研究中心、日产（中国）投资有限公司、东风汽车有限公司
24	中国省域竞争力蓝皮书	中国省域经济综合竞争力发展报告（2015～2016）：供给侧结构性改革与中国区域经济新动能培育	李建平、李闽榕、高燕京	全国经济综合竞争力研究中心福建师范大学分中心

第九届"优秀皮书报告奖"获奖名单

（按报告名拼音排序）

第九届"优秀皮书报告奖"获奖名单（一等奖）

序号	报告名称	作者	作者单位	所属皮书
1	2016～2017年贵州法治发展现状及对策	贵州省社会科学院课题组	贵州省社会科学院	《贵州蓝皮书：贵州法治发展报告（2017）》
2	关注阶层心态，提高民众获得感	王俊秀	中国社会科学院社会学研究所社会心理学研究室	《社会心态蓝皮书：中国社会心态研究报告（2017）》
3	广州就业保障发展报告	广州市社会科学院课题组	广州市社会科学院社会学与社会政策研究所	《广州蓝皮书：广州社会保障发展报告（2017）》

续表

序号	报告名称	作者	作者单位	所属皮书
4	贵州地理标志产业发展概况与2017～2020年趋势预测	李发耀、黄其松	贵州省社会科学院地理标志研究中心、贵州大学公共管理学院	《贵州蓝皮书：贵州地理标志产业发展报告(2017)》
5	国际变局冲击下的日本与中日关系	杨伯江	中国社会科学院日本研究所	《日本蓝皮书：日本研究报告(2017)》
6	迈向中高端的结构变革	中国经济增长前沿课题组	中国社会科学院经济研究所	《经济蓝皮书夏季号：中国经济增长报告(2016～2017)》
7	社会组织发展的整体性变革——政策工具组合与生态系统构建	中国社会科学院"社会组织与公共治理研究"课题组(黄晓勇、蔡礼强 执笔)	中国社会科学院研究生院社会组织与公共治理研究中心	《社会组织蓝皮书：中国社会组织报告(2016～2017)》
8	深圳经济发展质量的监测与比较分析	深圳市社会科学院课题组	深圳市社会科学院	《深圳蓝皮书：深圳经济发展报告(2017)》
9	长江经济带工业绿色发展报告	黄磊	武汉大学区域经济研究中心	《长江经济带产业蓝皮书：长江经济带产业发展报告(2017)》
10	中国文化发展指数发布与评价报告(2016)	卿菁	湖北大学政法与公共管理学院	《文化建设蓝皮书：中国文化发展报告(2017)》

注：句首为标点符号、阿拉伯数字的排前。

第九届"优秀皮书报告奖"获奖名单（二等奖）

序号	报告名称	作者	作者单位	所属皮书
1	2016～2017年"三农"互联网金融发展:回顾、总结与展望	李勇坚、张璇、王弢、陆奇捷	中国社会科学院财经战略研究院互联网经济研究室;联想控股成员企业翼龙贷;北京农业职业学院	《"三农"互联网金融蓝皮书:中国"三农"互联网金融发展报告(2017)》
2	2017年:山东省社会形势分析与预测	山东省社会形势分析与预测课题组(李善峰、毕伟玉执笔)	山东社会科学院省情与社会发展研究院	《山东蓝皮书:山东社会形势分析与预测(2017)》
3	2017年全球数字经济发展报告——基于国家竞争力的评价分析	王振、惠志斌、王滢波、赵付春	上海社会科学院信息研究所	《数字经济蓝皮书:全球数字经济竞争力发展报告(2017)》
4	北京市保障性住房发展现状与有效供给的政策思考	王敏	北京工业大学人文社会科学学院	《社会建设蓝皮书:2017年北京社会建设分析报告》
5	从特朗普当选总统看美国反建制力量崛起及其影响	王欢、刘辉	中国社会科学院美国研究所	《美国蓝皮书:美国研究报告(2017)》
6	广州市中小客车总量调控政策实施效果评估与建议	广州大学广州发展研究院课题组	广州大学广州发展研究院	《广州蓝皮书:中国广州城市建设与管理发展报告(2017)》

序号	报告名称	作者	作者单位	所属皮书
7	难民危机背景下的德国社会及其变化	宋全成	山东大学移民研究所	《德国蓝皮书：德国发展报告（2017）》
8	上海弹性城市发展评价及推进策略研究	程进、周冯琦	上海社会科学院生态与可持续发展研究所	《上海蓝皮书：上海资源环境发展报告（2017）》
9	四川自然资源资产产权制度建设研究	黄昭贤、杨红宇、黄先明	四川省自然资源科学研究院	《四川蓝皮书：四川生态建设报告（2017）》
10	中国海事司法透明度指数报告（2016）——以海事法院网站信息公开为视角	中国社会科学院法学研究所法治指数创新工程项目组	中国社会科学院法学研究所	《法治蓝皮书：中国法治发展报告 No.15（2017）》
11	中国民众互联网人权观念调查报告	周力	西南政法大学人权研究院	《人权蓝皮书：中国人权事业发展报告 No.7（2017）》
12	中国特大城市新社会阶层调研报告——基于北京、上海、广州的调查	张海东、杨城晨、赖思琦	上海大学社会学院	《社会蓝皮书：2017年中国社会形势分析与预测》
13	总报告	李本乾、刘强	上海交通大学媒体与设计学院、广西师范大学经济管理学院	《传媒竞争力蓝皮书：中国传媒国际竞争力研究报告（2017）》

注：句首为标点符号、阿拉伯数字的排前。

第九届"优秀皮书报告奖"获奖名单（三等奖）

序号	报告名称	作者	作者单位	所属皮书
1	"安全文明"：非传统安全研究新视角	余潇枫	浙江大学非传统安全与和平发展研究中心	《非传统安全蓝皮书：中国非传统安全研究报告（2016～2017）》
2	2016～2017年中国区域经济发展形势与展望	北京市社会科学院区域经济研究课题组	北京市社会科学院	《区域蓝皮书：中国区域经济发展报告（2016～2017）》
3	2016年民营二级综合医院数据分析报告	北京中卫云医疗数据分析与应用技术研究院民营医院数据评价课题组	北京中卫云医疗数据分析与应用技术研究院	《民营医院蓝皮书：中国民营医院发展报告（2017）》
4	2016年深圳法治发展主要特征及2017年展望	李朝晖、秦芹	深圳市社会科学院	《深圳蓝皮书：深圳法治发展报告（2017）》
5	2016年中国农业农村经济形势分析及2017年预测	总报告课题组	中国社会科学院农村发展研究所	《农村绿皮书：中国农村经济形势分析与预测（2016～2017）》
6	安徽省绿色持续创新能力提升对策研究	李敏、杜鹏程	安徽大学	《安徽蓝皮书：安徽社会发展报告（2017）》
7	关于杜绝广东省"山寨会展"的对策研究	广州大学广州发展研究院课题组	广州大学广州发展研究院	《广州蓝皮书：2017年中国广州经济形势分析与预测》
8	河南省高级人民法院民事案例分析报告(2016)	河南省高级人民法院课题组	河南省高级人民法院	《河南蓝皮书：河南法治发展报告（2017）》

续表

序号	报告名称	作者	作者单位	所属皮书
9	江西大力推进农业供给侧结构性改革的重点与难点	江西省社会科学院课题组	江西省社会科学院	《江西蓝皮书：江西经济社会发展报告（2017）》
10	京津冀协同发展综合评价与率先突破	张贵、薛伊冰、刘霄、马树强、金浩	河北工业大学	《河北经济蓝皮书：河北省经济发展报告（2017）》
11	连片特困区扶贫开发政策实施与精准扶贫实践调查——基于"人""业""地"综合减贫的视角	游俊、冷志明、丁建军	吉首大学	《连片特困区蓝皮书：中国连片特困区发展报告（2016～2017）》
12	莫迪的对华心态、"问题外交"与印度参与"一带一路"倡议的前景	叶海林	中国社会科学院亚太与全球战略研究院	《印度洋地区蓝皮书：印度洋地区发展报告（2017）》
13	他救与自救：北京民营书业发展策略	薛纪雨、赵均	北京时代华语图书股份有限公司、中国传媒大学年鉴编辑部	《北京传媒蓝皮书：北京新闻出版广电发展报告（2016～2017）》
14	新经济：概念、特征及其对增长和就业的贡献	张车伟、赵文、王博雅	中国社会科学院人口与劳动经济研究所	《人口与劳动绿皮书：中国人口与劳动问题报告 NO.18》
15	新三板挂牌公司质量评价	王力、刘坤、王子松	特华博士后科研工作站	《新三板蓝皮书：中国新三板市场发展报告（2017）》

续表

序号	报告名称	作者	作者单位	所属皮书
16	正风反腐推动历史性变革　全面从严治党迈向新征程	中国社会科学院中国廉政研究中心课题组	中国社会科学院中国廉政研究中心	《反腐倡廉蓝皮书：中国反腐倡廉建设报告 No.7》
17	中国临空经济指数研究报告	北京国际城市发展研究院临空经济课题组	北京国际城市发展研究院	《临空经济蓝皮书：中国临空经济发展报告（2016～2017）》
18	中国与"一带一路"沿线国家贸易畅通及华商效应研究	赵凯、王鸿源	华侨大学	《华侨华人蓝皮书：华侨华人研究报告 2017》
19	中拉合作：探索全球经济治理变革中的发展共享	中国社会科学院拉丁美洲研究所经济研究室	中国社会科学院拉丁美洲研究所	《拉美黄皮书：拉丁美洲和加勒比发展报告（2016～2017）》

注：句首为标点符号、阿拉伯数字的排前。

图书在版编目（CIP）数据

新时代的皮书：未来与趋势／谢曙光主编. －－北

京：社会科学文献出版社，2019. 6

（皮书研究系列）

ISBN 978 - 7 - 5201 - 4902 - 0

Ⅰ.①新… Ⅱ.①谢… Ⅲ.①社会科学－研究报告－

中国 Ⅳ.①C12

中国版本图书馆 CIP 数据核字（2019）第 102195 号

皮书研究系列（六）

新时代的皮书：未来与趋势

主 编／谢曙光

副 主 编／蔡继辉 吴 丹

出 版 人／谢寿光

责任编辑／白 云

出 版／社会科学文献出版社·皮书研究院（010）59367073
　　　　　地址：北京市北三环中路甲 29 号院华龙大厦 邮编：100029
　　　　　网址：www. ssap. com. cn

发 行／市场营销中心（010）59367081 59367083

印 装／三河市尚艺印装有限公司

规 格／开 本：787mm × 1092mm 1/16
　　　　　印 张：21 字 数：238 千字

版 次／2019 年 6 月第 1 版 2019 年 6 月第 1 次印刷

书 号／ISBN 978 - 7 - 5201 - 4902 - 0

定 价／99. 00 元